鈴木　董［編］

講義
宗教の
「戦争」論

不殺生と殺人肯定の論理

山川出版社

目次

講義　宗教の「戦争」論　不殺生と殺人肯定の論理

序論

宗教と戦争を考える

鈴木　董

宗教とは何か

読者の皆さんにおかれては、特定の宗教を信仰されている人もいれば、そうでないという方もいることでしょう。日本ではどちらかというと、お葬式は仏式だけど、あとはお正月に初詣に行く程度という方のほうが多いかもしれません。

左の表のように、世界にはさまざまな宗教が存在しますが、人口的に多いのはキリスト教やイスラーム、インドのヒンドゥー教、仏教などです。もちろん、その人がどんな宗教を信仰しているのかは心の問題ですから、信者数を把握するにはアンケートのように個々人に尋ねるか、信者を組織する側の公表する数字を信用するしかありません。加えて、教えを堅実に守る信仰心の厚い人もいれば、聞かれれば自分は何々教徒だと答えるけど、ほとんど世俗的な生活をしている人もいるように、信仰の度合いもさまざまです。日本人には海外で、信仰の度合いが小さいから自分は「無宗教だ」などと軽い気持ちでおっしゃる方がたまにいるようですが、それは「神を否定する人」と受けとられ、とりわけイスラーム圏などでは「人倫をわきまえぬ者」

のようにみなされてしまう場合がありますから、注意が必要です。
そもそも、宗教とは何かという問いがあります。実は今日の意味での「宗教」という言葉は明治以前の日本には存在せず、「レリジョン」（religion）という英語を明治期に輸入した際にあてられた、比較的新しい造語です。ちなみに『広辞苑』では、宗教は「神または何らかの超越的絶対者、あるいは卑俗なものから分離され禁忌された神聖なものに関する信仰・行事・制度。また、それらの体系」とされていますが、中国の儒教は宗教なのかという昔からある有名な議論のように、宗教をどう定義するかで宗教に含まれる範囲も変わります。ですから、私個人としては「宗教とは何か」という問いはあまり重要ではなく、人間活動のどういう側面を宗教と呼ぶかと考えるべきであろうと思います。

世界の宗教人口

キリスト教 (37.4%)	ローマ・カトリック	1143
	プロテスタント	413
	東方正教会など	273
	その他	435
イスラーム（25.2%）	スンナ派	1280
	シーア派	213
	その他	30
ヒンドゥー教（15.5%）		935
仏　教（7.7%）	大乗仏教	260
	上座部仏教	176
	チベット仏教	28
シク教（0.4%）		24
儒教・道教（0.2%）		15
ユダヤ教（0.2%）		15
その他 (13.4%)		808

Britannica Online Encyclopedia 2010より　（単位：100万人）

現在の私たちは、神や悪魔、天国や地獄などといった超自然界と、科学によってとらえられる自然界はまったく別のものだと考えますが、かつての人類が抽象的な概念をもってものを考えるようになった時点では、超自然界と自然界の区別もなく渾然一体であったことでしょう。しかしその後、世界についての知識と、その背後にあると思われるものについての知識が積み上げられて「知の体系」が生じ、そこから自然界のみで説明可能なものが分離するかたちで現在、私たちが科学と呼ぶものが誕生したと考えられます。その分離がさらに進行していくなかで、「知の体系」に残った超自然界の存在を前提とするものを「宗教」(レリジョン)と呼ぶべきではないかと私は考えます。これはあくまで私の個人的見解で、宗教学者の先生方からは批判もあるかもしれません。

なぜこの世界に私たち人間は生を受けたのか、人間の生きる意味とは何かといった問いに対する答えを、科学的に説明が可能な自然界のなかだけで見いだすことはとても難しかったに違いありません。超自然的な世界をふまえずに人間の道徳的な問題を考える倫理学もありますが、人間の生きる道を示すという意味では、超自然の存在を前提とする宗教が最も有効だったでしょうし、宗教が人々の求める精神的な「癒し」「救い」を与えることができたからこそ、古来からさまざまな宗教が多くの人々に信仰されてきたのだと思います。つまり、宗教とは「世界と人間存在の起源と意味、そして人生の意味と人の生きる道を示し、癒しと救いを与える価値体系で、しかも超自然的なものの存在を前提にしたもの」と考えていいのではないでしょうか。

「不殺生戒」と戦争

宗教において、個人として信者が行ってよいこと、悪いことを示すものを戒律といい、生きているものを殺すことについての戒律を「不殺生戒」と呼びます。この言葉自体は、古代インドのバラモン教や仏教の系統において登場するものです。ただ、人間が他者を殺すことについては特定の場合を除き、少なくとも良くないことだとするのは、どの宗教においても共通であると思われます。

殺すことについての宗教の戒律で有名なものに「モーセの十戒」があります。モーセは旧約聖書に記された預言者で、圧政に苦しむヘブライ人を率いてエジプトから脱出し、シナイ山で神(ヤハウェ)より十戒(のちのユダヤ教の律法の中核をなす戒律)を授かりました。この十戒のひとつが、「汝殺すことなかれ」という殺すことへの禁忌、いわば「不殺生戒」です。仏教の教えをベースにして考えがちな我々日本人の多くは、これを「すべての人を殺してはいけない」という意味に受けとりがちですが、ユダヤ教の正典は「まともな人間」

だけ殺してはならないと説いているのです。モーセは「出エジプト」に際し、神のご加護で海を割り、海底を歩いて渡って対岸に着いたところで海を元どおりにして、追ってきたエジプト兵の大軍を溺死させたと旧約聖書には書かれています。ユダヤ教は聖戦を認めますから、神に背いて義を犯す者は殺してよいのです。

もちろん宗教によって、「不殺生戒」が何を対象とし、どういう場合に殺してならないのかは異なります。それが最も厳しい宗教は、おそらくインドのジャイナ教です。ジャイナ教では生あるものすべての殺生を禁じており、虫を踏みつぶさないよう箒で道をはきながら歩けというほどです。このように生類すべての殺傷を禁じるものもあれば、一部の生類とすべての人間に対する殺生を禁ずるもの、さらに、一部の人間と一部の生類を殺してはいけないというものもあります。ヒンドゥー教の場合、牛は聖なる生き物なので殺してはいけませんが、人間についてはインドの叙事詩『マハーバーラタ』が戦争を題材としていることからもわかるように、必ずしも戦争を禁止していません。また宗教によっては出家信者（僧侶など）と在家信者という区分が置かれ、それぞれで不殺生の範囲が異なる場合もあります。

宗教にはこうした「不殺生戒」が存在する一方で、人間集団同士の戦争についてもさまざまな見解があります。戦争はとにかく絶対にいけないという「非戦」、戦うべきでないとする「不戦」、正しい戦争はやむを得ないとする「義戦」や「正戦」、神が命じられた、信者が推進すべき戦いとしての「聖戦」などです。歴史上の十字軍や、二〇一〇年代後半にイスラーム国家の樹立を標榜してシリア、イラクに広がり、アメリカ軍などが介入していったんは壊滅したと考えられたものの、まだ活動が続いているともいわれるＩＳ（イスラーム国）によるジハードは、聖戦の部類に入ります。こうした宗教の戦争観も、その出発点での見解が時代と状況の変化を受けて変容を迫られていきます。

一神教系の「不殺生戒」と戦争

世界史上にはさまざまな宗教が現れましたが、今日まで存続している大宗教はそう多くありません。まず一神教と呼ばれるキリスト教、イスラーム、ユダヤ教について概観すると、その元祖はユダヤ教で、ユダヤ教の改革派であるキリスト教も、西アジアやアラビア半島、北アフリカなどに分布したセム系の民族が生み出したとされています。「セム」の名は旧約聖書『創世記』に登場するノアの子の名に由来し、アッシリア人、ヘブライ人、アラビア人の祖と考えられており、彼らは全知全能の神が世界をつくったという考えに馴染みやすいところがあるようです。イスラームも、キリスト教とユダヤ教の影響をある程度受けつつ、やはりセム語族の人々によって生みだされました。

ユダヤ教徒はヘブライ語でヤハウェと呼ぶ神だけが本当の神で、キリスト教徒が呼ぶ神デウスも、イスラームの神アッラーも神とは認めず、ユダヤ教以外は異教徒、異端ととらえます。ユダヤ教は戒律がとても厳しいため、それを緩めるかたちでいわば改革派として登場したのがキリスト教です。そのためキリスト教はユダヤ教の聖典を『旧約聖書』とし、モーセもキリストに先行する預言者の一人として認めていますし、ユダヤ教のヤハウェについても、キリスト教でいうデウスと同一であるとして認めます。しかし、後発であるイスラームのアッラーについては、かつてはまがいものの神だとして認めていませんでした。

イスラームにおいては、唯一神アッラーが人間や世界、宇宙を創造して以来、人間たちに正しい生き方を教えるために、各時代で一番正しい人間を選んで使者として遣わし、教えを伝えてきたことになっています。そのうち特に偉大な御使いのひとりがモーセで、彼の教えが書物としてまとめられたのが旧約聖書であり、その一〇〇〇年後に再び遣わされたのがイエスであるとして、イスラームではモーセやイエスも預言者として認めています。そのため旧約聖書、新約聖書のいずれもイスラームでは「啓典」として扱われます。つまりイスラームでは、アッラーをユダヤ教徒はヤハウエ、キリスト教徒はデウスだと思ったのだという理解なのです。

せっかくアッラーがそうした偉大な使いを送って人間に正しい生き方を教えようとしたが充分にそれが伝わらなかったため、最後の「御使い」として選ばれたのが預言者ムハンマドだというのがイスラームの考え方です。聖典をもつユダヤ教徒やキリスト教徒は「啓典の民」としては同じだが、最後の正しい教えとして伝えられたイスラームを信仰する者が正しいのだというのがイスラームの立場なのです。こうした考え方から、イスラームではキリスト教徒、ユダヤ教徒を「啓典の民」として、ムスリムに反抗しない限り、被保護民というかたちで特別の保護を与え、信仰や慣習を保って暮らすことや、ユダヤ教徒やキリスト教徒同士の争いについてもそれぞれの法律で裁くことを認めるシステムをつくりだしました。

イスラームの戒律における異教徒の扱いは原初の一神教としてのユダヤ教に比べるとかなり緩やかではありますが、イコール・フッティング（同等の条件）での寛容ではありません。西欧人がいう「寛容」のニュアンスはイコール・フッティングが原則にあって、それは近世から近代にできあがったプロテスタントとカトリックの関係に由来するのです。両者は対立して戦争もたびたび起こりましたが、カトリックから派生したプロテスタントはカトリックと根が同じで違いが比較的小さいため、時代を経てイコール・フッティングでの和解が可能となっていったのです。

ユダヤ教、キリスト教、イスラームといった天地創造神を信仰する一神教の「不殺生戒」とは、基本的には人に対するものだけで、動物については、人間が食べるために羊や鶏、牛などを神が創造したということになっており、むやみに殺してよいとはいわないまでも、食べない方がおかしいという論理が成り立つのです。また不殺生の対象となる人間についても、ユダヤ教はユダヤ教徒に害をなさない「まともな人間」以外を殺すのは構わず、イスラームでも、ムスリムを害する者を殺すことは許されるとしています。

非戦論から聖戦論へと変容したキリスト教

しかしキリスト教は違い、原始キリスト教の段階ではすべての人間について殺してはいけないという不殺生戒があったとされ、例えばキリスト教化する前のローマ帝国で娯楽だった剣闘士の試合をやめさせようとして殺され、のちに聖人に列せられた人物までいます。ところが、コンスタンティヌス大帝が四世紀前半にキリスト教を公認し、四世紀末にキリスト教がローマ帝国の国教になると、教会が権力と結びつくこととなり、ローマ帝国が行うやむを得ない戦争を認める義戦論が出てきます。戦争が認められると、すべての人間に対する不殺生戒は「まともな人間」に限定され、そうでない人間はその枠外だということになります。

ローマ帝国が四世紀末に東西に分裂すると、東ローマ帝国はビザンツ帝国として一四五三年まで存続し、東方正教を国教としました。正教の出発点はギリシア正教で、ギリシア語を典礼用語とし、ギリシア精神・ギリシア文化の伝統をもつ東方で発展していくことになります。それが北方へと伝道されてその地のスラヴ人たちに受け入れられ、北のモスクワ大公国が有力になったことで独立したのがロシア正教会です。正教世界で最も権威があるとされるのはイスタンブル（コンスタンティノープル）総主教ですが、カトリックと異なり各地の独立教会の総主教同士の序列がないため、総主教同士の意見が異なることもあります。

ローマ帝国時代の古代教会はローマ、コンスタンティノープル（現イスタンブル）、アンティオキア、エルサレム、アレクサンドリアの五教区に分かれており、西ローマ帝国の首都ローマの司教はイエスの使徒ペテロの後継者を自認し、教皇（法王）と尊称されていました。東西の教会はさまざまな論争、差異が顕在化した末に十一世紀、西ローマ帝国のローマ教会が他の四教会と分裂し、ローマ・カトリック教会となりました。

西ローマ帝国が四七六年に滅亡したあと、その後継的存在となったのがフランク王国で、ローマ人からゲルマニアやガリアと呼ばれた地域が中心になって西欧世界が成立していくと、宗教的にはカトリックになります。西欧世界ができてからのカトリック教会は、「まともな人間」は殺してはならないが、集団としての戦争はやむを得ないとする立場をとり、十一世紀末には教皇の命の下に十字軍が結成され、異教徒を討伐するのは当然だ、十字軍は聖戦の戦士だということになります。西欧世界では「清く正しく美しい聖戦の戦士」と伝えられる十字軍の実態はどうだったでしょうか。エルサレムの征服後は、逃げ遅れたムスリムらは皆殺しにされ、シナゴーグ（礼拝所）に立てこもったユダヤ教徒もシナゴーグごと十字軍に焼き払われるなど十字軍の行為ははなはだ残忍なもので、彼らのエルサレムでの行状を目の当たりにしたアラブ人がアラビア語で「こんな野蛮な人々はいない」と書き残しています。

カトリック教会の内部でも、ローマ教皇やローマ教皇庁の意向に異議を唱えたりすれば異端とされ、捕えられて異端審問にかけられ、焼き殺されました。また、有名なのが魔女狩りで、ヨーロッパ北部の伝統信仰のなごりがある地域などに薬草や民間療法に詳しい人がいると、悪魔と接触していると密告され、異端扱いされて殺されるなど、中世のカトリックでは正統派の枠内にいる「まともな人間」以外の異端は殺してよいという考え方でした。ただ魔女狩りで告発が認められると、裁判手続きや処刑に要した費用を引いたその「魔女」の遺産を教会と告発者が分け取りする仕組みがあったようで、財産目当てに後ろ盾のない裕福な人物を告発して金銭を得る、一種の商売として魔女狩りが行われていた可能性も指摘されており、それが事実であれば、魔女狩りには経済犯的な側面があったことになります。

十六世紀には、カトリック教会から分裂してプロテスタントが誕生します。十七世紀、イングランドでのピューリタン革命から生まれたプロテスタントの一派で、やがてアメリカを中心に広まったクエーカー（フレンド派）と呼ばれる団体はかなり徹底した平和主義、非暴力主義に基づく反戦を唱え、国民の義務とされる徴兵についても拒否する姿勢を貫くことで知られます。アメリカ合衆国では兵役の義務を拒否すると徴兵忌避罪に問われましたが、徴兵忌避者の圧倒的多数がクエーカー教徒だったため、徴兵に代わる公共的な活動に参加すれば徴兵免除という扱いになりました。ちなみに、現上皇陛下の少年時代の家庭教師を務めたアメリカ人女性のヴァイニング夫人（エリザベス・ヴァイニング）も、クエーカー教徒だった方です。

ユーラシア東方の宗教の戦争論

ユーラシア大陸の西方で拡大していった一神教に対して、東方ではインドに生まれたバラモン教から、それを前身として各地の土着信仰などを取り込みながら生まれたヒンドゥー教や、バラモン教の改革派というべきジャイナ教や仏教が誕生し、そのなかでも仏教は東アジアや東南アジアへ広く伝播していくことになりました。

それらには天地創造神としての唯一神がおらず、人間を含めた生類一切は、現世の行為から来世が決定されつつ、無限に生死を繰り返すとする輪廻転生の思想を特徴としています。そのため、生類一切に対する不殺生戒が成り立ちやすい傾向がみられます。

とくに仏教とジャイナ教は当初、生類一切に対する不殺生戒があったようですが、仏教も鎮護国家（仏教の力によって国家の安泰を図ること）のように権力と結びつくと、権力を守るための戦争はやむを得ない、さらにその権力を広げるための戦争もやむを得ないという考え方をとるようになり、本来の非戦論的立場から義戦論が出てくることになります。さすがに一神教のような聖戦論は登場しにくい傾向がありますが、日本の戦国期にみられた本願寺門徒らによる一向一揆のように、領主を追い出して国を乗っ取り、宗教集団が支配する国をつくることを目標としたケースは、義戦というより一種の聖戦とみるべきではないかと思われます。

インドでも原始仏教の流れを継いでいる時代、紀元前三世紀のアショーカ王は戦争に明け暮れ、全インドをほとんど統一するほどの帝国をつくりました。統一をほぼ終えたということもありますが、後年になって戦争の惨禍を実感すると、仏教に帰依して一切の殺生を断ち、仏法をもって平和的に統治しようと使者を近隣の国へ派遣して、仏法による政治を広めようとしたと伝えられます。ただそれは長く続くことはなく、たちまち王朝が崩壊してその理念も壊れてしまいました。

仏教はのちに、インドのブッダ（釈迦）による直接の教えを厳しく守る上座部仏教と、教えを広めることを重視する、中国経由で日本に伝来した大乗仏教とに分かれました。

古代インドの初期仏教では、都市部の商人らが主な信徒だったのに都市が衰退し、救われるのは僧門に入った人だけで、一般人は根本的には救われないという考え方となったために信徒が拡大せず、インドではほとんど絶えてしまった一方で、五世紀頃にスリランカで上座部仏教のパーリ語「正典」が成立すると、東南アジアで新しい王朝が次々とできた際に、新しい思想を土台にしたいと、スリランカから上座部仏教を取り入れたことで広く伝播するようになったとされています。ただ東南アジアでも、中国の影響が強かったベトナムには中国経由の大乗仏教が入りました。大乗仏教では、解脱の道は万民に開かれています。上座部仏教圏はパーリ語というサンスクリット語のやや俗化した言語で、根本経典が綴られています。

仏教の開祖であるブッダが何語を話していたのかは判然としませんが、おそらくプラクリット（中期インド・アーリヤ語。パーリ語もそのひとつ）というサンスクリット語が少し俗化したかたちの言葉ないし、それに近い言葉で話していたのではないかと推測されています。もとはサンスクリット語やパーリ語で書かれた仏典が、中央アジアを通じるシルクロードでインドに赴いた三蔵玄奘や海上ルートを用いた法顕などの法師たちによって漢訳され中国に広まり、中国に伝えられた仏教が朝鮮半島をへて日本に入ってきたので、日本の仏教は漢訳仏典を軸にして根づくことになりました。

さらに東アジアでは、漢から清の時代まで中国エリート層の基本的な価値体系になった儒教と、中国で庶民が非常に尊崇した道教があり、本講ではこれらについてもとりあげます。

いずれにせよ、権力と結びつくと宗教というものは、人間全般に対する不殺生戒があってさえ、どうしてもそれをゆるめざるを得なくなって、非戦論を徹底できなくなる傾向がみられ、少なくとも義戦論をとらざるを得なくなるのは共通していると思われます。

宗教と戦争の関わりを知る意味

他方で、宗教は人間集団を統合するひとつの軸として、人類の歴史を大きく動かしてきました。例えば、現在の世界を共有される文字でみた場合、大きく五つの文化圏でとらえることができます。それはラテン文字を祖とする文字を使用する西ヨーロッパと南北アメリカ大陸、ギリシア文字とそれを祖とするキリル文字を使うロシアとその周辺文化的東欧の国々、ブラーフミー文字を祖とする文字を使用するインド・東南アジア、漢字を使用してきた歴史をもつ中国とその周辺の日本や朝鮮半島、ベトナムなど、そしてアジア・アフリカ・ヨーロッパの三大陸にまたがるかたちで広がるアラビア文字を使用する地域の五つです。これらの文化圏で文字が共有されたのは、それが共通の古典語、つまり文明や文化を語る際に共有される文明語・文化語の筆記に用いられたからであり、漢字圏だけは中国文明の影響力が大きかったといえますが、ほかの四つの文化圏はそれぞれカトリック（ラテン文字世界）、東方正教（ギリシア・キリル文字世界）、ヒンドゥー・仏教（ブラーフミー文字〈梵字〉世界）、イスラーム（アラビア文字世界）と、いずれも宗教の伝播と大きな関わりがあるのです。

同時に、世界の歴史を振り返れば、異なる宗教を信仰する集団の間で時に対立が生じ、それが戦争に結びつくこともありました。とくに知られるのはヨーロッパでカトリックからプロテスタントが派生し、両者の間で起こったユグノー戦争や三十年戦争などの宗教戦争です。また、宗教上の対立が直接の引き金ではありませんが、戦争や紛争の背景に宗教の違いが見え隠れするケースも多く見られます。二〇二三年一〇月に起こったイスラーム主義組織ハマスによる攻撃に端を発するイスラエル軍のガザ侵攻では大勢の犠牲者が出ていますが、長年にわたるパレスティナ紛争の背景のひとつにはユダヤ教（イスラエル）とイスラーム（パレスティナ及び周辺国）、またミャンマーのラカイン州で近年衝突が起こっているロヒンギャ難民問題の背景のひとつにも、仏教徒のビルマ人とイスラーム教徒のロヒンギャという宗教の違いがあります。少しさかのぼると、二〇一一年にスーダン南部が南スーダンとして独立したのも、スーダン北部ではイスラームが多数派なのに対し、南部はキリスト教が多数派という構図があり、ロシア連邦で一九九〇年代以降たびたび分離独立運動が生じて紛争が起こったチェチェン共和国（チェチェン紛争）でも、東方正教のロシアとイスラームが多数派のチェチェン人という宗教の違いが背景にみられます。

現代では宗教が直接政治を動かすようなことは少なくなりましたが、それでも宗教の教え、解釈などが世論に影響を与えるケースは散見されます。覇権国家であったアメリカの力の後退を背景に、ロシアのウクライナ侵攻をはじめ、世界のあちこちで対立が深刻化しつつある今、宗教と戦争との関わりをあらためて考えてみることには大きな意味があるのではないかと思います。

「世界と人間存在の起源と意味、そして人生の意味と人の生きる道を示し、癒しと救いを与える価値体系で、しかも超自然的なものの存在を前提にしたもの」を宗教と呼ぶとすれば、これが個々の信者にいかなる「不殺生戒」を課し、集団としての人間の戦争に対してどのような態度を示してきたのか。私自身はイスラーム世界の歴史を専門としてきたので、宗教学・宗教史の専門家ではありませんが、戦争や宗教と大きく関わる世界の歴史を研究してきた者としての強い関心から、宗教学・宗教史の専門家に宗教と戦争との関係を深く論じていただければと、この講座を企画しました。

個人としての信者が守るべき不殺生戒と集団として行う戦争について各宗教が原初の時代にどういう態度をとり、それが時代や状況の変化のなかでどう変容を迫られ、現在に至っているのかを、各宗教を専門とする第一線の研究者の方々に論じていただきます。とくにイスラームやキリスト教、ユダヤ教については、現在の国際情勢を理解するうえでもかなり有益な知識となることでしょう。

第一講

キリスト教の戦争論

——聖書と神学、クリスチャン（トルストイ、内村鑑三、ヴェーバーほか）の言説から

黒川知文

本講では、まずキリスト教の聖典である聖書における戦争観を確認したいと思います。その上で、キリスト教神学のなかで戦争はどう扱われてきたのか、そして歴史的かつ代表的なキリスト者（クリスチャン）として、十六世紀の宗教改革の指導者であるカルヴァンやプロテスタント的教派のひとつである再洗礼派、ロシア人作家のトルストイ、日本の内村鑑三らを取り上げ、彼らが戦争をどうとらえたのかについてみていきます。

まず聖書における戦争観を整理すると、次の四つに集約されるでしょう。

聖書における戦争観

①戦争は必ず起きる
②人の罪と欲望が争いの原因である
③神が平和をもたらす
④平和をつくる者になる勧め

聖書には「愛するのに時があり、憎むのに時がある。戦いの時があり、平和の時がある」（『コヘレトの言

葉』）とあります。天の下で起こるできごとにはすべて定められた時があり、その定められた時のなかに「戦いの時」も入っているということです。また、新約聖書の『マタイによる福音書』に記されたイエスの終末の預言において、歴史の最後に「戦争や戦争のうわさをきくことになりますが、気をつけて、うろたえないようにしなさい。そういうこと（戦争）は必ず起こりますが、まだ終わりではありません」と記されています。それをもっと端的に示しているのが、新約聖書の『ヨハネの黙示録』にある「こうして汚れた霊どもは、ヘブル語でハルマゲドンと呼ばれる場所に王たちを集めた」という記述でしょう。世界の終末に起こる最終戦争を意味する「ハルマゲドン」は少し前の有名なハリウッド映画（『アルマゲドン』一九九八年公開）でご存じの方も多いかと思いますが、そのヘブライ語「ハルメギッド」の本来の意味は「メギドの丘」をさし、そこで善と悪の最終的な戦争が起こるとされています。このように、「戦争は必ず起こる」という点が聖書の戦争観のひとつです。

②は、その戦争の原因です。旧約聖書の『箴言』に、「憎しみは争いを引き起こし、愛はすべての背きをおおう」「欲の深い人は争いを引き起こす。しかし、主に拠り頼む人は豊かにされる」「怒る者は争いを引き起こす。憤る者には多くの背きがある」とあります。また、「あなたがたの間の戦いや争いは、どこから出てくるのでしょうか。ここから、すなわち、あなたがたのからだの中で戦う欲望から出てくるのではありませんか」と新約聖書の『ヤコブ書』にあるように、戦いや争いは人々のなかにある「戦う欲望」によるものだと記されています。つまり、聖書では「人間の罪と欲望」こそが戦争の原因であると説いているのです。

そうすると、誰が戦争をやめさせて平和をもたらすのかという話になりますが、それが③です。旧約聖書の『イザヤ書』には「主（神）は国々の間をさばき、多くの民族に判決をくだす。彼らはその剣を鋤に、その槍を鎌に打ちなおす。国は国に向かって剣を上げず、もう戦うことを学ばない」とあるほか、「わたし（神）は光を造り出し、闇を創造し、平和をつくり、災いを創造する。わたしは主、これらすべてを行う者」としています。同様に、旧約聖書『レビ記』に「わたし（神）はその地に平和を与える。」、同『詩篇』に「主は、地の果てまでも戦いをやめさせる」「主はあなたの地境に平和を置き、最良の小麦であなたを満たされる」とあります。このように、平和をもたらすのは神であるということが聖書では強調されていることがわかります。

最後の④は、聖書が人々に戦争ではなく平和をつくる者になれと説いている点です。「よい知らせを伝える人の足は、山々の上にあって何と美しいことか。平和を告げ知らせ、幸いなよい知らせを伝え（後略）」（『イザヤ書』）、「真実と平和をもたらす公正さをもって、あなた方の門の中でさばきを行いなさい」（『ゼカリヤ書』）以外にも、新約聖書『マタイの福音書』で有名な「山上の垂訓」のところで、「平和をつくる者は幸いです。その人たちは神の子どもと呼ばれるからです」とあります。人々に対する具体的な道徳を記す『ローマ書』では「自分に関する事については、できる限り、すべての人と平和を保ちなさい」、『第一ペテロ書』には「悪を離れて善を行い、平和を求め、それを追え」とあります。つまり、神が平和をつくり、その平和を求める者になるよう人々にすすめているのです。

以上のように、聖書は、戦いは必ず起こるけれども、平和をつくる者になれという平和論が中心となっています。しかし、それはのちの神学によって、次第に変化していくことになります。

「非戦論」から「正戦論」「聖戦論」へ

キリスト教神学では、大きくわけると三つの戦争論が生じてきました。最初に出てきたのが、先ほどの聖書の戦争観の④に基づく「非戦論」（不戦論）で、一切戦争を行わず、平和をつくるというものです。しかし時代を経るうちにこの非戦論に加え、「正戦論」「聖戦論」が登場します。

「正戦論」は「義戦論」ともいわれますが、正しい権威と正しい理由、正しい意図による戦争は許容されるとする考え方です。『ローマ書』に「人はみな、上に立つ権威に従うべきです。神によらない権威はなく、存在している権威はすべて、神によって立てられているからです。したがって、権威に反抗する者は、神の定めに逆らうのです」と記されるように、「正しい権威」によってはっきりと「正しい戦争」と示された戦争には従えということです。こうして、原初の「非戦」から、次第に「正戦」が認められるようになります。

この「正戦論」は、ユダヤ教に由来する旧約聖書的な聖戦観念（主の戦い）に、キリスト教神学（とくに古代ローマ帝国末期の教父アウグスティヌスの思想）と教会法、そしてローマ法と騎士の習慣が加わって、十四世紀までに西欧で成立しました。その過程で「法」として定められたのが、正戦の条件としての「戦争のための法」と、戦争が正しく行われる条件としての「戦争における法」です。

「戦争のための法」

①正しい理由

②正当な政治的権威による戦争の発動

③正当な意図や目的の存在

④最終手段としての軍事力の行使

⑤達成すべき目的や除去すべき悪とのバランス

「戦争における法」

①差別原則（戦闘員・非戦闘員の区別）

②バランス原則（戦争手段と目標とのバランス）

「戦争のための法」の最初に掲げられた「正しい理由」とは、攻撃に対する防衛、攻撃者に対する処罰、またローマ法に依拠した「不正に奪われた財産の回復」をさします。一方、「戦争における法」の「バランス原則」は、不必要な過度の暴力を禁じるものです。つまり、戦争を始めるには正当な理由が必要で、その戦闘行為も一定の範囲内でなくてはならないというのが「正戦」であるとされていました。

こうした「正戦論」の一環として議論されるようになったのが「聖戦論」です。この論の念頭に置かれたのは、主に西洋世界内部の異端に対する制裁や、異教徒に対する戦争でした。この「聖戦」の特徴をまとめると次のようになります。

①神が直接的、間接的に（特別な人間や制度を通して）命令して行われる戦争
②宗教を目的とする戦争
③宗教共同体とそれに属さない人々との間の戦争
④戦うことが義務になっている戦争

聖書に「聖戦」という言葉そのものは登場しませんが、旧約聖書『第一サムエル書』に「この戦いは主（神）の戦いだ」との記述があるように、キリスト教世界では「主の戦い」が「聖戦」ととらえられてきました。その代表的な例としては、イスラームの支配下に入った聖地エルサレムを奪還するための軍事遠征として西欧キリスト教諸国が起こした十字軍があります。十字軍はローマ教皇ウルバヌス二世（在位一〇八八～八九）による勧告で行われたものですから、その点では①の「神が間接的に命令して行われる戦争」に該当し、また当時はまったくの異教とされていたイスラームによって聖地が汚された、それを回復するのだという意味では「②宗教を目的とする戦争」にも当てはまります。

ちなみに、ここで取り上げた「正戦論」「聖戦論」は、のちのカトリックへとつながっていく西ローマ帝国のキリスト教西方教会におけるとらえ方です。一方で東ローマ帝国のキリスト教は西方教会から次第に離れ、その後ロシアなど東方世界に広まった東方教会となっていきますが、そちらの戦争観については本書の第三講で概観いたします。

中世末期に、宗教改革によってカトリック教会からプロテスタントが派生します。その主要なものがルター派、バプテスト派、カルヴァン派（改革派）の三派で、このうちルター派はカトリックにかなり似た戦争観

をもっています。ただバプテスト派とカルヴァン派はカトリックと異なる戦争観をもっているため、現在のバプテスト派のルーツである再洗礼派（アナバプテスト派）とカルヴァン派それぞれの創始者が説いた戦争観を詳しくみてみたいと思います。

再洗礼派とカルヴァン派の戦争論

再洗礼派とは、十六世紀前半にスイスからドイツ各地へと広がった大衆的かつプロテスタント的な教派です。その創始者はツヴィングリ（一四八四～一五三一）というスイスの宗教改革者で、スイス改革派教会の創始者としてチューリヒに神政政治を確立しようとした人物でした。彼は著書『シュトライトハイム信仰告白』（一五二七年）のなかで、「刀剣や甲冑および同類のものや、すべてこの目的に用いられるものは友のためであっても、敵に対してであっても、『悪に抵抗するな』（『マタイによる福音書』）とのキリストの言葉によって、疑うことなく、非キリスト教的、否、悪魔的なる暴力的武器である」と記しています。また、聖書の『ヨハネによる福音書』と『エペソ書』から「キリストは兄弟と兄弟との間の相続争いを裁くことをせず、これを拒否された。だから我々もそうすべきである」「キリスト者の武器は悪魔の武装に対抗する霊的なものである」とも論じています。つまり、ツヴィングリの再洗礼派はカトリックやルター派プロテスタントとは異なり、一貫して戦争否定論、それも徹底した非戦論を説いていました。

ツヴィングリ

それに対して、スイスからユグノーとしてフランスへ、ピューリタンとしてイギリスへと広がった改革派プロテスタントの

カルヴァン

創始者であるカルヴァン（一五〇九〜六四）の戦争観とはどのようなものだったのか。彼が二六歳のときに著した『キリスト教綱要』における国家論のなかに、戦争に関連する箇所があります。

そこでカルヴァンは「悪い支配者は、必ず神が取り除かれる」と述べており、それにはモーセのように神を信じる者のなかから召された信仰的指導者によって悪い支配者が取り除かれるケースと、聖書の『士師記』に登場するオテニエルのような、ユダヤの民ではなくアッシリア帝国やペルシア帝国の「異教の民」によるケースがあるとしています。そのうえで、「すなわち、放埒な支配に対する矯正は、主の与えたもう報復であるとしても、そのゆえをもって、我々がただちに、自分にはそのつとめが命じられたと考えてはならないのである。我々には、ただ、忍耐することのほか、何ごとも命じられていないのである」（『キリスト教綱要』Ⅳ）と説いています。つまり、悪い支配者は神によって覆されるが、それまでは支配者に忍耐をもって服従しなさいということです。非常に消極的な姿勢に思えますが、それがカルヴァンの基本的な考え方です。

ただし、カルヴァンは同書のなかで「支配者への服従は、我々を神……に対する服従から連れ去るものであってはならない」とも記しています。これは、悪い支配者が「神に反する命令」を与えるなど、明らかに信仰に反する行為をした場合には、神から委託された主権が正しく行使されない場合の代行措置としての「抵抗権」（戦争も含む）が成立し、民衆が抵抗すべきだという考え方を示しています。この考え方には、聖書にある「あなたがたは、代価を払って買い取られたのです。人間の奴隷になってはいけません」（『第一コリント書』）が踏まえられています。総合すると、カルヴァンの戦争観はカトリックの伝統的な「正戦論」を継承しているとみることができるでしょう。

カルヴァンがこのような戦争観をもつにいたった理由は、彼の歩んだ人生にあったのではないかと私は考えています。プロテスタント神学における基本体系ともいうべき『キリスト教綱要』を著し特筆すべき宗教改革者の一人として歴史に大きな足跡を残したカルヴァンは、当時とても開明的で経済的にも豊かだった北フランスのピカルディ地方に生まれ、大学卒業後の二四歳という若さで突然回心し、宗教改革の道へ入ります。その五五年の人生を丹念に追ってみると、多少の小競り合いはあっても、そのどこにも戦争が出てきません。つまり国家間の戦争を体験しなかったことが、こうした戦争観につながっているのではないかと思うのです。

トルストイの戦争論①　『セヴァストーポリ三部作』と『戦争と平和』

ここからは、代表的なキリスト者たちの戦争観について考えてみたいと思います。まず取り上げたいのが、名著『戦争と平和』や『アンナ・カレーニナ』などの作品で皆さんもご存じの、十九世紀ロシアを代表する作家・思想家のトルストイ（一八二八〜一九一〇）です。彼はクリミア戦争（一八五三〜五六年）に従軍したのち、露土戦争や日露戦争、さらには第一次ロシア革命といった、ロシアが当事者となった戦争や革命を体験するなかで、独自の戦争論を強く主張するようになりました。それらは彼の著作を通じて展開されていきます。

トルストイ

年代順にみていくと、まず挙げられるのがクリミア戦争です。これはフランス・オスマン帝国・イギリスを中心とした同盟軍とロシアとの間で行われ、その戦場がクリミア半島だけでなくドナウ川周辺やカムチャツカ半島にも及んだ、近代史上まれに見る大規模な戦争でした。最終的にはロシアの敗北に終わったこの戦争により、ロシアはその後進性が露呈して抜本的な内政改革を余儀なくされ、外交手腕を発揮できなかったオーストリアが国際的地位を失う一方で、戦中に工業化を推進したプロイセンがヨーロッパで大きな影響力をもつようになりました。

この戦争のなかの戦いの一つに「セヴァストーポリ包囲戦」があります。ロシアの黒海艦隊が立てこもるセヴァストーポリを、イギリス・フランス・オスマン帝国の連合軍が攻撃するのですが、ロシア黒海艦隊の根拠地であるセヴァストーポリが高度に要塞化されていたことやロシア側の補給を断つことができなかったこと、またロシア側が艦砲を要塞防衛に転用したことなどから包囲戦は一年ほど継続し、両軍で戦病者も含め二〇万人以上の死者を出すほどの悲惨な戦いとなります。最終的には要塞が陥落してロシア軍はセヴァストーポリから撤退させられ、連合軍が黒海の制海権を得ることになりました。

その有り様を、実際に従軍したトルストイが戦争ルポルタージュとして一八五五年にまとめたのが『セヴァストーポリ三部作』です。そのなかには次のような描写が出てきます。

「すべてが死に絶え、荒れ果て、恐ろしい様相を呈していた」

「ついさっきの爆発で掘り返され、巻き散らされた地面の至るところに、味方も敵も含めた人間の死体を押しつぶしている、無惨に壊された砲架、永久に沈黙した重い鋳鉄砲、恐ろしい力で穴に放り込まれ、半分土に埋まっている爆弾、砲弾、またもや死体、捨て穴、丸太の破片や掩蔽壕《えんぺいごう》の残骸、そしてまた灰色や青の外套を着た物言わぬ死体が、雑然と散らばっていた」

彼は目にした通りにルポルタージュしました。ツヴィングリやカルヴァンが経験しなかった残酷な戦争を、若きトルストイは目の当たりにしたのです。

彼の代表作ともいえる『戦争と平和』(一八六五~六九年)は、一八一二年六月のナポレオン軍によるロシア侵攻（ロシアでは祖国戦争と呼ばれる）を背景とした作品です。そのなかでトルストイは、「人類の理性に、そして人類の全本性に反する出来事（戦争）が起こったのだった」「それは世界中の裁判記録が何世紀かけても収集しきれないほどの規模に上るが、当時本人たちは、犯罪を行っているという意識はなかったのである」「侵略戦争は、人間のコントロールを超えた、危険な犯罪である」などと記し、英雄的な戦士たちによる「愛国の戦い」という荘厳なイメージを裏切る、予想外の屈折や挫折に満ちた描写を展開しています。明らかにトルストイは、『戦争と平和』で平和主義を唱えているのです。

トルストイの戦争論②　ガンディーが感銘を受けた『インド人への手紙』

同作と並ぶ彼の代表作で、人妻アンナと貴族青年の禁じられた恋愛と、幸福な家庭を築いた地主リョーヴィンの信仰への目覚めを対比的に描いた長編小説『アンナ・カレーニナ』（一八七五〜七七年）では、一八七七年からの露土戦争が登場します。この戦争は、当時オスマン帝国領だったバルカンのスラヴ民族の保護を名目にロシアが起こし、最終的にオスマン帝国が敗北したものですが、この戦争が正当なものなのか、そしてオスマン帝国支配下のバルカンに居住するスラヴ民族の救済という戦争の目的をロシア国民は支持しているかをめぐって、同書の終章で兄と弟が議論するシーンがあります。「正しい戦争は国民を団結させる」という兄に対し、弟は「好戦的な世論というのは、新聞や右派思想家がつくっているにすぎない」「暴力でスラヴ人同胞を解放しようという衝動は感じない。大切なのは魂の救済であって、暴力による世界変革ではない」と反論します。ここにも、トルストイの戦争観が投影されています。

その後も、非暴力の思想に貫かれた寓話『イワンの馬鹿』（一八八五年）や、十九世紀に起こったカフカス（コーカサス）地域をめぐるロシア帝国とイスラーム系民族との戦争をテーマに民族戦争を批判した『ハジ・ムラート』（一九〇四年）などがありますが、なかでも彼の非暴力主義が強く打ち出された作品が、当時の日露戦争を題材とした『悔改めよ』(一九〇四年)でしょう。

そのなかでトルストイは、「一切の殺生を禁じた仏教徒」である日本人と、「世界の人々の兄弟愛を公言する」キリスト教徒のロシア人が、「今や極めてむごたらしい方法で、互いに傷つけあい、殺戮を重ねようとしている……何という悪夢なのか」と嘆き、双方の為政者たちだけでなく牧師や僧侶らに対しても「汝自ら往いて、あの砲煙弾雨の下に立てよ」と記しています。そのうえで、「戦争は誰にも無用かつ無益であり、人類の愚かさを示す」「愛国心の名のもとに殺人事業を促進している」「祖国を守る発想をする前に、まず人間として『殺すなかれ』の教えに帰れ」と説きます。「殺すなかれ」とは、聖書にあるモーセの「十戒」の一つです。本書における中心的なトルストイの考え方は「汝の敵を愛せよ」というイエスの思想であり、「皇帝はじめ全人が悔い改めて神の奉仕者としての自覚を持つこと」こそが「救い」であると彼は断言します。この『悔改めよ』では、愛国心によって鼓舞される国家間の戦争への明確な反対の意思が徹底されているといってよいでしょう。

最後に紹介するのは、死期が迫っていたトルストイがイギリスの植民地下にあったインドの反英活動家に対して書いた『インド人への手紙』(一九〇八年)です。そこには次のような一節があります。

「もしも二億のインド人が暴力の原理に愛の原理で対抗するなら、三万のイギリス人に支配されるはずがない。すなわち、インド人自身が自分を奴隷状況に置いているのだ」

のちに「インド独立の父」として知られるようになるガンディーは、当時、まだインドへ帰国する前でしたが、この手紙を読んで感銘を受け、トルストイに手紙を送って許可をもらい、インド独立運動の機関紙にこの手紙を掲載しています。トルストイの思想はガンディーの非暴力主義にも大きな影響を与えたのです。

代表作『戦争と平和』で戦争の非条理で悲惨な現実を暴き、歴史の合理化や英雄の美化をいましめ、戦争とは大きな犯罪であると説いたトルストイは、戦争を正当化しようとする国家本位の論理や好戦的な世論を

「虚構」とみなし、戦争で犠牲を余儀なくされる人々を憂い続けました。そして戦争や民族迫害が憎悪の連鎖しか生まないことを描写し続け、また非暴力の知恵を民話形式で語りました。実際にクリミア戦争を現場で目撃し、十九世紀ロシアの「戦争の時代」を生きたトルストイがたどりついた戦争論とは、『インド人への手紙』にあるように、暴力の論理から愛の論理へ、つまり非暴力主義へ転換せよというものだったのではないでしょうか。

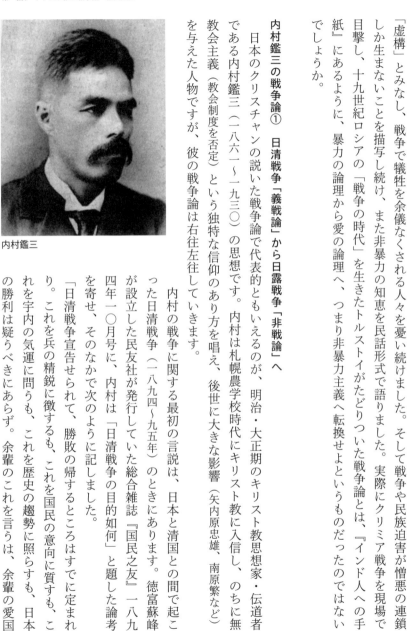

内村鑑三の戦争論①　日清戦争「義戦論」から日露戦争「非戦論」へ

日本のクリスチャンの説いた戦争論で代表的ともいえるのが、明治・大正期のキリスト教思想家・伝道者である内村鑑三（一八六一～一九三〇）の思想です。内村は札幌農学校時代にキリスト教に入信し、のちに無教会主義（教会制度を否定）という独特な信仰のあり方を唱え、後世に大きな影響（矢内原忠雄、南原繁など）を与えた人物ですが、彼の戦争論は右往左往していきます。

内村鑑三

内村の戦争に関する最初の言説は、日本と清国との間で起こった日清戦争（一八九四～九五年）のときにあります。徳富蘇峰が設立した民友社が発行していた総合雑誌『国民之友』一八九四年一〇月号に、内村は「日清戦争の目的如何」と題した論考を寄せ、そのなかで次のように記しました。

「日清戦争宣告せられて、勝敗の帰するところはすでに定まれり。これを兵の精鋭に徴するも、これを国民の意向に質すも、これを宇内の気運に問うも、これを歴史の趨勢に照らすも、日本の勝利は疑うべきにあらず。余輩のこれを言うは、余輩の愛国的偏執によるにあらずして、公平なる歴史的観察と、静寂なる哲学的黙考とが、かく言わしむることを余輩に許すなり」

開戦直後の段階で、この戦争の勝敗はすでに決まっている、日本の勝利は疑いがないと早くも内村は宣言しています。そのうえでこの戦争の目的について、「一、朝鮮の独立を確定するにあり。二、シナ（清）を懲戒し、これをして再び頭をもたげ得ざるしむるにあり。三、文化を東洋に施き、長くその平和を計るにあり」と断じ、シナ（清）を救うことが日清戦争の目的とするなら、我々は北京政府に日本側の真意を理解させるよう努め、シナ国民に対しては自己を利することしか考えない北京政府の「醜状」を訴え、このままでは亡国の非運を招くことになると諭し、また文明諸国に対しては日本がこの戦争に「自利的結果」を望んでいないのだということを明らかにすべきだと主張し、こう述べています。

「徳義的強迫をもって、清朝の政権を進歩的新政府に譲らしむべし」

つまり、この戦争は正義のために起こした「義戦」であるという考え方です。

このように日清戦争開始時には明らかな義戦論者であった内村ですが、その後、まったく逆の非戦論、戦争廃止論を打ち出すことになります。

日清戦争のあと、今度は朝鮮半島や満洲をめぐる日本とロシアの覇権争いが本格化するようになりました。一九〇〇年からの義和団事件に乗じてロシアが満洲の占領を続けたため日本はイギリスと日英同盟を結んで対抗したものの、ロシアの南下を抑えきれない状況となり、一九〇三年には東京帝国大学の七人の教授らが桂太郎内閣を弱腰と非難し主戦論を発表するなど（七博士建白事件）、日本でも対ロシア開戦論が強まっていました。ちょうどそのころの新聞『万朝報』（一九〇三年六月）に、内村鑑三が次のような論説を書いています。

「余は日露非開戦論者であるばかりではない、戦争絶対的廃止論者である。戦争は人を殺すことである。そうして人を殺すことは大罪悪である」

「世には戦争の利益を説く者がいる。しかり、余も一時はかかる愚を唱えた者である。しかしながら、今に至ってその愚なりしを表白する」

「二億の富と一万の生命を消費して、日本国がこの戦争より得しものは何であるか。僅少の名誉と、○○○○伯が侯となりて彼の妻妾の数を増したることのほかに、日本国はこの戦争より何の利益を得たか。その目的たりし朝鮮の独立は、これがために強められずしてかえって弱められ、シナ分割の端緒は開かれ、日本国の分担は非常に増加され、その道徳は非常に堕落し、東洋全体を危殆の地位にまで持ち来たったではないか」

「この大害悪、大損耗を目前に見ながら、なおも開戦論を主張するがごときは、正気の沙汰とはとても思われない」

「戦争廃止論は、今や文明国の識者の世論となりつつある。そして、戦争廃止論の声が揚がらない国は未開国である。しかり野蛮国である」

先ほどの日清戦争開始時の義戦論と、同じ人物が書いたとは思われないほどの内容の隔たりが感じられます。日清戦争終結後、内村は戦争のさまざまな惨状、悲劇を目の当たりにしました。義戦だと信じていた日清戦争の結果、朝鮮の独立は阻害されたばかりか、清の分割が進んで東洋の道徳そのものが荒廃してしまったではないか、戦争に利益はない、「殺人は罪」という聖書の原点に戻れという思想に、内村は転じたのでした。

彼が唱えたこの非戦論は、聖書に基づく「平和の福音（絶対的非戦主義）」であると、自身が創刊した『聖書之研究』（四四、一九〇三年九月）で明かし、内村は次のように記しています。

「聖書の、ことに新約聖書の、この事に関して私どもに命ずるところはただ一つであります。すなわち絶対的の平和であります。いかなる場合においても剣をもって争わないことであります。……絶対の平和は聖書の明白なる訓戒でありまして、私ども、もし神と良心とに対して忠実ならんと欲すれば、この態度を取るよりほかに道はありません」

内村鑑三の戦争論②　開戦後は戦争の是非を「論争すべき時にあらず」

内村鑑三はもともと教職についていましたが、一八九一年に明治天皇の親筆（教育勅語への署名）に対し不敬を行ったとの疑惑をかけられ、辞職させられます。この不敬事件の後、各地を転々として講演や文筆活動などで生計をたてていました。一八九七年、『万朝報』の英文欄主筆になってから、日露戦争を迎えることになります。一九〇三年、同紙に「近時雑感」と題した記事を寄せています。

「もし世に義しき罪があるならば、義しき戦争もあるであろう。しかし正義の罪悪のない間は（そうして、かかるもののありようはずはない）、正義の戦争なるもののありようはずはない」

正しい罪があるならば、正しい戦争もある。しかし戦争そのものが罪なのだから正戦、つまり正しい罪などあるはずがない。つまり内村鑑三はここで「義戦」というものを完全に否定しています。

日露開戦が近づくにつれ、非戦論を紙面で展開していた『万朝報』もついに主戦論に転じると、内村は退社を決意します。一九〇三年一〇月一二日付の同紙には内村の退社の辞「小生は日露開戦に同意することをもって日本国の滅亡に同意することと確信いたし候」が掲載されています。同紙が開戦に同意した以上、ここで反対の意見を述べることはできないという「非戦論」を貫くための退社だったことがわかります。

しかし、実際に日露戦争が始まると、内村の論調は再び変化していきます。日露開戦直後の『聖書之研究』（一九〇四年二月）には次のような一文があります。

「今や国難の時なり。われらはことさらに固く午後七時の祈祷の時を守るべきなり。われらはこの時に、心を一にし意を一にして神に祈るべきなり。第一に、国のために、第二に、四五〇〇万の同胞のために、第三に、家を背にして戦地に向いし勇敢なる兵士のために、第四に、その家族のために、第五に、我らの同志にして身を敵弾にさらす者のために、しかしてまたわれらの敵人のために、われらは熱き信仰をもって祈るべきなり」

「戦争の悪事となると否とは今や論争すべき時にあらず。今は祈祷の時なり。同情、推察、援助、慰藉の時なり。今の時にあたってわれらの非戦主義を主張して、あわれみの手を苦しめる同胞に藉さざるがごときは、われわれの断じてなすべからざることなり」

イエスの「汝の敵を愛しなさい」という言葉にもあるように、同胞だけでなく敵ロシアのためにも我らは熱い信仰をもって祈るべきだ、戦争が始まったらそれが悪いかどうかを論争すべきではないし、もはや非戦論だといって苦しんでいる同胞に手を差し伸べないようなことはあってはならないのだと内村は説いています。当時、岩手に斎藤宗次郎という内村鑑三の弟子がいて、内村の非戦論の影響から徴兵忌避をしようとした際に、心配した内村が岩手まで斎藤を訪ねてそれを押しとどめたという逸話があります。

一方で、内村は戦争にプラスの面、評価すべき点があるとも言っています（『聖書之研究』一九〇五年二月）。

「このふしぎなる世界にありては、悪は必ずしも悪結果を生じない。否、多くの場合においては、悪は善なる神の利用するところとなりて善き結果を生ずるに至る」

「戦敗によって、自由の光明がヴォルガ、ドンの河辺にまで臨んだ。……しかしながら日本国を愛したもう天の神は、かかる小なる、かつ下等なる結果をもってしては満足したまわない。……愛の神は、政治家輩の思いに過ぎて、不朽の結果を、この戦争により日本に持ち来たしたもうに相違ない」

「余輩のみるところによってすれば、明治三十八年首途の今日ほど、キリスト教が日本人によって要求されたことはない。……今やわが国の有力者にしてキリスト教を求むる者は日々にその数を増しつつある。今日、最も売れ行きのよき書籍はキリスト教の聖書である。……キリスト教は今や臆面もなく、大胆に、日本国いずれの所においても説かれつつある」

「この戦争の結果として何が来たろうが、われらキリスト教信者が信じて寸毫も疑わないただ一つの事がある。それはすなわち、すべての戦争、すべての騒擾、すべての動乱はみな神の栄光に終わるとのことである」

内村は悪が良い結果をもたらす場合もあるといい、ロシアは敗戦が革命運動を呼び、自由がより広くなる結果をもたらしたし、日本ではキリスト教が大きく求められるようになったとしています。だから、戦争、騒擾、動乱はすべて「神の栄光に終わる」、つまり神によってプラスの面がもたらされるのだという論旨です。また日露戦争後の一九〇五年一一月の論考（『新希望』）では、この戦争でもたらされた利益として、①生ける人類の歴史の目撃（歴史における神の顕現）、②より深く戦争の非を悟ったこと（非戦論の確認）、③多くの友を失った一方で、新たなる多くの友を得たこと（キリスト信者でない非戦論者との出会い）の三つを挙げています。

内村鑑三の戦争論③　再臨運動と「真の平和」の希求

日露戦争終結からおよそ一〇年後、今度は欧州を主戦場とした第一次世界大戦（一九一四～一八年）が起こると、内村はこの大戦の意味づけを『聖書之研究』（一九一四年一一月）で行いました。それによれば、今回の「欧州大戦争」は「欧州人の上に臨みし神の懲罰と見るが適当であると思う」とし、日本にとっては「今日の日本のキリスト教信者に信仰の独立を促す雷霆の声であると思う」と述べられています。とくに欧州の参戦国に対しては、ドイツもイギリスもその他の欧州諸国もみな神を信じると称しながら、明らかに神の律法に背き、聖書をあざけり、キリストを度外視して公然と神を侮ったと、内村はかなり手厳しく批判しており、米国の参戦は「大なる失望」と記しています。

第一次世界大戦が終結するころから、内村鑑三が力を入れるようになったのが再臨運動です。これは、真の世界平和がキリストの再臨によって実現するという思想運動でした。新約聖書の『使徒行伝』には、十字架にかけられたイエスが死後三日目に復活し、四〇日間、五〇〇人以上の成人男子にその復活の体を見せてから昇天したとあります。そしてイエスが昇天するとき、二人の天使が来て、イエスは今天に昇るが、世の終わりに同じ復活の体でこの世に再び現れるという約束をしており、これをキリスト教では「キリストの再臨」といいます。

また、イエスが再臨する前に現れるというしるしも聖書に書かれています。たとえば、疫病がはやる、戦争がある、人々の愛が冷たくなる、ユダヤ人に救いが広がる、キリスト教が全世界に広がるなどです。イギリスがユダヤ人に対し、パレスティナの地に国家を持たせることを約束したバルフォア宣言（一九一七年）のような歴史的な状況をみた内村は、聖書が記すイエス再臨のしるしの多くが成就していると判断し、自ら指導者となってホーリネス教会の中田重治、木村清松らと全国的規模での再臨運動を一九一八年一月から展開していきます。この運動は東京に始まって大阪天満教会（木村清松の教会）、京都、神戸、横浜、軽井沢、さらに内村鑑三が過ごした場所でもある北海道の札幌や旭川といった、地方の大都市を中心に行われました。これは慈善活動や社会運動ではなく純粋な説教による運動で、参加したのは主に都市のインテリ層でした。

内村は「大胆に明白に、この欧州大戦争の終わるところは、聖書の明示する世界人類の大審判の開始であると唱道せしがごときは、確かに世界思想の一傾向として見るべきである」（『聖書之研究』一九一七年七月）とまで述べ、イエスが再臨とともに裁きを行い、一切の戦いをやめさせて地上に真の平和が訪れることを確信していました。しかしイエスの再臨はなく、キリスト教会のなかに再臨運動に反対する動きもあって、内村らの再臨運動は二年間で終わっています。

聖書の非戦論と実際の戦争を考えつづけてきた内村鑑三がたどりついた戦争観の一つに、「戦争は伝道の時である」というものがあります。キリストの再臨の前には戦争が起こると四つの福音書に預言されていることことを引きながら、内村はこう説きました。

「戦争はキリスト再顕の確かなる徴候であります。ゆえに私どもはすべての方法を尽くして、この時にあたりて世の人にキリストの福音を伝えなければなりません」（『聖書之研究』一九一七年一二月）

福音とは「よき訪れ」という意味で、その内容は「十字架と復活」です。イエスは罪の身代わりとして十字架で死に、イエスの復活は信じる者が永遠の命を与えられる確かな証拠である。だから、イエスの十字架と復活を伝えなければならない、再臨の前兆である戦争はまさに伝道の時なのだという考え方です。

第一次世界大戦のあとも、内村は聖書の言葉を根拠に、終生、再臨の信仰を持ち続けました。彼が最後にたどりついた戦争論とは、最終的にイエスの再臨によって地上から戦争がなくなり、真の平和が訪れるというものであったと結論づけることができるのではないでしょうか。

第一次大戦期に変貌したヴェーバーの戦争論

クリスチャンの戦争論として最後に取り上げるのは、内村鑑三とほぼ同時代に生きたドイツの社会科学者マックス・ヴェーバー（一八六四～一九二〇）です。福音的信仰の篤い母と、官僚から政治家に転じた律法主義的な父との間に、ヴェーバーはドイツのエルフルトに生まれました。大学で法学や歴史学、神学を学び大学教授となった彼は、母の影響によってクリスチャンとしても活動し、神学者と交流したり著名なキリスト教新聞に寄稿したこともあります。ヴェーバーが五〇代から集中して研究した宗教社会学では、まさにキリスト教の観点からでないと見ることができない世界宗教と資本主義との内面的親和関係を扱いました。その代表的作品が『プロテスタンティズムの倫理と資本主義の精神』（一九〇四～〇五年）です。

ヴェーバーがクリスチャンだったのかどうかについては議論があり、ヴェーバー自身が「私は宗教音痴だ」と言っていることから、これまで多くの評論家は、ヴェーバーはクリスチャンではないとしていました。ところが彼はその言葉に続けて「しかし精密に自己検討してみると、私は反宗教的でもなければ非宗教的でもない」と、はっきり信仰告白しているのです。反でもなく非でもないということは、宗教的だということです。彼に会って感激し、人生が変わったというヴェーバー崇拝者ヤスパースは、ヴェーバーが「清教徒の教派的宗教性」、すなわちカルヴァン派だったと考えています。たしかに『プロテスタンティズムの倫理と資本主義の精神』は、このカルヴァン派の視点からとらえられています。私は、彼が「聖書主義的敬虔主義者」だったと考えています。そういった観点から、ヴェーバーの戦争論を見ていきたいと思います。

ヴェーバーが生きた十九世紀後半から二十世紀初頭は、ドイツ史においてはビスマルク（プロイセン首相一八六二〜九〇、ドイツ帝国宰相一八七一〜九〇）の時代からヴァイマル体制（共和政ドイツ）へと変化していった時代に相当します。統一ドイツを目指していたプロイセンで一八六二年にヴィルヘルム一世（在位一八六一〜八八）から首相に任命されたビスマルクは「現下の大問題は言論や多数決によっては解決されない。それは鉄と血によってのみ解決される」という有名な演説を行い、軍事力による領土拡大を進めます。その拡大を阻止しようとしたフランスとの普仏戦争（一八七〇〜七一）でプロイセンはフランスを圧倒し、パリを包囲するなかの一八七一年一月一日に敵地であるヴェルサイユ宮殿でヴィルヘルム一世の皇帝即位布告式を挙行して、ドイツ帝国が成立しました。この新帝国は一八五〇年以降、一時期は順調な経済成長を遂げ、鉄道建設も進んで都市が拡大していくのですが、一九一四年に第一次世界大戦に参戦した結果、敗北を喫してヴァイマル体制へと移行することになります。

マックス・ヴェーバー

その時代に生きたヴェーバーは第一次世界大戦を経験するこ

とになりました。開戦後、ヴェーバーはハイデルベルクの予備陸軍病院委員会に勤務するなかで、宗教と社会構造の関連を分析する宗教社会学に専心するようになります。当時ヴェーバーが在籍していたベルリン大学は世界の学問の中心であり、世界中の文献のドイツ語訳書が充実しており、そこで彼は儒教や道教、仏教、古代ユダヤ教など世界宗教に研究対象を広げていきました。第一次世界大戦を通じた彼の戦争観は、その著作などから三つの段階を経て変化していったと私は考えています。

最初は一九一四年、大戦開始段階の記述には「この戦争はその一切の醜悪さに関わらず、やはり偉大で素晴らしい。これを体験することは有益なことだ」とあり、ヴェーバーは戦争を賛美していました。しかしドイツの戦況が不利になりつつあった一九一七年の段階では「戦争は一切の英雄的な力と愛情による自己犠牲の精神との異常な緊張としては壮大なものであるが、何年間にも渡って戦争が日常化されれば、あらゆる点で恐るべき悪となり、圧迫された国民の肉体的のみならず、精神的な闘志をも消滅させるだろう」と、戦争の利点を認めつつもそのマイナス面に触れるようになります。そして戦争の最終段階では、彼は皇帝の政治的失策と、それを許容している政治指導者たちを批判する論文をフランクフルト新聞に発表しています。やはり内村鑑三と同様、当初は戦争を賛美したものの、のちに戦争を嫌悪するようになり、当時の皇帝ヴィルヘルム二世政府への批判へとその考え方が変化していったことになります。

戦争協力で対応が分かれたアジア・太平洋戦争下のキリスト教会

最後に、太平洋戦争（一九四一〜四五年）の過程で日本のキリスト教会が戦争とどうかかわったのかという点について考察したいと思います。

日中戦争が拡大していくなかの一九三八年、戦時において人的・物的資源を政府が統制運用するための国家総動員法が公布されます。これを受けて、国内の宗教団体を国家が統制・管理するための宗教団体法が一九三九年に成立しました。その成立にいたる教会側の事情として、伝道の行き詰まりがあります。海外の本部からきていた宣教師が引き揚げたり、金銭的援助が途絶えるなどして日本の教会は孤立状態に置かれていたため、この宗教団体法によって国家の認知を得たいという教会側の要望がありました。さらに当時の日本ではキリスト教を邪教扱いする傾向があったため、この法律によってそうした誤解を解消できるのではないかという教会側の期待があったことも指摘されています。そうした流れから国内のプロテスタント系教会三〇余の教派が合流し、一九四一年に設立されたのが現在まで存続する日本基督教団でした。その主流となったのは日本基督教会と組合教会、メソジスト教会の三教会です。

それまでの日本のキリスト教会は、合同運動などでひとつになろうとしたことはあったものの、組合教会の反対などさまざまな事情から実現されませんでした。設立の要因には日本基督教連盟が推進してきた合同運動の実現というプラスの側面があったと指摘される一方、「民間にあって国家に協力する補完的存在」として、国家にとって管理しやすいよう合同を強制されたのだとする見解もあります。歴史的経過から判断すれば後者が妥当であると私も思いますし、実際にこの後、教会は国家の要請から戦争に協力するようになっていきます。

その過程で何が変わったかというと、まずは宣教のあり方に変容を迫られます。欧米列強による植民地化を排除し、アジアに東洋人による大東亜共栄圏を成立させ、その「自存自衛」を図ることが戦争の目的であるとして、日本基督教団はこの戦争は正しいという「義戦論」をとるようになり、日本の中国への侵略についても、それは文明が非文明たる中国を教化するのだと正当化しました。

また、教会においても、天皇を現人神とする国体をキリスト教の教理に当てはめ、「父なる神」は皇祖神、「キリスト」は天皇、「教会」は臣民であり、大東亜共栄圏は「神の国」だとみなす「聖戦論」までが唱えられ、信者に対し天皇への礼拝を強要していきます。さらには国民に神社崇拝を課す必要性から国が打ち出した「神社非宗教論」、つまり神社は宗教に関知せず、もっぱら祭祀のみ執り行うもので宗教施設ではないとする論理をほとんどの教会が受け入れ、神社参拝を宗教的意味のない「儀礼」であると認め、冒頭に宮城遥拝をして礼拝を始めるということも行われるようになりました。日本基督教団の代表者（統理）の富田満が伊勢神宮を参拝して傘下教会・信徒に戦争への協力を呼びかける戦時布教方針を定めたことは、それらを象徴する出来事であったといえるでしょう。

このように、太平洋戦争の終結（一九四五年）までに当時の日本の国体観念とキリスト教の教義を一体化させていったあり方を「日本的キリスト教」と呼ぶことがあります。そのなかでのキリスト者の対応は、大きく「迎合型」と「推進型」に分けられます。「迎合型」は戦争協力に迎合しつつ伝道活動を優先しようとしたタイプで、その代表的なものは日本基督教団や内村鑑三が創始した無教会、またキリスト教社会運動家で戦後は日本社会党の結成にも参画したことで知られる賀川豊彦が挙げられます。

一方の「推進型」とは、全面的かつ積極的に戦争に協力した国粋主義的なグループで、その代表的なものがハリストス正教会です。正教会とはカトリックやプロテスタントとは異なる東方教会で、国家と宗教的な指導者が一つとなって国家を治めることを理想とする「ビザンティンハーモニー」と呼ばれる基本的概念をもっています。そのため、為政者（世俗権力者）が戦争に乗り出すと正教会も当然戦争を推進する側に立ち、排他的な民族主義と結びつきやすい傾向があり、それはロシアがウクライナに侵攻（二〇二二年）した際にロシア正教会キリル総主教がそれを祝福したことに象徴的に表れています。正教会の日曜礼拝の最後には為政者への祈りがあり、日本の正教会では天皇への祈り、ロシア正教会ではプーチンへの祈りがあります。正教会については第三講で詳しく論じたいと思います。

他方、「日本的キリスト教」化を受け入れずに戦争協力から逃避し、迫害を受けた教会があり、これらは「反戦型」といえます。例えば、戦争中の一九四二年六月に信徒と牧師九六名がスパイ容疑や神宮への不敬容疑などで一斉に検挙されたホーリネス教団がそうです。同教団は有罪とされ、懲役となった牧師のうち四名は獄死し、日本基督教会も彼らを「異分子」扱いしました。他に治安維持法で検挙された灯台社（米国ものみの塔の日本支部）なども含め、国家の統制に従わず弾圧された一部の教会はこの「反戦型」に分類できるかと思います。

日本のキリスト者と戦争 ――思想的プロセスの共通点

国家の方針と自身の信仰との葛藤を、キリスト者たちはどのように乗り越えようとしたのでしょうか。無教会主義の指導者だった黒崎幸吉は、「若し私が絶対非戦論者ならば」と題して次のように記しています。

「第一に私は国民皆兵即ち此の神の命令に対する背反を前提として組織せられて居る国家の一員として生きていることができない」

「第二にたとひ義勇兵制度の国であっても、私は其の国民として甘んじて居る事が出来ない、即ち平日は国家の恩恵を受け乍ら戦時のみ国家と行動を共にせざる如き勝手な行動は私には出来ない」

（『永遠の生命』一九三七年三月）

神が絶対に戦争参加を禁じられるのであれば、私はいずれの国家の一員としても生活することはできないし、祖国を捨てて「天外の孤客」として生きたくはないから「今直ちに自殺するより外に途が無い」「絶対非戦論者は此点を徹底的に考えられん事を希望する」と、黒崎は述べています。

次は、日本基督教団今治教会の記念誌に寄せられた、ある信者の戦争中の回想です。

「世の中が暗くなればなるほど光の子は憎まれ苛まれた。キリスト教をアメリカと結びつけて、敵国の協力者のような疑惑の目をもって信徒の言行を事あるごとに批判された……信仰に堅く立つ人も隣組の目と口に対する自由はなかった。『黙祷』と命令される時、内ではキリストの聖名によって祈っていても、外側はその習わしに従った。国民の義務として、どんな場合にも、国旗の前に天皇は神聖にして冒すべからざると遥拝し最敬礼をした……そうして、心の中で『魂を殺すことができない者どもを恐れるな』と呟いていた」（飯季野「戦中戦後の今治教会の思い出」『創立九十年記念誌』日本キリスト教団今治教会、一九七〇年）

表面的には周囲に合わせながらも、内面では必死に抵抗し続けたことをこの信者は明かしています。

戦時体制が強化されつつあった一九三七年に、植民地論を研究していた東京帝国大学教授の矢内原忠雄が日中全面戦争の発端となった盧溝橋事件の直後、『中央公論』九月号に「国家の理想」と題した評論を寄せました。これが当時の政府・軍部に批判的と受けとられる内容だったことから彼を糾弾する声が大学内外で高まるなか、矢内原は「神の国」と題する講演を行います。そこで彼は次のように語っています。

「今日は、虚偽の世界に於て、我々のかくも愛したる日本の国の理想、或は理想を失つたる日本の葬りの席であります。私は怒ることも怒れません。泣くことも泣けません。どうぞ皆さん、若し私の申したことが御解りになったならば、日本の理想を生かす為に、一先ず此の国を葬ってください」

この講演内容が当局の知るところとなって、官憲が大学の学部長、総長の下に乗り込む事態となり、ついに矢内原はこれ以上大学に迷惑をかけられないと辞職することになりました。

この「矢内原事件」は歴史の教科書にも出てきますが、どちらかというと国家統制が強まるなかで起こった弾圧事件のひとつという扱いです。しかしこの事件の本質は、一人のキリスト者として時代を正しくとらえ、政府を批判して戦争をくいとめなくてはならないという、内村鑑三の弟子で熱心な無教会派の信徒であった矢内原による戦いであったという側面にあります。職を失った矢内原は、公開聖書講義を行い、伝道誌『嘉信』を発行するなど、無教会信徒としての自由な活動を続けました。

アジア・太平洋戦争期における無教会指導者らの言説を、当時彼らが発行していた伝道雑誌を通じて読み比べていくと、ある種の共通点が浮かび上がってきます。まず「非戦・平和思想」を訴えている点で共通しているものの、そこから文明としての欧米や、欧米の教会のあり方を一様に批判しています。日本の同盟国であったナチス・ドイツやヒトラーについては批判的な者とそうでない者で違いが生じており、天皇を崇敬し、日本の国体を尊重する点ではおおむね共通していました。注目すべきなのは、いずれもが大東亜共栄圏の実現に期待を寄せ、この戦争に勝利して、実現する大東亜共栄圏をキリスト教化する、そのための伝道を強く呼びかけている点です。また米英との太平洋戦争がはじまると、次第に「非戦論」から、クリスチャンの戦争参加を認め、むしろ積極的に十字架と国のために戦うべきだという論調も登場するようになりました。

戦争という国家的危機状況において、当初の「非戦・平和思想」から欧米文明批判・自民族優越主義へと進み、さらに特定地域（大東亜共栄圏）へのキリスト教布教に意義を見いだし、危機状況が深まるにつれクリスチャンも戦うべきだと変貌していった彼らの思想的プロセスは、例えばかつての十字軍やアメリカ大陸における植民地化、二度の世界大戦、またアメリカのベトナム戦争といった状況で見られたキリスト教運動にも共通する、普遍的な現象のひとつともいえるのではないでしょうか。

第二講

宗教戦争と民族紛争の本質構造

——十字軍、三十年戦争、パレスティナ紛争など

黒川知文

歴史上の宗教戦争

私はここ数十年ほど、歴史の共通点に目を向け、歴史的傾向における普遍性という視点からの研究を行ってきました。その大きな原動力となったのは、前講でも紹介したマックス・ヴェーバーの『プロテスタンティズムの倫理と資本主義の精神』で、ヴェーバーは当時からすでに「宗教」を現象学的に見ていたのです。ここでは一回性である世界史における個々の事象として宗教戦争や民族紛争を取り上げながら、それらにはどのような普遍性、共通性が見いだせるのか、歴史学あるいは宗教学における現象学的な見方、また現象学的な視点から論じていきたいと思います。

最初に確認したいのは、主にヨーロッパにおける宗教戦争の発生状況です（図1）。このなかで、十五世紀までに発生した主な宗教戦争としてレコンキスタ、十字軍運動、フス戦争が挙げられます。私の研究者的視点ではレコンキスタと十字軍運動はともにイスラーム対キリスト教という「宗派対立型宗教戦争」ですが、個々の戦争についてはあとで詳しくお話しします。

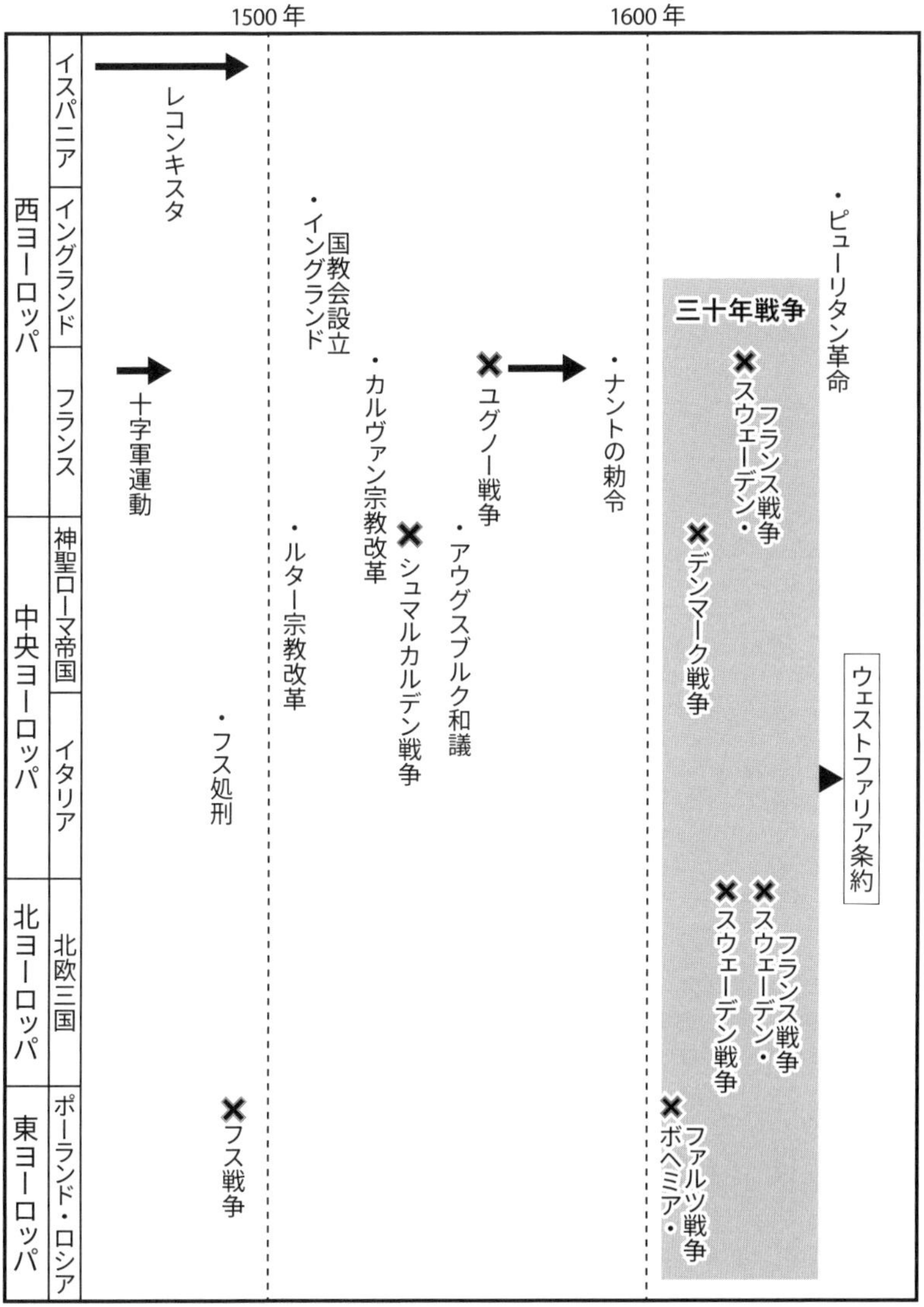

図1　ヨーロッパでの宗教戦争の発生状況

十六世紀以降を見ると、シュマルカルデン同盟と神聖ローマ皇帝カール五世との間で起こったシュマルカルデン戦争は、教派的に見ればルター派の領主らとそれ以外の領主らとの間の戦争です。フランスで起こったユグノー戦争は一般的に宗教戦争とされますが、私はフス戦争やシュマルカルデン戦争とあわせ、これらをプロテスタントとカトリックによる「教派対立型宗教戦争」と呼称しています。

オランダ独立戦争と三十年戦争については、基本的には宗教戦争であるものの、宗教よりも政治的な要素が強い戦争であったと私はとらえ、これらを「政治対立型宗教戦争」とします。例えばオランダ独立戦争の目的はオランダの独立であり、まさに政治運動でした。もう一つの三十年戦争は最後にして最大の宗教戦争といわれます。図にあるボヘミア・ファルツ戦争、デンマーク戦争、北ヨーロッパのスウェーデン戦争とスウェーデン・フランス戦争はすべて三十年戦争の一部であり、三十年戦争は国際的な宗教戦争でもあったのです。

この三十年戦争が終結した一六四八年に結ばれたウェストファリア条約により、歴史上の「宗教戦争」は終焉を迎えます。例えば第二次世界大戦後に起こったイスラエル・パレスティナ紛争や北アイルランド紛争についてメディアなどで宗教戦争と呼ぶ場合がありますが、これは誤りで、歴史用語として「宗教戦争」という表現が用いられるのは一六四八年までであるのが、歴史学の基本的な常識となっています。

「神のための正義の戦い」——十字軍運動

最初に取り上げる十字軍運動は、一〇九六年から一二七〇年まで二〇〇年近くに及んだ長期の運動です。それは一〇九五年、フランス中部のクレルモンで開かれた宗教会議で行われたローマ教皇ウルバヌス二世（在位一〇八八〜九九）の演説をきっかけに始まりました。その演説を紹介します。

「東方でわたしたちと同じようにキリストを信ずる人々が苦しんでいる。彼らはわたしたちに救いを求めている。何故であるか。それは異教徒が聖地を占領し、キリスト教徒を迫害しているからである。わたしは同胞の苦難をつぶさに知っている。かれらは自らの苦しみのみならず、教会の苦しみを訴えている。かの地では聖所が潰されているからである。何故エルサレムは至聖所であるのか。それは天国への門であり、地上における天国の写し絵だからである。当然、神はこの瀆聖を許されない。神はその解放を自らの業として遂行なさる。この神のみ業に加わる者は神に嘉せられ、罪を赦され、つぐないを免ぜられる。キリスト教徒どうしの不正な戦いをやめて、神のための正義の戦いにつけ。このよびかけに応じた者には現世と来世を問わずすばらしい報酬が約束されている。ためらうことはない。現世のどんなきずなもあなた方をつなぎとめることができない。なんとなれば、この企ては神自身が指導者であるから」（橋口倫介『キリスト教史』）

冒頭の、東方でキリストを信じる人々とはビザンツ（東ローマ）帝国民をさします。つまり、「異教徒」のイスラームがキリスト教の聖地エルサレムを占領してキリスト教徒を迫害しており、ビザンツ皇帝から支援を求められたウルバヌス二世がその奪還を呼びかけたのがこの演説です。重要なのはそのなかの「この神のみ業に加わるもの」、すなわち十字軍運動に加わる者は神に喜ばれ、罪を赦されるといっている部分で、十字軍への参加には「巡礼」の意味があったということです。また「神のための正義の戦い」とは、十字軍がキリスト教徒にとっての「聖戦」であることを示し、参加者への「素晴らしい報酬」とは永遠の命を意味します。聖書には、神を信じる者は現世だけでなく来世においても永遠の命を得られるとあります。このように、十字軍運動はかなり宗教的な要素の強いものでした。

約二〇〇年にわたり全七回（全八回説もあり）の遠征が行われ、第一回（一〇九六〜九九年）はロレーヌ公などフランス、南イタリアの有力諸侯と四万人ほどの民衆が参加し、イスラーム側の抵抗が弱かったこともありキリスト教勢力側が聖地を奪還して勝利を収め、エルサレム王国を建国しました。このとき、十字軍は七万人以上のエルサレムに住むムスリムやユダヤ人を殺害しています。しかしイスラーム勢力の反抗でエルサレム王国が占領されたため、第二回（一一四七～四九年）、第三回（一一八九～九二年）十字軍が企てられますが、いずれもキリスト教勢力が敗北しました。

特に重要とされるのが、第四回十字軍（一二〇二～〇四年）です。主な参加者はフランドル伯らフランス諸侯と、ヴェネツィア総督エンリコ・ダンドロでした。第三回までは神聖ローマ帝国皇帝やフランスの王・有力諸侯が中心だったのに対し、そこにイタリアの商業都市ヴェネツィアの総督が加わった点が特徴です。その結果、当初はイスラーム勢力最大の拠点であるカイロを攻撃する予定だったものが、商圏の拡大を企図するヴェネツィア商人に利用されるかたちでビザンツ（東ローマ）帝国の都コンスタンティノープルを占領し、ラテン帝国を建国するにいたります。これにより、本来の目的から大きく逸脱して経済的な利益獲得の要素を多分に含んだ十字軍となりました。この段階で、同じキリスト教徒の住む街であるはずのコンスタンティノープルを占領し、多くのキリスト教徒を殺害しています。

もう一つ、注目したいのは第五回十字軍（一二二八～二九年）です。これを率いたのはシチリア王国の王で神聖ローマ帝国皇帝だったフリードリヒ二世で、イスラーム勢力との外交交渉により十字軍としては初めて平和的にエルサレムの統治権を回復しています。フリードリヒ二世（在位一一九四～一二五〇）はギリシア文明にキリスト教やイスラームの文化が融合したシチリア島で生まれ、友人にもムスリムがいたと伝えられることから、宗教への寛容な態度がこの平和条約につながったと考えられています。ただ、遠征の途中で疫病のまん延を理由に退却したりしたことから、フリードリヒ二世は当時のローマ教皇から破門にされています。

ここで、十字軍運動の本質を宗教的動機と経済的動機の側面から考えてみます。宗教的動機としてはすでに触れたとおり、異教徒が聖地エルサレムを占領したという事実をきっかけに高まった、エルサレムへの巡礼熱だったと考えられます。参加すれば一生の罪が赦されるとあって、多くの民衆も参加することになったわけです。

一方では、当時のヨーロッパにおける農業生産の高まりや人口増加により、東方への植民運動のような対外進出が求められる状況が背景にあったことも事実です。とくに第四回十字軍以降では、地中海貿易の覇権をかけイタリア商人が進出を目論むといった政治的・経済的な動機も加わりました。そうした面でとくに注目すべきは、西欧キリスト教世界において、所属する国家や生活している土地というものを超え、キリスト教徒として団結するという民族主義的な状況が、十字軍運動を通じて生じてきたという点です。

私はユダヤ人問題も研究してきましたが、第一回十字軍の際にドイツからエルサレムまでの遠征ルートの街ではユダヤ人がキリスト教徒の攻撃対象となり、その多くが略奪・殺害されました。正規の十字軍は王国の騎士が中心で統制がとれていたものの、彼らの後に一般民衆で構成された民衆十字軍が街にやってきて、ユダヤ人商店などを略奪し、殺害したのです。それに対してローマ教皇はユダヤ人を保護せよという勅令を出しており、各都市の司祭らもユダヤ人迫害を阻止しています。

この事実は中世ヨーロッパという時代に、エリートである聖職者と一般民衆の間に大きな乖離があったことを表しています。当時、一般の民衆のほとんどは文字が読めず、ましてやラテン語で記された聖書を読むことなどできなかったため、魔女の正体はユダヤ人であるとか、キリストを殺したのはユダヤ人だといった噂、俗説のたぐいを信じてしまう傾向があったのです。聖書によればキリストもユダヤ人であり、キリストを殺したのはユダヤ教指導者階級のユダヤ人です。聖書を読むことができた聖職者らはそれを理解していますが、民衆はそうではありませんでした。そのため民衆十字軍のなかには、キリストを殺したのはユダヤ人だ、だからユダヤ人に対しては何をしてもいいのだと扇動され、迫害に手を染めた人々がいました。異質な者に対する彼らの敵視はユダヤ人だけでなく、ムスリムや正教徒にも向けられています。

十字軍運動の本質は、宗教的動機と経済的動機であり、イスラームやユダヤ人、東方教会を敵視する排他的民族主義である「西欧キリスト教民族主義」が現れたことに注目すべきです。

共存から排他へ ――レコンキスタ運動

十字路運動における宗教的・経済的動機から見た本質とよく似ているのが、イベリア半島に侵入してきたイスラーム勢力をキリスト教勢力が駆逐すべく、八世紀初頭から八〇〇年間にわたって継続されたレコンキスタ運動です。キリスト教世界に入っていたイベリア半島に、北アフリカを征服したイスラーム勢力のウマイヤ朝が侵入してピレネー山脈以南をその領土としたのが八世紀初頭で、レコンキスタ（再征服）の名の通り、北からキリスト教勢力がイベリア半島を奪還しようとしたものでした。結果的には一四九二年、イベリア南部のグラナダでイスラーム勢力を撃退してレコンキスタは完了しています。なお、レコンキスタはかつて日本語で「国土回復運動」とされてきましたが、イスラーム側からすれば自分たちの領土を奪われたわけなので、近年はより中立的な「失地回復運動」と表記されるようになっています。

レコンキスタが起こった要因はイスラームに奪われたイベリア半島全土を最終的に征服するというキリスト教勢力側の意図・思想であるといえますが、この運動の背景にも宗教的側面と経済的側面がみられます。宗教的には、十字軍と共通する宗教的危機状態が十一世紀末に、まさに十字軍的な戦闘的形態に変化した点です。一方の経済面では、ヨーロッパの農業が発展しつつあるなかで、さらなる領土の獲得が求められていました。

レコンキスタ運動の結果、何がもたらされたかという点においても、宗教的側面と経済的側面からみてみましょう。宗教的な大きな変化は、宗教の共存が破られたことです。イスラームに征服され、一〇三一年に後期ウマイヤ朝が崩壊するまで、イベリア半島ではムスリムとキリスト教徒、ユダヤ人が長期にわたって共存していました。イスラームの支配下においては、キリスト教徒とユダヤ教徒は「啓典の民」（神から啓示された聖典を持つ宗教を信じる人々）として人頭税を払い、宗教活動の制限と法的不平等を受け入れるという「差別的寛容」の下で「保護」されたからです。ところが十字軍運動が始まった十一世紀末頃からイベリアのキリスト教徒の間に戦闘的・排他的な教会が出現するようになり、政治と宗教が混合しながら戦闘的なキリスト教徒による「イベリア・ナショナリズム（民族主義）」が進展していきます。

イスラーム支配下のイベリア半島は歴史・文化・経済で一応の安定が図られていたものの、キリスト教陣営は農業の立ち遅れ、牧畜依存型経済の限界状況にありました。その危機的状況から、キリスト教徒による領土獲得が開始されたという経済的側面も指摘できます。そうした状況から「イベリア・ナショナリズム」が生起し、イベリア北部に成立したカスティーリャやアラゴンがレコンキスタを推進していくことになりました。つまり、「イベリア・ナショナリズム」は宗教的側面と社会経済的側面から生起したのです。

つけ加えると、十字軍運動やレコンキスタが起こった時期に、中世後期ヨーロッパ最大のキリスト教神学者とされるトマス・アクィナスが『神学大全』において、「正当な権威」「正当な原因」「正当な意図」の三つの要件が揃った場合、その戦争は「正しい戦争」であるとする見解を述べています。

反カトリックと「民族運動」の混淆 ——フス戦争

十字軍とレコンキスタという二つの運動に似たかたちの宗教戦争が、ボヘミア（チェコ）の宗教改革者フスが異端とされ焚刑されたあと、フス派信徒と神聖ローマ皇帝との間で起こった十五世紀のフス戦争（一四一九〜三六年）です。

ボヘミアのプラハ大学教授だったヤン・フス（一三七〇頃〜一四一五）は、イングランドにおける宗教改革の先駆者として知られるオックスフォード大学の神学教授ウィクリフが著した『教会論』を読み、強い影響を受けました。これはカトリック教会を批判し、聖書を信仰の基礎とすることを唱えた書で、当時異端とされていました。フスは一四〇二年にベツレヘム礼拝堂の説教師に就任すると、ウィクリフに同調するかたちで教会を批判する内容の書を著し、それが大学内やボヘミアの貴族・民衆の支持を得るようになります。それがフス派と呼ばれるフスの支持者たちです。

これに対して教会側のプラハ大司教はフス個人やフス派の取り締まりに乗り出したものの、フスと同じチェコ人だったボヘミア王がフス派を保護する格好となり、フス派は教会に対して徹底した抵抗を続けることになりました。その後フスがプラハ大学の学頭に就任すると、ローマ教皇アレクサンデル五世（ピサ選出教皇）がプラハ市、次いでフス派に破門を宣告するにいたります。

フス派の教会批判は民衆運動に転化しながら過激化し、教会制度への攻撃だけでなくローマ教皇をアンチ・クリスト（反キリスト）、つまり新約聖書『ヨハネの黙示録』に記される、世界の終末に現れる神に敵対する者たちになぞらえて批判したことから、ついには一四一五年、コンスタンツ公会議における公開裁判で反論すら許さずに有罪を宣告し、フスを焚刑に処したのです。中世ヨーロッパで焚刑・火刑は最も重い刑で、地獄の業火で燃やされるがごとく異端者らに処されるのがこの刑でした。

こうしてフスの処刑後に起こったのがフス戦争です。教会改革の波はボヘミア全土に広がり、プラハではフス派が市庁舎を襲撃し聖職者らを殺害しました。さらに神聖ローマ皇帝ジギスムント（在位一四一〇～三七）がボヘミア王位を継承するのをフス派が認めなかったことから、ジギスムントはローマ教皇の勅書を受けフス派討伐十字軍をボヘミアへ派遣し、戦争となります。フス派はやがて急進派のタボル派、穏健派のウトラキスト派などに分裂し、最終的にはウトラキスト派がカトリック教会と同盟してタボル派と戦い、両派の内戦はバーゼル公会議での和平協議をへて、一四三六年に終結することになりました。

この過程で、ウトラキスト派は教会に対し「プラハ四カ条」と呼ばれる要求を出しています。その要求の内容は「説教の自由」や「聖体拝領の自由」などです。聖体拝領とはカトリック教会でミサの時に食される、キリストの体を表すパンと、キリストの血を表すブドウ酒のことです。中世ヨーロッパでは聖と俗がはっきり分けられ、聖職者はパンとブドウ酒を食しましたが、一般の信者である民衆はパンだけでした。

しかし聖書には、キリストは最後の晩餐で一二使徒らを前に「これは私が十字架で流される血である。飲みなさい。これは私の裂かれる体であるパンです。食べなさい」と言い、弟子たちがみなでパンとブドウ酒を食したとあるのです。そのためフスは聖職者だけでなく一般信者もブドウ酒を飲むべきだと主張したのです。それは聖書に基づく正しい主張だと思います。最終的にこの「プラハ四カ条」は認められ、こうしたフスの主張はその後のキリスト教神学の祖型となっていきます。

フス運動の性格を整理すると、その発端は、聖体拝領の問題のような教会への異議申し立てが教会制度やローマ教皇批判へと発展した神学論争でした。また、一見するとのちの宗教改革に似ているようですが、決定的な違いはフス派の目的はあくまでも教会内改革にとどまり、ルター派などのように新しい教派を起こしてカトリック以外の教会を建てなかった点です。フス派の多くは、のちにルター派に融合していくことになりました。

また特筆すべきは、フス運動の初期に、フスの主張を支持したのはチェコ人で、ドイツ人は支持せず、一四〇九年にドイツ人はプラハ大学から一斉に退去した点です。つまり、フス運動には宗教的な神学論争という争点だけでなく、チェコ人とドイツ人との「民族運動」としての性格が背後に存在したことが指摘できると思います。

教派対立から国家間対立へ　――ユグノー戦争

十六世紀からの宗教改革により、西ヨーロッパのキリスト教世界はカトリックとプロテスタントという二つの教派に分かれます。通常、狭義の宗教戦争とはカトリックとプロテスタントによる戦争を指すのですが、ここでは新旧教派間の戦争を「教派対立型宗教戦争」と呼びたいと思います。その意味で、最初の代表的な「教派対立型宗教戦争」が、カトリックとユグノー（フランスのカルヴァン派）という新旧教派間の神学的対立から生じたフランスの宗教内乱である、このユグノー戦争（一五六二～九八年）です。戦争は八次、期間は三六年に及んだこの戦争はブルボン家やギーズ家など貴族間の党派対立、旧教のスペインと新教のイングランドなども絡んだことで長期化し、最後はナントの王令で新教（ユグノー）の信仰を認めるかたちで収束しました。

この戦争はカトリック教会内部での神学的な改革運動に端を発しますが、そこにルターとカルヴァンによる宗教改革の影響が及びつつあった一五三四年、反カトリックの檄文が宮殿内のフランス王フランソワ一世（在位一五一五～四七）の部屋をはじめ、フランス各地に張られるという「檄文事件」が発生します。フランス王はカトリック教会の保護者という役割が重視され、その戴冠式では異端との戦いを誓い、聖体拝領を受ける儀式も行われるほどですから、フランソワ一世はこれに激怒してユグノーを弾圧、その多くを火刑に処しました。さらなる神学論争の過熱とともに、ユグノーは知識人や貴族、ブルジョワ層から手工業者、農民に拡大・組織化されていきました。カトリックとの対立が深刻化するなか、国王シャルル九世（在位一五六〇～七四）の母カトリーヌ・ド・メディシスが和平を模索すべく新旧両派の代表を招聘して一五六一年にポワシー会談が開かれ、ここで神学的な問題を討議し教義上の妥協が試みられるも、失敗に終わります。

この火種が、絶対王政が成立しようというフランスで、諸侯間の政治的対立へと発展していくのです。一五六二年、政権を掌握していたギーズ家のギーズ公軍が礼拝中にユグノーを虐殺するという事件が起こります（ヴァシーの虐殺）。これに怒ったコリニー提督を中心とするユグノーが蜂起し、ギーズ公フランソワを中心とするカトリック勢力との間で戦われたのが第一次ユグノー戦争でした。戦争は三次まで繰り返され、和議によりいったんは平和が訪れましたが、その二年後にサンバルテルミの虐殺が起こります。

国王シャルル九世の母カトリーヌの提案で、ユグノーとカトリックとの融和を図るため、ユグノーの指導者であるナバラ王アンリ（王位継承権をもつブルボン家当主）とシャルル九世の妹の結婚が図られました。一五七二年八月の結婚式にはユグノーの中心的指導者だったコリニー提督ら多くのユグノー貴族が祝いのためパリに集まっていたところ、コリニー提督が何者かに狙撃され重傷を負うという事件が起こります。ユグノー側は国王に真相究明を求めますがその二日後、ギーズ公の兵がコリニー提督を暗殺し、宮廷のユグノー貴族多数が殺害されるという事態を迎えます。

もはや宮廷の統制はきかず、王命により宮殿内のユグノー貴族が殺害されました。事態は宮廷の統制をさらに超えて暴発し、ユグノーに対する襲撃はパリ市内から地方へと波及して、虐殺の犠牲者は約一万～三万人とされています。なおナバラ王アンリ（のちのアンリ四世）はカトリックに殺されることを恐れ、一時的にカトリックに改宗し難を逃れていますが、これがカトリックとユグノーの対立の頂点となったサンバルテルミの虐殺の概要です。

キリスト教徒同士が殺し合う現状を変革しようと、フランスではこの頃、新しい社会勢力であるポリティークが台頭してきます。彼らは宗教家ではなく法曹家を中心とした穏健なカトリック教徒で、カトリック過激派の暴走を危惧し、王国の分裂を防ぐためにカトリックとプロテスタントの融和（宗教上の寛容）、より強い王権の確立（国内統一）を主張する政治運動でした。その背景には当時広まりつつあった、宗教や伝統的因習よりも理性に基づいて人間を解放しようとする啓蒙主義の影響もみられます。ちなみにこのポリティークがのちのフランス革命の担い手となり、宗教史的には、フランス革命とは「反キリスト教革命」でもあり、聖職者は犠牲となります。宗教や神に代替するものとして啓蒙主義の要素が神格化されていく原動力となったのがポリティークだったといってもいいでしょう。

サンバルテルミの虐殺以後もユグノー戦争は続き、終結するのは十六世紀の終わり頃です。一五八九年に子のいない国王アンリ三世（在位一五七四～八九）が暗殺され、フランスのヴァロワ朝は断絶することになりました。国家的な危機のなか、アンリ四世（在位一五九四～一六一〇）として即位したのが唯一ヴァロワ朝アンリ家の血筋を引くブルボン家のナバラ王アンリでした。彼は先ほど触れたように信仰はユグノーだったため一五九三年、形式的にカトリックに改宗し、ポリティークの支持を得て国内統一と宗教的な平和を回復、一五九八年にナントの王令を出してユグノー戦争に終止符を打つことになります。カトリックに改宗したとはいえ、アンリ四世の本来の信仰はユグノーであるため、ユグノーに個人的信仰の自由のほか出版・集会・裁判の自由や完全な市民権を付与するなど、ナントの王令はユグノーにかなり有利な内容になっています。ユグノーにさまざまな自由が認められたこの時期、フランスは経済的に大きく栄えていきます。

宗教改革と同じ神学論争から生じ、王権をめぐる貴族たちの政治闘争と宗教的な内乱を原因として起こったユグノー戦争は、カトリック同盟対プロテスタント諸侯という宗教的側面のほか、カトリック側にはローマ教皇や今日でもカトリックの牙城として知られるスペイン、ユグノー側にはドイツ諸侯、イギリスのエリザベス一世（在位一五五八～一六〇三）が支援するという、ヨーロッパの宗教対立と国家間対立という性格もはらんでいました。他方では名門貴族が没落し、新興貴族とブルジョワが台頭するという政治社会的側面があったことも見逃してはならないと思います。

史上最大の宗教戦争――三十年戦争

史上最大規模にして最後の宗教戦争といわれるのが、三十年戦争（一六一八～四八年）です。神聖ローマ帝国内のプロテスタントとカトリックの内戦（ボヘミア・ファルツ戦争）を端緒に、次第に大国を巻き込みながらヨーロッパ全域に及ぶ国際的な戦争に発展し、疲弊した参加国の間でウェストファリア条約が結ばれてようやく終結しました。この戦争では軍隊・傭兵が略奪や占領地からの徴収で資金を調達し住民に厳しい苦難を与えたことから飢えや病気による死亡率も高まり、この時点でドイツ人口の二〇パーセントを含む八〇〇万人以上の死者を出すなど、ヨーロッパ地域全体を荒廃させた人類史上最も破壊的な戦争の一つとされています。

この戦争は宗教の問題というよりも、むしろヨーロッパの政治的な優位性をめぐるフランスとハプスブルク家（神聖ローマ帝国皇帝）との対立と、ハプスブルク家がドイツで帝国の権威を再構築しようとしたことの延長線上で戦争が拡大したという点に特徴がみられます。

神聖ローマ帝国では一五五五年、カトリックがルター派プロテスタントを容認することが決議されます（アウグスブルク宗教和議）。これによりルター派の諸侯には信仰の自由が認められ、ルター派諸侯の領邦ではカトリック教会もその統制の下に置かれるという原則が確認されました。ただ、カルヴァン派はこの時点でまだ認められていません。

しかしこの和議は一時的な妥協に過ぎず、その後もドイツ諸侯はプロテスタントとカトリックとの間で対立を繰り返していました。そうした状況下、国王フェルディナント二世（在位一五七八～一六三七）によるプロテスタントへの弾圧が進められていたボヘミアで一六一八年、プロテスタント貴族が国王の側近らを窓から突き落として殺害する事件（プラハの窓外事件）が起こると、これを発端とするボヘミア・ファルツ戦争（一六一八～二三年）が始まります。これは神聖ローマ皇帝となったカトリックのフェルディナント二世軍とプロテスタント反乱軍の戦争ですが、カトリック側をカトリック同盟（南ドイツのカトリック諸国で結成）指導者のバイエルン公マクシミリアンやハプスブルク家のスペインが支援し、一方のプロテスタント側ではカルヴァン派のファルツ選帝侯フリードリヒ五世をボヘミア王に選出しながら、オーストリアのプロテスタントであるトランシルバニア公が反乱軍に合流するなどしますが、最終的にはプロテスタント側が敗北してボヘミアは再びハプスブルク家の支配の下に置かれます。

三十年戦争の悲惨さを描いたジャック・カロ画『戦争の惨禍』（1633年）

神聖ローマ帝国における皇帝を中心とした旧教勢力の優勢という状況が誘発する格好となったのが、デンマークやスウェーデンといったプロテスタント国家による介入でした。プロテスタントのデンマーク王クリスティアン四世がイギリスやオランダの支援を受けて北ドイツに侵入したデンマーク戦争（一六二五～二九年。デンマークの敗北）、次いでルター派のスウェーデン国王グスタフ・アドルフがブルボン家のフランスによる支援を受け、これにブランデンブルク、ザクセン両選帝侯が合流してドイツへ侵攻したスウェーデン戦争（一六三〇～三五年。皇帝と新教徒諸侯間で平和条約を結び終結）と、次第に三十年戦争は周辺国を巻き込んだ国際的な戦争へと発展していくのです。

そのしめくくりは、フランス・スウェーデン戦争（一六三五～四八年）と呼ばれるものでした。これは、カトリックのブルボン家フランスが反ハプスブルクの立場からプロテスタント勢力のスウェーデンとオランダ、ヴェネツィアと結び、ハプスブルク連合軍と神聖ローマ皇帝軍に宣戦布告したものでした。なかなか軍事的な決着をみないまま、和平交渉の結果、一六四八年に結ばれたのがウェストファリア条約でした。

この条約によりスウェーデンとフランスは領土を獲得し、オランダ（ネーデルラント連邦）とスイスの独立が承認され、またドイツ帝国の諸侯と都市に完全な主権が認められます。宗教面で特筆すべきは、かつて諸侯がカトリックかルター派を選ぶ権利が認められたアウグスブルクの宗教和議（一五五五年）の原則がこの条約で再確認され、ルター派の信仰の自由があらためて確認されただけでなく、それがカルヴァン派にも適用されたのです。

ウェストファリア条約によって終結した三十年戦争の原因とは、領土の獲得をめぐる政治的闘争であったということができると思います。またこの戦争には、まずカトリック対プロテスタントという宗教的側面があった一方、その宗教的対立を背景に政治的権力抗争へと発展し、最終的にはハプスブルク家とブルボン家による覇権をめぐる対立という、宗教とは無関係な国際的政治闘争になっていったという政治的な側面もありました。さらに、この戦争で主要な戦場となったドイツでは、最終的におよそ一八〇〇万の人口が七〇〇万にまで減少したと推計されるほど荒廃したという経済的な側面も指摘できるでしょう。そうしたことが、先ほど触れたポリティークのように、宗教よりも啓蒙主義を求める動きにつながり、反宗教的な性格をもったフランス革命へと帰結していくことになったのではないかと考えられます。

排他的教説はなぜ生じるか　——宗教戦争の本質

三十年戦争を終結させたウェストファリア条約でカトリックとルター派、カルヴァン派という三つの教派が互いを認めることとなり、これによって「宗教戦争」は歴史的に終焉を迎えます。そのため、基本的にウェストファリア条約以降の戦争は「民族紛争」ととらえるべきです。ただ、アイルランド紛争やパレスティナ紛争などの近現代における戦争についても誤って宗教戦争だと評されるケースがあります。本論のまとめとして、最後に宗教戦争と民族紛争の本質的な違いについて述べたいと思います。

冒頭で触れた宗教戦争の三類型（宗派対立型、教派対立型、政治対立型）の様々な事例を比較検討すると、次の四点が指摘できます。

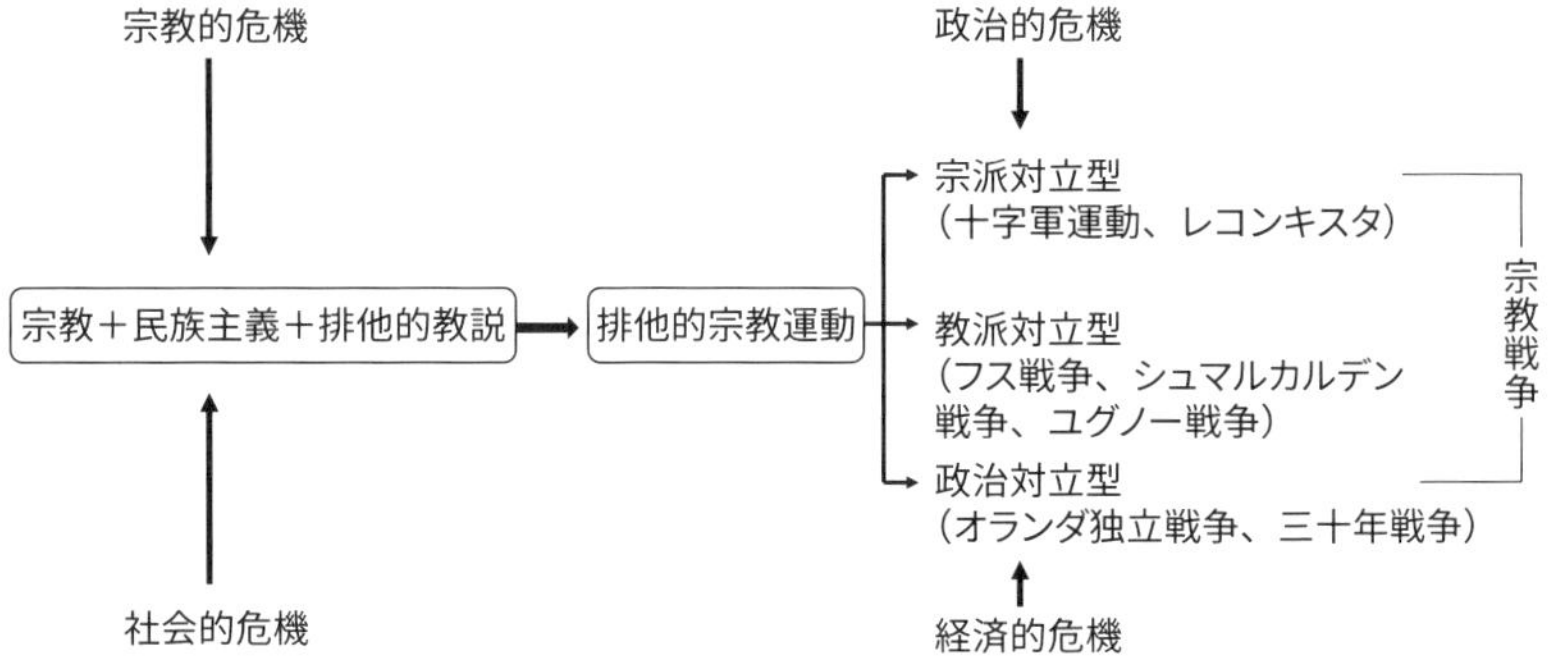

図2　宗教戦争発生のメカニズム

①宗教戦争の背景には共通して危機状況の存在が指摘できる。それは、宗教的危機、経済的危機、政治的危機、社会的危機に分類できる。

②宗教戦争の規模として見ると、宗派対立型が地域的広がりにおいて最も規模が大きく、次いで国際的紛争へと発展する傾向のある政治対立型、最も規模が小さいのは教派型である。

③宗教戦争における神学的な教派対立は、時代を経るに従い弱くなる傾向がある。これは宗教や教派についての相互理解が進んだことと、政治的対立が強まったことの結果と考えられる。

④三類型にほぼ共通するのは、宗教に排他的民族主義が関係していることである。

こうした特徴をまとめたのが、宗教戦争が発生するメカニズムです（**図2**）。つまり、宗教、社会、政治、経済それぞれにおける危機的状況が発生しそれらが全体的に影響しあう時期に、特定の宗教を奉じる国家あるいは集団に民族主義が加わり、それが排他的な宗教運動に変容して、宗教戦争へと展開していくという流れです。ここで重要なのは、排他的宗教運動を生み出すことになるのは、宗教と民族主義の融合に際して、排他的な教説が加わった場合だということです。排他的教説が採用されなければ、それが排他的な宗教運動、ひいては宗教戦争へと発展することはないと考えられます。

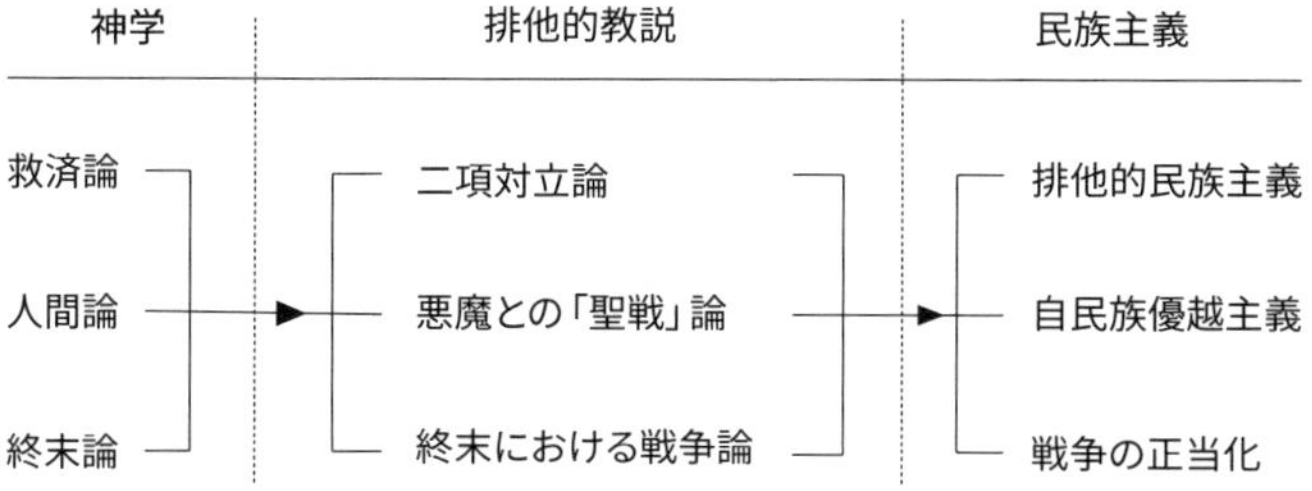

図3　キリスト教における変容のメカニズム

では排他的教説はどのように生じるのか、その変容のメカニズムをキリスト教で考えてみましょう（**図3**）。そのもととなるのは、キリスト教の神学です。キリスト教神学では、最後の審判で「救われる民」と「滅びる民」が峻別されます。カトリックには「煉獄」（現世の命が終わり、天国と地獄との間に経るとされる清めの期間）という概念もありますが、それは暫時的なもので、キリスト教においては、人間は最終的に天国（救われる民）か地獄（滅びる民）のどちらかに行くことになっているのです。このような救済論と人間論、終末論に基づく概念が、神か悪か、正義か不義か、善人か悪人かといった二項対立による排他的教説を生じさせる場合があります。

また、排他的教説として登場するものに、「悪魔との聖戦」論があります。これは世界の終末に「悪魔」（反キリスト）が現れて神との間に大きな戦いが起こって世界の三分の一が炎で焼かれ、天国と地獄に分かれるという聖書にある二元論的戦争論、つまり悪魔との戦いは「聖なる戦い」だとする考え方が排他的教説に転じるケースです。十字軍のところで触れた教皇ウルバヌス二世の宣言のなかでは、イスラームを「あの邪悪な種族」「悪魔の奴隷化した者たち」と呼び、十字軍は悪魔との「聖なる戦い」とみなされました。これはレコンキスタでも同様です。互いを「異端」とするカトリックとプロテスタントの間でも、双方が相手を「滅びる者」と位置づけ、双方が悪魔との「聖なる戦い」を呼びかけていました。

さらに、聖書の預言にしたがって、千年王国を形成しようとする「終末における戦争」論も宗教戦争のなかに見受けられます。例えばフス戦争で、フス派から生じたタボル派は終末論に基づく厳格な規律による財産共有制や、武器による「神の王国」という自治共同体をつくろうとしていますし、ユグノー戦争ではカトリックが世界の終末に現れる「反キリスト」であるとされました。

こうした二項対立的な見方が、宗教と民族主義が関係しあって形成されていくと、宗教的に熱心であればあるほど、より強固な排他的教説が形成される傾向がみられます。

パレスティナ紛争は宗教戦争か ——民族紛争と宗教の関わり

それでは、ウェストファリア条約以降に起こった、例えばユダヤ教対イスラームという宗教的対立ともみられるパレスティナ紛争（一九四八〜）や、カトリック対プロテスタントという教派的対立の側面もある北アイルランド紛争（一九六〇年代後半〜）、同様に東方正教会対イスラームのキプロス紛争（一九五五〜）、ロシア正教対イスラームのチェチェン紛争（第一次一九九四〜九六、第二次一九九九〜二〇〇九）といった「宗教が関与する民族紛争」と、かつての「宗教戦争」とは何が違うのでしょうか。ここではそうした民族紛争の代表的事例としてパレスティナ問題を考えてみます。

一九四八年に始まり現在も続くこの長期におよぶ紛争を、「萌芽期」「戦争期」「和平模索期」からとらえてみます（**年表**）。「萌芽期」の原因は有名なイギリスの三枚舌外交、すなわちイギリスがオスマン帝国の切り崩しを目的にパレスティナ人を含むアラブ人に独立国家を認めるとしたフセイン・マクマホン書簡（一九一五年）、その翌年にフランスと中東の分割支配を取り決めたサイクス・ピコ協定（一九一六年）、そしてユダヤ人のパレスティナでの国家建設を支持したバルフォア宣言（一九一七年）といった矛盾する約束をイギリスが結び、これによってパレスティナへのユダヤ人の入植が増加し、対立が激化していきます。またイギリスはパレスティナの委任統治を放棄し、国連でユダヤ人国家の建設を認めるパレスティナ分割決議（一九四七年）が採択されました。

これにより、パレスティナは「戦争期」に突入します。一九四八年にイスラエルの建国が宣言されると、その翌日に周辺のアラブ諸国がイスラエルに侵攻を開始し、第一次中東戦争がはじまります。中東戦争はこれまでに四度行われ、特に第三次中東戦争ではイスラエルが奇跡的な勝利を収め、その領土を約五倍に増やしています。

第四次中東戦争以降の「和平模索期」では、その当事者であったエジプトとイスラエルの平和条約締結にはじまり、イスラエルとPLO（パレスティナ解放機構）によるオスロ合意でパレスティナの自治が認められるなど、

萌芽期

1915	フセイン・マクマホン協定（書簡）
1916	サイクス・ピコ協定
1917	バルフォア宣言
1922	国際連盟でイギリスの委任統治を承認 （ユダヤ人の入植増加、対立激化）
1947	イギリス委任統治終了 国際連合総会でパレスティナ分割決議を採択

戦争期

1948	イスラエル、独立を宣言 第一次中東戦争
1956	エジプトのナセル大統領がスエズ運河の国有化を宣言 第二次中東戦争（スエズ動乱）
1964	PLO（パレスティナ解放機構）設立
1967	第三次中東戦争（六日戦争）
1973	第四次中東戦争（十月戦争） オイル・ショック

和平模索期

1978	エジプト・イスラエル和平合意（キャンプ・デーヴィッド合意）
1979	エジプト・イスラエル平和条約調印（エジプト、シナイ半島を回復）
1981	サダト大統領暗殺 （イラン・イラク戦争 1980 ～ 88）
1982	イスラエル、シナイ半島から撤退完了 イスラエル、レバノン侵攻
1987	第一次インティファーダ（イスラエルへの抵抗運動）
1988	パレスティナ国家独立宣言
1991	湾岸戦争後、中東和平会議（マドリード）
1993	イスラエル・パレスティナ間で暫定自治協定（オスロ合意）
1995	第二オスロ合意（パレスティナ自治拡大協定） イスラエル・ラビン首相暗殺
1997	イスラエル、占領地への入植開始
2000	第二次インティファーダ
2001	（アメリカ同時多発テロ／アメリカ、アフガニスタン空爆）
2002	国連、米、EU、ロがパレスティナ和平推進で合意
2003	イスラエル・パレスティナ間でロードマップ合意
2005	イスラエル、ガザ撤退完了

パレスティナ問題　年表

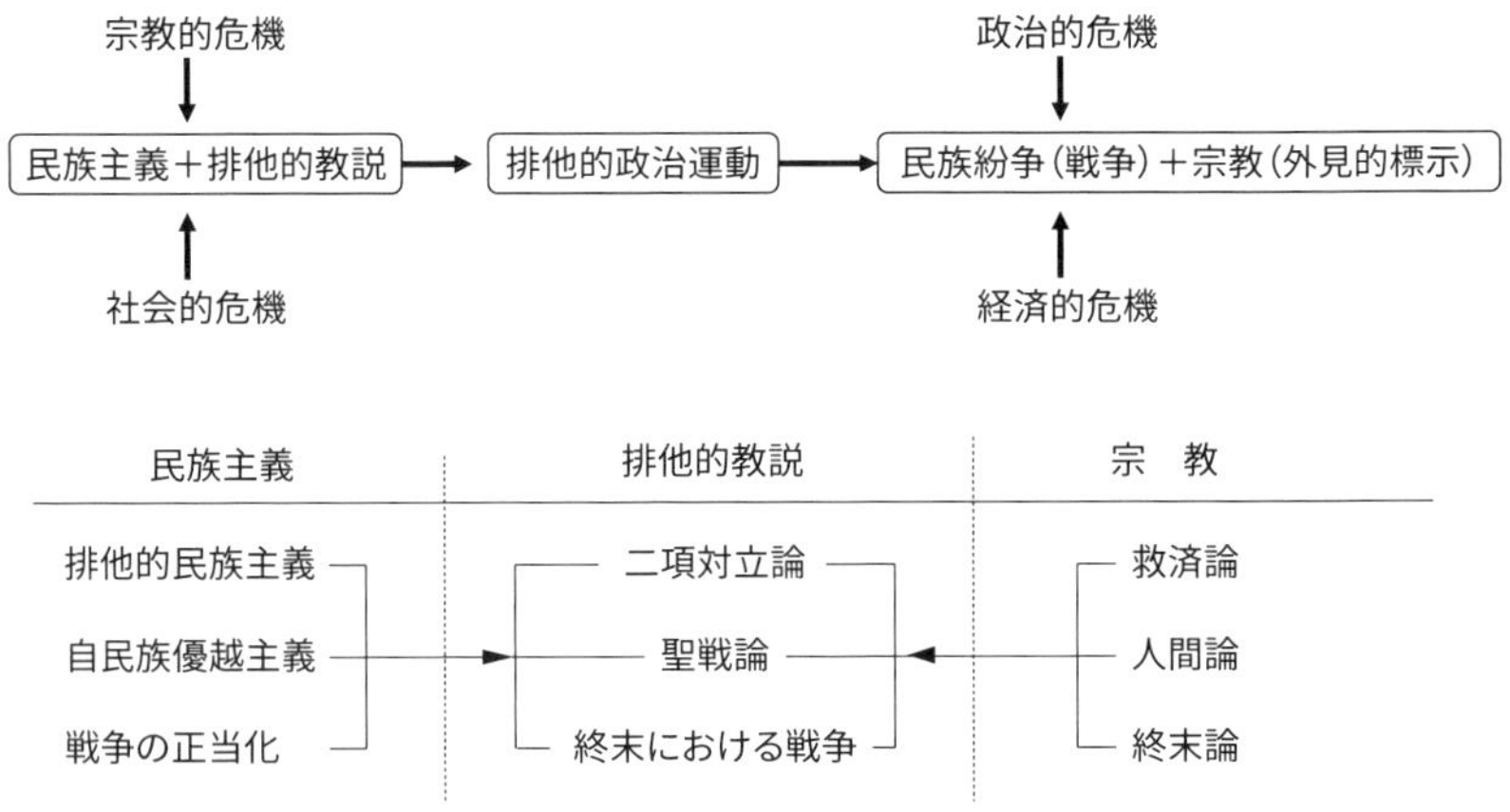

図4　民族紛争のメカニズム

インティファーダのようなパレスティナ側の抵抗運動も生じたものの、両者で共存の道が図られた時期です。しかし二〇〇〇年代に入るとイスラエルの右傾化、パレスティナ側のガザ地区では穏健派のPLOに代わってイスラーム主義のハマスが統治するようになり、ついに二〇二三年、イスラエルに対するハマスの大規模なテロ攻撃を引き金に、イスラエル軍によるガザ地区への軍事侵攻という事態を迎えてしまいました。

パレスティナ問題で忘れてはならないのは、この紛争の発端は領土問題だったという点です。そこにイギリスの三枚舌外交と、欧米がイスラエルを支援し、ソ連がアラブ諸国を支援するという米ソ対立を軸とした国際状況が加わり、さらにはいち早くアラブ諸国のなかでイスラエルと国交正常化を行ったエジプトの単独外交がアラブ諸国に強い反発を生み、イスラーム世界の内部分裂を引き起こしたことでさらに複雑化していきました。

ここで民族紛争の本質を考えると（**図4**）、さまざまな危機的状況から民族主義に排他的教説が加わって排他的政治運動へと変容し、それが戦争としての民族紛争へと発展する流れとしてとらえられます。しかし、かつての宗教戦争と大きく異なるのは、民族紛争では排他的民族主義、自民族優越主義、戦争の正当化を起点とし、そこに排他的教説が融合するかたちで、いわば宗教の名前を借用するのです。つまり、民族紛争における宗教の位置づけは「外套」「民族問題のすり替え」「通奏低音」と呼ばれるように、あくまで「外見的標示」に過ぎません。それには先に触れたウェストファリア条約（一六四八年）以降、啓蒙主義の進展からとくにフランス革命以後、理神論（奇跡や預言、啓示を否定し、世界は神が創造して以降、自己の法則によって動くとする合理主義的な考え方）が支配的となって世俗化が進み、宗教の存在が弱体化したという歴史的背景が指摘できると思います。

パレスティナ問題においても、かつてパレスティナ人とユダヤ人は平和的に共存していました。ところが領土問題が発生して以降は双方で排他的な民族主義が勃興し、それが宗教を掲げた民族主義、イスラーム主義へと進展していったのです。

民族紛争には、かつての宗教戦争でかならず見られた神学論争、神学的対立はみられません。この点について、民族紛争と宗教について分析している宗教社会学者のユルゲンスマイヤーは、国家の正当性という理念を基礎とし、その影響力において宗教にとって代わった「一つの宗教」ともいえるのが「世俗的ナショナリズム」であり、それが宗教と構造的な近似性を有していると指摘しています。そのうえで、世俗的ナショナリズムと宗教はともに信仰の表現であり、ひとつの大きな共同体への自己同一化と忠誠をともない、当該共同体のリーダーに授けられた権威の道徳的正当性を主張する一種の「文化的ナショナリズム」であるとし、世俗的ナショナリズムとは西欧の構築物で、ヨーロッパ的、キリスト教的なものだとしています。つまり、世俗ナショナリズムに生きようとする人々が、裏切られたと感じ、それが「宗教的ナショナリズム」の方向に駆られているのが、現代の民族紛争の実態であるとユルゲンスマイヤーは主張しているのです。私は妥当な主張だと考えています。

第三講

黒川知文

正教会（東方教会）の戦争論

──プーチン・ロシアにおけるビザンティンハーモニーの復活が意味するもの

キリスト教における正教会の独自性

キリスト教会には、大きく三つの流れがあります（図1）。初期キリスト教の教会のことを、キリスト教の教会史においては「初代教会」と呼びますが、これについては新約聖書『使徒行伝』に詳しく書かれています。キリスト教はローマ帝国で信者を拡大し、国教となります。しかしローマ帝国がローマを首都とする西ローマ帝国と、コンスタンティノープルを首都とする東ローマ帝国に分離したことに伴い、ローマとコンスタンティノープルの教会の間で教義などに違いが生じ、次第に対立を深めていくことになりました。その結果、双方が互いに破門を宣言し、東西教会の分裂（大シスマ、大分離）が一〇五四年に起こることになります。

こうして初代教会はカトリックの西方教会と、正教会（東方教会）に分かれます。ちなみに正教会は英語で「オーソドックス・チャーチ」（Orthodox Church）ですが、「オーソ」は「正しい」、「ドクス」は「教え（真理）、賛美（奉神礼）」で、伝統のある正しいキリスト教を意味します。その後、西方教会は十六世紀にルターによる宗教改革が起こり、プロテスタント教会が分かれたことは前講などで見てきた通りです。ここでは東

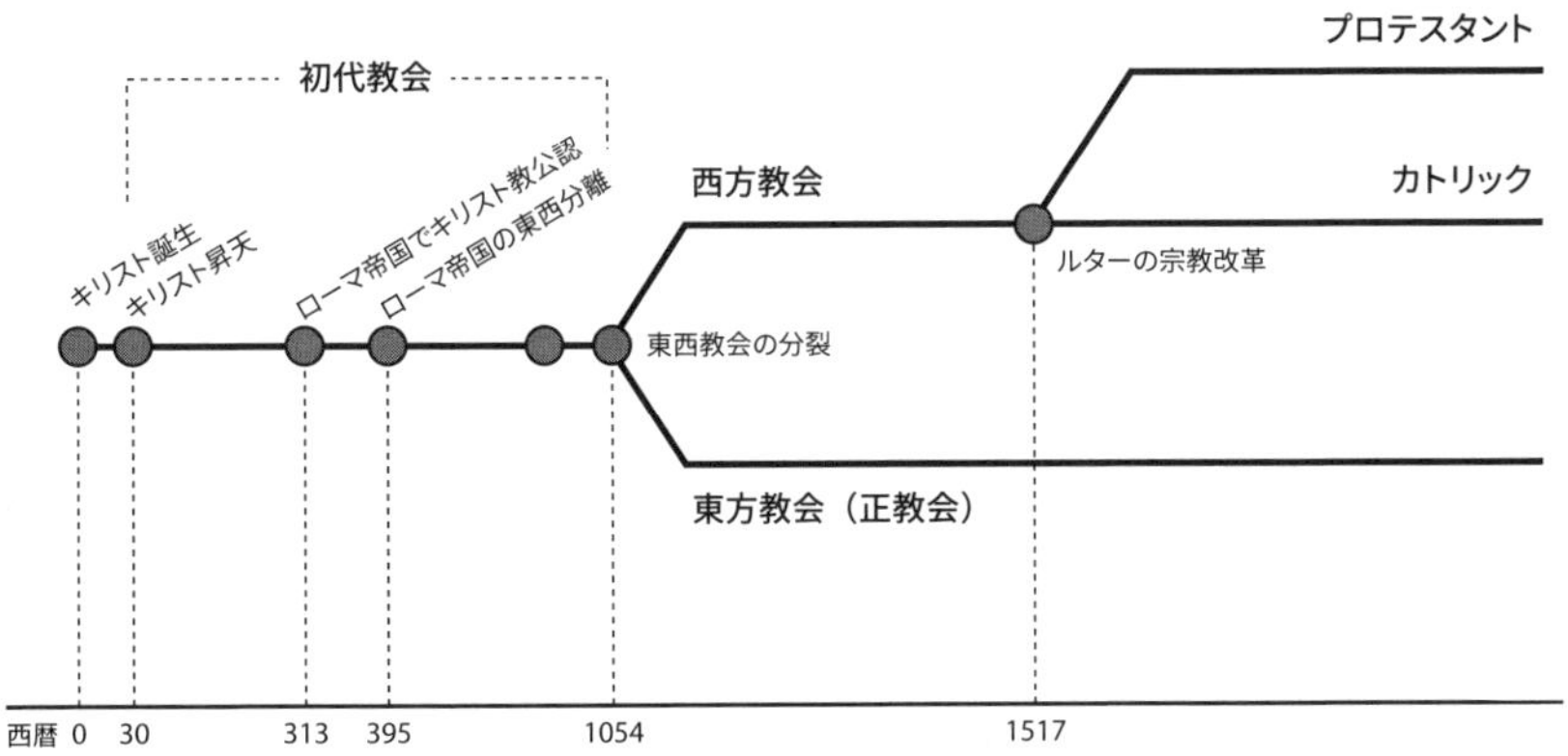

図1　キリスト教の三つの流れ

西教会の分裂でカトリックの西方教会と分離し、コンスタンティノープルからやがて東ヨーロッパ、そしてロシアへと広まった正教会と戦争との関わりについて論じてみたいと思います。とくに二〇二二年二月、ロシアが開始したウクライナへの軍事侵攻では、ローマ教皇がロシアを厳しく批判した一方で、ロシア正教会のキリル総主教がプーチン大統領を祝福したというニュースを見て、奇異に感じた方も少なくないでしょう。なぜロシア正教会のトップは戦争に反対するのではなく、世俗の権力に同調するのでしょうか。実は、そこには正教会独特の考え方、構造が影響しています。

まず確認したいのは、カトリックとプロテスタント、正教会では何が共通し、何が異なるのかという点です。最初にこの三教派における重要な共通点として指摘しておきたいのは、この三教派とも、神との平和と、人との平和を求めているということです。十字架の縦の線は神との平和、横は人と人との隣人愛、すなわち人との平和を表しており、これは基本的な教えとしていずれにおいても平和を希求する点では変わりません。

そのうえで三教派の教義や教会のあり方をまとめたのが**図2**です。「三位一体」とは基本的な神論で、唯一神は「父なる神」と「神の子イエス」、「聖霊」という三つの位格（ペルソナ）として現れたものだとする考え方のことです。また、キリスト論にある「両

	ローマ・カトリック教会	プロテスタント教会	東方正教会	
神論	三位一体			神・キリスト・聖霊の三位は唯一神が三つの姿で現れたとする教理
キリスト論	両性（神性と人性）			キリストが神性と人性をもつとする教理。単性説はコプト教など一部の教会がとるがカトリックからは異端とされる
聖霊論	父と子から発生		父から発生	
聖職者	神父（結婚禁止、位階有）	聖職者否定（万人祭司主義。牧師は教職者で結婚自由）	司祭（上級職は結婚禁止、位階有）	
教皇論	唯一の不可侵権者	教皇否定	教皇否定（総主教）	
聖人	列聖有（厳格な聖人規定）、聖人・聖遺物崇拝	聖人・聖遺物を否定	列聖有（緩やかな聖人規定）、聖人・聖遺物崇敬	
聖餐論	化体説（信徒はパンのみ）	共在説（ルター）、象徴・聖霊現在説（カルヴァン）など	化体説	化体説…ミサで供されるパンとブドウ酒がキリストの血と肉に変化するという教義
聖像	聖像崇拝	聖像否定	イコン（聖像画）肯定	
教会	教皇を頂点とした位階制（全世界の教会を包摂する聖職制度）	各個教会が独立	各国単位の独立教会	
俗権との関係	教権は俗権に優越	政教分離（ルター）、神聖政治（カルヴァン）	教権と俗権の協力（ビザンティンハーモニー）	

図2　三教派の主な神学的共通点と相違点

性（神性と人性）」とは、キリストは神であり、また人でもあるとする考え方を意味します。図を見ていただくと、多くの部分で三教派とも共通していることがわかると思います。

異なる点として、正教会独自のものとしてはイコン（聖像画）を肯定する点です。そのイコンは立像のような三次元のものではなくフレスコ画やモザイク画のような二次元のものです。モーセの十戒のひとつに偶像崇拝否定がありますが、モーセが言及しているのは三次元の「偶像」であり、二次元であるイコンは許されるという考え方を正教会はとっています。歴史的には偶像崇拝の禁止に厳格なイスラームの影響を受けて一時期、イコン禁止令が出されたこともありましたが、今日では、イコンそのものを礼拝するのではなく、イコンを「永遠の窓」として描かれた聖人や神を礼拝すると解釈しています。

教権と俗権の一体化 ――ビザンティンハーモニー

本論のテーマに関係する正教会の独自性として重要なのが、「教会のあり方」と「俗権との関係」です。まず「教会のあり方」では、カトリック教会はローマ教皇を頂点とした三角形の位階制で、ローマ教皇の命令は使徒、さらにはイエスからの命令だとされます。プロテスタントではカルヴァン派やルター派などそれぞれで教会・教団が独立しており、正教会では、国単位で独立した教会が存在しています。もう一つは「俗権との関係」です。基本的に、カトリックとプロテスタントにおいては教権と俗権が分離されており、カトリックではときに教権が俗権に優越します。ところが正教会では、教権が俗権と一体化するという「ビザンティンハーモニー」概念の存在が大きな特徴です。ビザンツ帝国（東ローマ帝国）では教権（正教会の総主教）と俗権（皇帝）とがいわばひとつの焦点となって国家を治めてきた歴史が長く、両者が協力し合う関係が理想とされてきました。

つまり、ロシアならロシア正教会であるように国単位で教会制度がつくられ、しかもビザンティンハーモニーがあることから、正教会はロシア国家と一体化する傾向が強くみられます。そのため、現在のロシア正教会の総主教は、俗権のトップであるプーチン大統領がウクライナを侵攻することに反対したりしないのです。

さらにいえば、正教会は国ごとに独立しており、お互いに干渉しません。例えば今回のウクライナ侵攻に対してローマ教皇フランシスコが批判しましたが、ロシア正教会のキリル総主教は聞く耳をもちませんでした。それだけでなく、ロシア国内の地方にいる司祭ら数百名がウクライナ侵攻に反対を表明した際ですら、キリル総主教はそれを相手にしていません。

正教会と戦争の関わりとしてもっと重要なポイントは、正教会には礼拝において俗権である国家指導者への祈りが存在することです。東京の駿河台（千代田区）にあり、国の重要文化財にも指定されている有名なニコライ堂は日本ハリストス正教会の府主教座ですが、そこで行われる礼拝の最後で、「万寿詞」と呼ばれる次のような内容の祈りが捧げられます。

「神や、我が国の天皇を及び国を司る者、我等の府主教某、主教某……、及び悉くの正教の『ハリスティアニン』等を幾歳にも守り給え」

これは、神に対して日本国の象徴である天皇と、国家指導者を守ってくださいという祈りであり、これこそが教会と俗権とが一つとなって国家を治める「ビザンティンハーモニー」を象徴しています。ロシア正教会であれば、「神よ、我が国のプーチンをお守りください」となるわけです。

ちなみにニコライ堂の名の由来となったのは、幕末期に来日し、日本で正教を伝道して日本正教会の始祖となったロシア人修道士のニコライ・カサートキンです。彼は明治から大正へと元号が変わる年の一九一二年に没しますが、日露戦争時にはあえて日本に留まりました。ニコライの残した日記には、日露戦争の開戦前夜に聖職者や信徒らを集め、次のように説いたという記録があります。

「……戦争が始まったら、あなた方の軍（日本軍）に勝利がもたらされるように祈祷を行いなさい。あなた方の軍が勝利を収めたら、感謝の祈祷を行いなさい。通常の礼拝においては、善きキリスト教徒の愛国者にふさわしく、常にあなた方の祖国（日本）のために熱心に祈りなさい」

ニコライはロシア人ですから、彼にとって日本は敵国でもあるはずです。ところが、日本の正教会の主教という立場から、日本の勝利を祈るよう説き、彼も祈ったのです。これも、正教会が国家と一体化していることの証左のひとつといえます。

ロシア正教の誕生と発展 ——モスクワ大公国の時代

ここで手短に、ロシア正教の歴史をたどってみましょう。

正教がロシアに受容されたのは九世紀の半ば、宣教師のキュリロスとメトディウスという兄弟が、ビザンツ帝国から南スラヴ地域へ布教活動にやってきたことが始まりでした。弟のキュリロスはギリシア正教会の司祭で、兄メトディウスは元官吏の修道士です。ロシアにおいてキリスト教が土着した要因の一つに、キュリロスの弟子たちがキリル文字を考案してスラヴ語訳の聖書を編纂し、民衆が聖書を読むことができるようになったことがあげられます。この点で、一般民衆がラテン語の聖書を読むことを長い間禁じられてきたカトリック世界とはまったく異なります。

九世紀末に、現在のウクライナの首都であるキーウの地にキエフ・ルーシ（キエフ公国）が建国されます。キエフ・ルーシが正教を受容したのは九八八年、ウラジーミル大公がヘルソン（現ウクライナ南部）で洗礼を受けたことによります。以降、キエフ・ルーシは文化的、経済的に繁栄を続け、一〇五一年にはキエフに府主教座が置かれています。キエフ・ルーシはその後のロシアの母体でもあり、ロシア革命以前までのロシアの政治指導者はいずれも正教徒で、これもロシアにキリスト教が土着した要因です。

ところが十三世紀に入るとキエフ・ルーシはモンゴルの襲来を受け、以後二四〇年間、モンゴル人国家であるキプチャク・ハン国の支配下に置かれるという、「タタールの軛《くびき》」と呼ばれる苦難の時代を迎えます。このとき、ロシア南部（ウクライナ）の教会の半分以上が破壊されました。教会への迫害に加えてペストがまん延し、経済的に衰退していくなか、宗教的にはこの時代に、未開の大自然のなかで座り、へそのあたりに力を集中させながら「主よ、憐れみたまえ」と唱え続けることで神の光を見るという、神秘体験を求めるヘシカズム（「静寂主義」修道思想）が流行しました。これによって人々の間で宗教性が深まり、十四世紀には未開の地や森のなかでの修道院の建設が進み、それが北方への都市建設を促すことにもなりました。

この時期に、教会・修道院はこの世の財産を所有して慈善活動に従事すべきだとする「所有派」と、この世の財産は教会・修道院の堕落につながるから所有すべきでないとする「非所有派」の二つに教会が分かれることになりました。

その後、北方に建設されたキエフ・ルーシの系譜を継ぐ都市のなかで台頭していったのがモスクワでした。それが諸公国を併合しながら「モスクワ大公国」となり、イヴァン四世（雷帝、在位一五三三〜八四）の時代にモンゴル支配を脱して広大な統一国家を実現します。ビザンツ帝国皇帝を意味する「ツァーリ」は祖父のイヴァン三世が名乗っていました。モスクワ府主教の王権神授説を受け入れたイヴァン四世はロシアで初めて

「ツァーリ」として一五四七年に戴冠し、権力強化のための改革を進めました。そのなかでも重要なのが、日本でいう天領（幕府の直轄地）に相当するオプリチニナ（ツァーリに属する土地）の創設であり、ツァーリが大貴族の土地を没収していきます。そのため経済的な困窮から大貴族の数が減少し、ツァーリによる専制体制が完成していくのです。

つまり、十六世紀のイヴァン雷帝の時代から今日まで、ロシアは伝統的に専制国家として続いてきました。同じ時期に西欧では宗教改革が起こり、宗教的には「反キリスト教革命」であるフランス革命のような市民革命へという流れのなかで民衆が自由、平等、抵抗権などの諸権利を獲得していったのに対し、ロシアでは逆に専制体制が固定化し、西欧のような宗教改革や市民革命を経験することのないまま、いきなり二十世紀初頭にロシア革命を迎えます。それが、西欧の民主主義的な国家と大きく異なる点です。

分裂から服従へ ――国家管理下に置かれる正教会

この頃に生まれたロシア特有の理念で、今のロシアを理解するうえでも重要な鍵となるのが「第三ローマ」理念です。「第一のローマ」は西ローマ帝国の首都ローマ（イタリア）、「第二のローマ」とはビザンツ帝国（東ローマ帝国）の首都コンスタンティノープルを指しますが、西ローマ帝国は四七六年、ビザンツ帝国は一四五三年に滅びたため、それに代わる「第三のローマ」はモスクワである、すなわちロシアこそがローマ帝国を継承する存在であるとする理念です。これはイヴァン雷帝以降、ロシアが経済的、軍事的な強大国となったことを背景に生じたものですが、一五八九年にモスクワ総主教座が置かれたことで「第三のローマ」が実現したとロシアでは解釈されています。

注目すべき出来事がこの時代にありました。それは一〇五四年の大シスマによって分裂した東西教会の合同をめざしたフェラーラ・フィレンツェ公会議（一四三八～三九）の開催です。そこでは東西の教会の間で解釈が異なる点についてどう妥協を図るかが焦点となり、なかでも難航したのが前掲の図2にある「聖霊論」の相違でした。キリスト教における唯一神は「父なる神」と「神の子イエス」、「聖霊」という三つの位格（ペルソナ）として現れたものだとする「三位一体」論は先に触れましたが、そのうちの「聖霊」はどこから発出したかという神学上の問題です。カトリックやプロテスタントでは聖霊は「父なる神」「神の子イエス」両方から発出するとし、一方の東方教会（正教会）では「父なる神」のみから発出したとされます。

同公会議では、聖霊は「父なる神」から「神の子イエス」を通して発出するとされました。これはキリスト教において「フィリオケ（子もまた）問題」と称されてきました。それが正教会側からカトリックに妥協したと断じられ、また正教側は主要な四総主教のうちコンスタンティノープル総主教だけがローマ教皇と交渉して合同を決議したとして、二つの理由からビザンツ帝国は滅んだと解されました。

十六世紀に入ると、西欧での宗教改革に対抗してカトリックがその勢力を拡大しようと東欧への進出を図り、イエズス会による宣教活動などが始まるなかで東西の教会合同がなされました。それが一五九六年のブジェシチ（ブレスト）合同と呼ばれるもので、カトリックのポーランド＝リトアニアに属していたルテニア（現ウクライナ西部）にユニエイト教会（ギリシア・カトリック教会）が誕生しています。これは正教会がローマ教皇の権威を認めてカトリックの影響下に入りつつ、典礼に関しては正教会のやり方を維持するかたちの合同で、今もその地に続いています。

イヴァン雷帝の子フョードル一世には子どもがおらず、十六世紀末にフョードルが没してキエフ・ルーシ以来の血筋であるリューリク朝が途絶えると、宮廷の内紛などから「動乱」と呼ばれる混乱期を迎えたのち、一六一三年にミハイル・ロマノフが即位して新たにロマノフ朝が開かれることになりました。その一方で西欧の影響がロシアに及ぶようになると、ロシア正教会も改革を迫られることになります。

そうしたなかで行われたのが、モスクワ総主教となったニーコンによる典礼改革でした。これは西欧の宗教改革とは異なり、ギリシア正教が次第にロシア化して典礼の仕方がかけ離れてきていたものを、本来のかたちに戻そうという復古主義的な改革です。例えば当時、ロシア正教では十字を切る際に二本の指（キリスト両性論を示す）で行っていましたが、本来ギリシア正教では三本の指（三位一体を示す）で切っていたのだから、それに戻すというものです。しかしニーコン総主教がこの典礼上の改革を急ぎ過ぎたことで、それに反対する動きが拡大していきます。改革への抵抗勢力となったのは先に触れた、「所有派」から分離した「非所有派」をルーツとする分離派教徒（ラスコーリニキ）でした。

その後ニーコン総主教は皇帝との対立から失脚（廃位）しますが、彼が行った典礼改革自体は認められ、改革反対派（分離派）は異端として政府から弾圧・迫害を受けます。分離派はそれに抵抗しながら、やがて司祭の存在を認める「司祭派」と、司祭を認めない「無司祭派」に分裂し、「司祭派」はのちに体制教会へと合同し、司祭を持たずに信者だけで信仰を続ける「無司祭派」は過激な分離派教徒になっていきます。

このような状況を大きく変えたのは十七世紀末に即位し、のちに「大帝」と称されるピョートル一世（在位一六八二～一七二五）でした。ピョートル大帝は初めてロシアで本格的な西欧化改革に着手し、南はアゾフ海へ進出し、北は北方戦争でスウェーデン軍を破りバルト海の覇権を握るなど、ロシアをヨーロッパの大国として台頭させた人物として知られます。

一方でピョートル大帝はロシアの宗教史的にも大きな変革をもたらしました。それは、従来の俗権と教権が対等だった関係を、俗権の下に教権を服従させるかたちにしたことです。西欧化改革を進めるピョートルにとって、西欧化に反対し伝統を固守する分離派教徒は抵抗勢力です。ピョートルを「反キリスト」として次々に反乱を起こす分離派を徹底的に弾圧しながら、一七二一年にピョートルは総主教座を廃止してシノッド（宗務院）を創設し、国家が教会を管理する体制を確立したのです。これ以降、ロシアでは教会における説教ですら統制されるようになりました。ピョートル以降、ロシア革命期までロシアでは俗権である政府が正教会の上に立つかたちとなります。

その後、エカチェリーナ二世（在位一七六二〜九六）の代でも十八世紀の末、ポーランド分割でロシアが手に入れたウクライナに居住していたおよそ三〇〇万人のユニエイト信徒らを強制的に正教に改宗しています。一方、弾圧された分離派は神秘主義の鞭身派や去勢派、宗教改革の影響を受けた合理主義のモロカン派や聖霊否定派といったセクト（信団）に分派しながら生き残りました。正教会との和解がなされたのは一八〇〇年で、破門が解かれたのは、さらに後のソヴィエト連邦、ブレジネフ書記長の時代になります。

沈黙の時代 ——ソヴィエト政権による宗教迫害

教会が政権に服従する時代から、「沈黙の時代」ともいうべき状況に入っていくのが、ロシア革命以後のソヴィエトの時代です。一九〇五年革命（第一次ロシア革命）により皇帝ニコライ二世（在位一八九四〜一九一七）が欽定憲法の制定と国会開設を認めて以降、宗教に対しても寛容な政策がとられるようになり、この頃に西欧のプロテスタントなどがロシアで広まるようになりました。しかし当時、マルクス主義政党のロシア社会民主労働党に参加してヨーロッパに亡命し、革命の機会をうかがっていたレーニンはその著作『社会主義と宗教』（一九〇五年）のなかで、宗教とは民衆にのしかかる「精神的抑圧の一種」であり「私事」にすぎず、「教会は国家権力と結びついてはならない」「共産党にとって宗教は『私事』ではない」とする宗教政策をすでに打ち出しています。これはのちのロシア革命（一九一七年）で帝政が倒されてソヴィエト政権が樹立され、共産党の一党独裁によるソ連邦が誕生して以降の宗教に対する扱いを暗示するものでした。

革命政府は形式的にピョートル期以来廃止されていた総主教座を復活させチーホンを総主教としますが、ソヴィエト政権は教会を「反動の牙城」「人民搾取の道具」として敵視しました。反ボリシェヴィキ諸勢力との内戦期においても、発生した飢饉への対策として教会・修道院から財産を強制的に収奪し、抵抗する教会の閉鎖や破壊、聖職者・信徒らの処刑を行っています。ソヴィエト政権を破門した総主教チーホンはその後逮捕され、教会も政治への干渉を行わないことを宣言させられています。ソヴィエト政権は正教会への弾圧政策を相次いで打ち出し、教会が所有する土地の国有化、教会付属学校の閉鎖だけでなく、一九一八年には「教会と国家並びに学校と教会の分離に関する法令」で国家と教会の分離（政教分離）、また教会の祭式は公共の秩序、ソヴィエト共和国市民権を侵害しない範囲でのみ保証され、それらを侵害した場合は地方当局があらゆる手段をとることができるとされました。さらに一九二四年憲法には、すべての市民に対し「反宗教宣伝の自由」を認めるという、国家による宗教弾圧を正当化する条文が入っています。

教会への弾圧が最も過酷だったのはスターリン時代（一九四一～五三年）です。スターリンは農業集団化を推し進める一方で、「反宗教的宣伝の自由を与える法」を制定します。そしてナポレオン戦争（祖国戦争）の勝利を記念してモスクワに建てられ、ロシアでも重要な教会の一つだった救世主ハリストス大聖堂を爆破してプールに改装しています（現在の救世主ハリストス大聖堂は二〇〇〇年に再建、後述）。また農業集団化に反対したとして一九三〇年代までに約六万人の聖職者がシベリアの収容所に送られて獄死しており、五万以上の教会が閉鎖もしくは破壊されたといわれています。その結果、モスクワの教会は六〇〇から一〇〇へ、ソ連邦の構成国となったウクライナのキエフ（キーウ）ではかつてあった一七七〇の教会が一九四〇年にはわずか二カ所だけに、同じく一四三七人の司祭は三人だけになっています。

第二次世界大戦期、ドイツのバルバロッサ作戦で独ソ戦（大祖国戦争）が一九四一年に開始されると、ロシア正教会の総主教代理セルギーが戦勝の祈りや献金など全面的に国家に協力したことで、政府による教会迫害が緩和されるという一幕もありました。がその一方、ウクライナのユニエイト教徒がドイツ軍に協力したという容疑をかけられ、八〇〇〇人以上の聖職者が一九四五年に逮捕されています。

復活するビザンティンハーモニー――プーチン登場以後

　このように社会主義政権の下、ロシア正教にとっては過酷な「沈黙の時代」が続きましたが、復活への雪解けが一九八〇年代にようやく訪れます。新たな書記長となったゴルバチョフ（在任一九八五〜九一）によるペレストロイカです。その一環として掲げられたグラスノスチ（情報公開）により言論の自由や検閲の廃止が進められ、宗教への締めつけも緩和されるようになります。ゴルバチョフは一九八八年、ピーメン総主教に対して過去の政府の過ちを謝罪したうえで、国有化されていた教会・修道院を正教会へ返還し、神学校の再開を認めました。また投獄されていた聖職者・信者の釈放、教会の出版活動の自由化を認め、この年に行われた「ロシア宣教千年祭」を国家的祝祭に格上げしました。一九九〇年には信教の自由を認め、これにより欧米からプロテスタントが流入し、拡大しています。これほど大胆な宗教政策の転換には、ゴルバチョフ自身が信仰的な家庭に育ち、洗礼を受けたロシア正教徒だったことも背景にあると思います。

ロシアのプーチン大統領とロシア正教会キリル総主教（2016年）
（出典kremlin.ru）

　ご存じのように、ゴルバチョフの様々な改革はソ連邦全体を動揺させ、バルト三国を始めとする構成国が次々に独立を宣言するなど共産党の支配が崩れ、ついに一九九一年、ソ連は解体されることになりました。その後、市場経済への移行に伴う混乱期を経て二〇〇〇年には、プーチンがロシア連邦の大統領に就任します。

　宗教的な視点で重要なのは、社会主義政権の時代に失われていた、俗権と教権が一つになり協力しあうビザンティンハーモニーが、プーチンによって再び実現されることになった点です。プーチン大統領の就任式は、かつて帝政期にツァーリたちが戴冠したモスクワのウスペンスキー大聖堂で行われ、キリル総主教によって祝福されました。かつてスターリンに爆破された救世主ハリストス大聖堂が再建されたのもこの年でした。またプーチンは、二〇〇四年にロシア正教の高位聖職者会議に参加し、この後ロシア正教会は国家からの財政援助を受けられるようになっています。

さらにプーチンは二〇〇一年、外国人宣教師は国家安全を脅かす敵であるとして、ゴルバチョフ時代に導入された「信仰の自由」によって拡大していたプロテスタントを国外に追い出し、ロシア正教会聖職者による宗教教育を学校に導入します。これは宗教教育というものの、実質的には愛国教育です。正教会は軍とも連携し、信者の学童に対して宗教的愛国心を教え、銃の扱い方などの軍事教練を施す「ロシア正教軍事愛国団キャンプ」を実施していることが、複数の報道でも明らかになっています。

こうした動きは、ロシアの中・高等学校の歴史教科書に、プーチンの登場によって大国たるロシアが復活したというプーチン礼賛の記述が盛り込まれたり、モスクワこそが第三のローマだとするかつての「第三ローマ」理念が強調されるようになったことと関連しています。ソヴィエト時代が終わって共産主義思想を喪失し、精神的な空白が生じていたロシア国民の統合の軸として、ロシア正教が再び重要な役割を担うようになったことを意味しています。二〇〇八年の調査では、ロシア人の七一％が正教を信じていると回答しています。

このような現在のロシアの状況は、かつての大日本帝国と類似点がみられます。これまで見てきたロシアのナショナリズムと宗教の関係は、戦前・戦中期の日本のナショナリズムと国家神道の関係と似ていますし、ロシアが自国民保護を名目にウクライナのドンバスに傀儡政権をたて、ネオナチの除去や自国民保護を理由にウクライナへの侵攻に踏み切ったように、かつて日本も満洲国に傀儡政権をたて、のちにさらなる侵略戦争へと乗り出していきました。ウクライナへの侵攻についてプーチンが「ロシアとウクライナの一体性」を掲げたことも、かつて「五族（漢・鮮・満・蒙・日）協和」、「大東亜共栄圏」を戦争の大義として掲げた大日本帝国と類似しています。

ビザンティンハーモニーによる政教一致体制が復活したロシアでは、排他的な民族主義が台頭してきており、それを人類史において最も集中化されたプーチン支配権力体制が後押ししています。それは前講でみたとおり、戦争につながりやすい傾向があります。また政権と一体化して戦争に協力するロシア正教会は、正教自体が国ごとに独立している性格から、他国の干渉を拒否する特徴があります。またロシアとウクライナは過去に三度も戦争をした経緯があることや、現在のロシアのナチス・ドイツ、大日本帝国との類似点などを合わせて考えると、二〇二二年からのロシアとウクライナの戦争は容易に終結せず、むしろ長期化、深刻化していく可能性が高いのではないかと、私はその開戦当初から考えていました。

ドストエフスキーの戦争観 ——西欧へのコンプレックスと「聖戦」

最後にプーチンの戦争観とはどういうものかを考えたいと思いますが、比較考察するほうが、特徴などがより明らかになるのではないかと思いますので、『罪と罰』や『カラマーゾフの兄弟』などの名著で知られるロシア人作家ドストエフスキー（一八二一〜八一）の戦争観と比較しながら考えてみます。

ドストエフスキーは勤務医の父と正教徒としての信仰に篤い母との間に一八二一年、モスクワに生まれました。トルストイが生まれたのは一八二八年ですから、二人はほぼ同じ時代を生きたことになります。幼少期より聖書に親しみながら育ち、陸軍工兵隊に入隊しますが肌に合わず、退職して作家活動に入りました。トルストイが一八五三年に始まったクリミア戦争に従軍し、戦争の悲惨さを目の当たりにして平和主義者へと変貌していったのに対し、ドストエフスキーは特殊な社会主義運動サークルに参加していたことで逮捕され、クリミア戦争の間はシベリアの刑務所に送られていて戦争は体験していません。この流刑時代の最初の数年間は読む本が聖書しかなく、徹底的に聖書を読んだことや、出獄して一三年後に結婚したアンナという正教信仰の強い女性の影響などから、ドストエフスキーは信仰を取り戻すことになりました。

彼は債権者からの取り立てを逃れるため、一八六七年より四年ほどヨーロッパに滞在することになりますが、帰国後にロシア正教の民族的特質を強く主張するようになります。その理由は、ヨーロッパ滞在中に彼の西洋キリスト教の理想像が崩れたからです。彼の日記などを読むと、プロテスタントのイギリスはキリスト教国なのに富めるものだけの宗教になっており、身近な貧しい人々を無視して海外伝道の魅力に取りつかれているその様は「陰気くさくて無愛想だ」と記しています。また、プロテスタンティズムは分裂の道を、カトリシズムは社会主義の道をたどることで、双方とも無神論へ落ち込みつつあり、キリストを失ったヨーロッパは没落していく、ロシア人はヨーロッパに代わって支配権を握ることが運命づけられている、と結論しています。欧米を旅行することによって、かえってドストエフスキーのロシア正教への信仰は強まっていったのです。彼は『カラマーゾフの兄弟』で「正教の中にだけわれわれはキリストの御姿の保たれているのを見る、それ以外の何をも見ない」と記しています。

ドストエフスキー（1863年）

一八五〇年代から六〇年代にかけて、ロシアの貴族社会には、ロシア人は特別な民族だとする国粋主義的な「スラヴ派」と、西欧の市民社会を理想としロシア社会の停滞を問題視する「西欧派」による議論がありました。「スラヴ派」は「第三ローマ」理念の実現による、全キリスト教世界だけでなく世界史的使命がロシアにはあるのだと唱え、ロシアを頂点とするスラヴ民族の統合をめざす汎スラヴ主義もそこから出てきた思想です。ドストエフスキーのほか、思想家のホミャコーフや作家のソルジェニーツィンなどはこの「スラヴ派」に数えられます。

これに対し、「西欧派」はかつてのピョートル大帝による西欧化を肯定的に評価しつつ、西洋文明に即したロシア社会の発展を展望しました。哲学者のソロヴィヨフやゲルツェンらがその代表格です。

ドストエフスキーが一八七〇年代に雑誌に寄せた短編評論『作家の日記』では、クリミア戦争について次のように書いています。

「この戦争はわれわれ自身にとっても必要なものなのだ。われわれが立ち上がるのは、単にトルコ人に苦しめられている『スラヴの同胞』のためばかりではなく、われわれ自身の救済のためでもあるからである」

彼はこの戦争が「息がつまるような思いをしていた空気をさわやかにしてくれる」とも記しており、露土戦争を肯定的にとらえていますが、これを平和論者のトルストイは批判しています。

この『作家の日記』には、ロシア帝国の歴史的な発展をドストエフスキーが三段階で論じたものもあります。第一段階はピョートル以前とし、「タタールの軛」の弾圧下に正教が権力と結びつかず、民衆のなかに純粋に保たれた時代であると評しています。そしてピョートル大帝による改革の時代を第二段階とし、正教が思想的・理念的に発展して、真のキリスト教として世界に広めることにより、人類に奉仕するロシア民族の使命感に目覚めた時代だったと指摘しました。最後の第三段階は十九世紀後半のクリミア戦争の時代で、虐殺にさらされている近東の正教徒の救済のためにロシアが聖なる戦いを挑み、全スラヴ民族の統合を実現し、ロシアが世界史的な使命を果たすべき時であると記しています。つまりドストエフスキーはクリミア戦争を、ロシアが神に代わってこの戦争に加入して勝利を収めるという「聖戦」としてとらえているのです。トルストイとは非常に対照的です。

この『作家の日記』から垣間見えるのは、ドストエフスキーの西欧に対する愛憎の交じり合った二重性です。彼はロシアの優越を強く語る一方で、西欧が少なくとも「科学と工業」の点でロシアに優越していることを認めて西欧にコンプレックスを抱き、次のように書いています。

「彼らの方では我々を一度も愛したことがないばかりか、決して愛すまいと決心している」

「ヨーロッパにとってスラヴ民族は憎むべき存在である。つまり奴隷だというわけだ」

例えばナチス・ドイツでも、スラヴ民族は奴隷だと蔑視され、ユダヤ人と同様に虐殺の対象になりました。こうした西欧に対するコンプレックスが、ドストエフスキーらスラヴ派の、西欧的実利主義の病理を暴きそれを圧倒する方向性と、非ヨーロッパ民族に対するロシア民族の指導者的役割を強調する方向性を生んだのだと思います。

プーチンとドストエフスキーに共通する世界観

それでは、ウクライナへの侵攻を決意したロシアのプーチン大統領の歴史観とはどのようなものなのでしょうか。プーチンはウクライナ侵攻を開始するおよそ半年前の二〇二一年七月、「ロシア人とウクライナ人の歴史的な一体性について」と題する論文を発表しています。そのなかでプーチンは「ウクライナ人とロシア人は歴史的に一つの存在なのだ」と述べた上で、ウクライナの国民アイデンティティはボリシェヴィキたちの間違いから主に派生したもので、ボリシェヴィキが導入した連邦制によってロシアはぶつ切りにされたのだと主張しました。ウクライナに関するこうしたプーチンのとらえ方は、二〇二三年に刊行された元BBC特派員で伝記作家のフィリップ・ショートによる『プーチン』(上下巻、白水社)にも、ウクライナ人は「血の繋がったロシアと永遠に融合しなければ決して救われない」、ウクライナは「歴史的にロシアの土地なのに、いまやアメリカに操られる人形政権となっている」というプーチンの発言が引かれています。

ウクライナとロシアには共通点があるものの、これまで見てきたように過去には三度も戦争をしており、言葉や宗教も長い歴史のなかで変化してきています。そうした点を無視してロシアとウクライナは一体であるとするのは、やはり誤った歴史観であるといわざるをえません。

おそらくプーチンの歴史観の根底にあるのは、現在のロシアやウクライナを含む一五の独立国が一つの連邦となっていたソ連時代だと思います。しかし、ソ連の解体から旧ソ連構成国ではソ連時代に使用していたロシア語のキリル文字の使用をやめてローマ字（ラテン文字）に変更したり、ロシア語を公用語から排除する動きが進んでいます。二〇一八年にはウクライナのリヴィウ州議会が芸術作品へのロシア語の使用を禁止し、ラトヴィアでも教育現場からロシア語を段階的に排除する決定がなされるなど、ロシア離れが進んでいる状況もみられます。

最後にドストエフスキーとプーチンの世界観を比較すると、スラヴ民族の大同団結をめざす点やロシアに世界史的な使命があると考えている点、また欧米に対して強いコンプレックスと敵対心を持っている点で両者には共通点が見いだせます。しかし、ドストエフスキーは文学者、作家という立場から全人類の利益と愛に奉仕するためスラヴ民族の団結を訴えました。それに対し、専制的な政治指導者であるプーチンの主張するスラヴ民族の団結は、欧米・ＮＡＴＯの拡大・進出を防ぐことが目的であり、それを正当化するために歴史解釈のレトリックを使用しているようにも受け取れます。

事実に基づかない誤った歴史観による政治的目標――それをプーチンによるウクライナ侵攻にみることができます。

第四講

ユダヤ教における聖戦

——理念と実践のはざま

志田雅宏

神と人間のかかわりとしての「戦争」——一神教の聖戦観念

読者のみなさまはユダヤ教に対してどのようなイメージをお持ちでしょうか。「古い宗教」というイメージを抱いておられる方が多いのではないかと思います。それは半分正解、半分間違いで、「古くからある宗教」という表現が正解になります。今もユダヤ教は存在していますので、ユダヤ教と戦争の問題を考える際にも、古代から中世、そして現代にかけてのユダヤ教の歴史的な変化をふまえておくことが必要となります。

ユダヤ教は一神教、すなわち唯一絶対の神を信仰する宗教に含まれます。ユダヤ教の他には、キリスト教とイスラームが代表的な一神教として挙げられます。一神教の世界観においては、唯一神は世界を創造し、この世を超越したところに存在するとされています。その一方で、信仰者たちは神が世界を創造した後も、さまざまなかたちでこの世界や人間たちとかかわると信じています。その最も重要なかかわりのひとつが「啓示」です。たとえばイスラームでは、啓示とは唯一神アッラーが預言者ムハンマドに教えを伝えることを意味します。そして、ムハンマドが受け取ったとされる神の言葉が、クルアーンという教典に書かれているのです。

また、同様のかかわりとして「奇跡」を挙げることもできます。ヘブライ語聖書（旧約聖書）には、モーセがイスラエルの民を率いてエジプトから脱出する話があります。この出エジプトは、海が割れて道ができたり、天から食べ物が降ってくるといった奇跡の物語でもありますが、それらは民を助けるために神がこの世界に働きかけたことを意味します。さらに、神がイエス・キリストの姿でこの世に現れたとする「受肉」や、天使が処女マリアに神の子の妊娠を告げた「受胎告知」など、キリスト教の教義にもそのようなかかわりの着想がみられます。

そして、実は「戦争」もまた同様なのです。なぜなら、一神教世界では神が人間たちに命じる仕方で戦争がおこなわれたと解釈される事例が数多くあるからです。そのような特徴を持つ戦争を、本論では「聖戦」と呼びます。すなわち、聖戦とは「神の命令のもとで人間たちがおこなう戦争」であると、さしあたり定義しておきたいと思います。

「私の部隊」「七つの民」「嗣業の土地」――ヘブライ語聖書にみられる聖戦

まずは古代ユダヤ教の事例をヘブライ語聖書から見ていきましょう。聖書にはイスラエルの民がさまざまな戦争を繰り広げたことが記されていますが、実はモーセによる出エジプトもひとつの戦争のように語られています。実際にはイスラエルの民がエジプト軍から逃げるという出来事だったのですが、脱出に先立って神が次のように語っています。

「私はエジプトに手を下し、私の部隊、私の民イスラエルの人々をエジプトの国から導き出す」（『出エジプト記』七・四）

この場面で、神はイスラエルの民を「私の部隊」と呼んでいます。つまり、実際はともかくとして、エジプト脱出とはイスラエルの民とエジプトとの「戦争」であり、神がイスラエルの民の側についていると語られているのです。

また、『申命記』には戦争についてのさまざまな規定があります。たとえば、イスラエルの民が敵と戦う前に、出陣式をおこなわなければならないことが記されています。

「イスラエルよ、聞け。あなた方は今日、敵との戦いに臨む。心ひるむな。恐れるな。慌てるな。彼らの前にうろたえるな。あなた方の神、主が共に進み、敵と戦って勝利を賜るからである」(『申命記』二〇・三―四)

祭司とは聖所や神殿において神に願い事を伝える役割をはたす人のことです。戦争は彼らによる戦勝祈願の儀礼をもって始めよと神が命じているのです。

さらに、『申命記』には異教徒との戦争についての神の命令が書かれています。聖書における命令は「戒律」と呼ばれ、ユダヤ人たちはそれを守ることを義務づけられています。安息日や過ぎ越しの祭りなども戒律に含まれます。そして、戦争に関する戒律として、以下のような記述があります。

「あなた(イスラエルの民)が彼らを撃つときは、彼らを必ず滅ぼし尽くさねばならない。(略)あなたのなすべきことは、彼らの祭壇を倒し、石柱を砕き、アシェラの像を粉々にし、偶像を火で焼き払うことである」(『申命記』七・二、五)。

ここに出てくる「彼ら」とは古代メソポタミアのアシェラなどの神を崇拝する「七つの民」(ヘト人、ギルガシ人、アモリ人、カナン人、ペリジ人、ヒビ人、エブス人)のことです。彼らはイスラエルの民から見た異教徒ですが、この句では神がイスラエルの民に対し、「異教の崇拝(者)を滅ぼせ」と命令しているのです。聖書の世界では神々同士が直接戦うことはなく、それぞれの神を信仰している人間同士に戦争をさせるという、いわば代理戦争の形式がとられています。

同様に、次のような記述もあります。

「あなたの神、主があなたに嗣業《しぎょう》の土地として得させるために与えられる土地で（略）アマレクの記憶を天の下から拭い去らねばならない」（『申命記』二五・一九）

この句に出てくる「嗣業の土地」とは、イスラエルの民が神から授けられた土地のことです。「アマレク」とはその嗣業の土地（具体的には「カナンの地」。現在のパレスティナ）に居住していた民のことで、彼らは唯一神を否定する異教徒として描写されています。アマレクは約束の地へ向かおうとするイスラエルの民と敵対し、彼らを滅ぼそうとしました。それゆえ、神はアマレクを滅ぼし尽くせと民に命じます。

冒頭の聖戦の定義をふまえて、聖書（特に『申命記』）に描かれている聖戦の特徴をまとめておきましょう。

①神がイスラエルの民に味方し、敵と戦って勝利する
②唯一神以外の神々への崇拝や、唯一神が禁じる宗教行為（偶像崇拝）を根絶するために、異教徒を滅ぼす
③神がイスラエルの民に与えた土地（嗣業の土地）の征服のために、イスラエルの民を進軍させる（場合によっては異教徒を滅ぼす）

そして、この聖書的な「聖戦」を最も忠実に実現したのが、モーセの後を継いだ指導者ヨシュアでした。ヨシュアが約束の地を征服していく際におこなった数々の戦争が聖書の『ヨシュア記』に書かれていますが、これがユダヤ教における聖戦の祖型になっていきます。

ヘブライ語聖書に記された戦争が現実にあったものかどうかはわかっていません。少なくとも部分的には、それは現実の描写ではなく物語であると考えられます。しかしここで重要なのは、聖書における戦争が実在したかどうかよりも、聖書という教典にそれらが記されたことによって、戦争の規定や記述が読まれ続け、そこから聖戦の観念や実践が生み出されてきたという点にあります。そして、その影響力は現代のユダヤ教世界においてもなお大きく、アクチュアルなものであり続けています。

古代のユダヤ民族の戦争 ──大いなる勝利と大いなる敗北

次に、古代のユダヤ民族による重要な二つの戦争をとりあげ、それらがユダヤ教の聖戦論にどのような影響を与えたのかを考えてみたいと思います。

一つはヘレニズム時代のマカバイ戦争（前一六七〜前一六〇年）です。この時代にはアケメネス朝ペルシアを滅亡させたアレクサンドロス三世の帝国が分割され、いくつかの王朝が成立していました。そして、そのひとつであるセレウコス朝シリアのアンティオコス四世（エピファネス、在位前一七五〜前一六四）が、ユダヤ民族の居住地であったユダ地方（現イスラエル南部）に侵攻しました。彼はエルサレムにあったユダヤ教の神殿を占領しただけでなく、神殿にギリシア神話のゼウス像を立て、ユダヤ教の重要な実践である割礼や安息日を禁止し、聖書を焼くという暴挙に出ました。そして、このような行為がユダヤ教への冒瀆であるとみなしたユダヤ民族が、指導者ユダ・マカバイのもとで反乱を起こしたのです。

マカバイ戦争については、ヘブライ語聖書の外典『マカバイ記』に詳しく書かれています。重要なことは、エルサレムを奪還したユダ・マカバイが何をしたのかという点です。それは次のように記されています。

「彼ら（ユダたち）は朝早く起き、焼き尽くす献げ物のための新しい祭壇の上に律法に従っていけにえを供えた。異教徒が祭壇を汚したのと同じ日、同じ時に、歌と琴、竪琴とシンバルに合わせて、その日に祭壇を新たに奉献した。民は皆、地に顔を伏せて拝み、彼らを正しく導いてくださった方を天に向かってたたえた（略）こうして異邦人から受けた恥辱は取り除かれたのである」（『第一マカバイ記』四・五二─五八）

ユダ・マカバイはユダヤ教の聖所が異教の偶像（ゼウス像）によって穢されたととらえ、エルサレムの奪還後に聖所を清め、新たな祭壇を造ったのです。また聖所の清めとしての奉献には、この戦争の勝利が「神の正しい導き」によることを示すという目的がありました。

このマカバイ戦争の事例では、「穢れ」と「清め」のレトリックがみられます。そして、このレトリックは後の一神教世界においてもしばしば繰り返されました。その最も典型的な事例のひとつが中世の十字軍です。十一世紀、イスラーム王朝によって占領されたエルサレムを奪還するために、ローマ教皇ウルバヌス二世がキリスト教徒たちに対して十字軍の結成を呼びかけます。その際、教皇はムスリムによるエルサレムの支配を、イエスの墓が異教徒たちによって「穢されている」と表現しました。そして、十字軍はその「穢れ」を「清める」ために戦うのであると宣言したのです。このように「穢れ」と「清め」のレトリックは、現実の戦争を宗教的な世界観のなかで表象するときに意図的にもちいられ、聖戦を特徴づけるものとなっていったのです。

もう一つの戦争は、ローマ時代における第一次（六六〜七三年）、第二次（一三二〜三五年）のユダヤ戦争です。マカバイ戦争に勝利したユダヤ人はパレスティナの地にハスモン朝の王国を形成しましたが、そこに立ちはだかったのがローマ帝国でした。紀元前六三年にハスモン朝はローマ帝国の属州となりました。このような状況下で、紀元六六年にカイサリアでの暴動をきっかけにして、ユダヤ民族とローマ帝国軍との戦争が勃発します（第一次ユダヤ戦争）。しかし、ユダヤ軍は圧倒的な強さを誇るローマ軍になすすべもなく敗れ、エルサレムの神殿は破壊され、彼らが立てこもった死海近くのマサダ要塞も七三年に陥落しました。マサダではユダヤ人兵士とその家族が集団自決を図り、彼らの死は「殉教」として記憶されました。

ユダヤ側の大敗北に終わった第一次ユダヤ戦争からおよそ七〇年後の一三二年、ローマ皇帝ハドリアヌス（在位一一七〜一三八）がエルサレムにローマのための神殿を建設しようとしたことが引き金となり、再びユダヤ民族がローマとの戦争を起こします（第二次ユダヤ戦争）。ユダヤ人指導者シムオン・バル・コスィバは自らがメシア（救世主）「バル・コフバ」であると名乗ります。さらに、彼がメシアの出自であるダビデ家の指導者であることを示すコインが発行されるなどして、ユダヤ人社会全体にメシア信仰が浸透していきました。し

イスラエルの死海西岸に位置するマサダ要塞

かし、今度もユダヤ軍はローマ軍に敗北し、バル・コフバのメシア運動は終わりを告げました。

この二つの現実の戦争が持ついくつかの特徴は、現代のユダヤ教にも引き継がれています。マカバイ戦争に勝利した後に「清め」の場となったエルサレム神殿だけでなく、対ローマ戦争に敗北したユダヤ人兵士たちの殉教の場となったマサダ要塞も、現代のイスラエル国のシンボルとしてしばしば利用されています。ユダヤ民族は、マカバイ戦争では大いなる勝利を、対ローマ戦争では大いなる敗北を経験しました。しかし、その勝敗にかかわらず、「神の意志による戦争」や「メシアが指導する戦争」といった特徴が、現代のイスラエルにおける戦争の「聖戦」的な解釈やその実践に大きな影響を与えているのです。

ラビ・ユダヤ教における聖戦論の形成 ——ディアスポラの時代

さて、エルサレムに神殿が立っていた時代のユダヤ教において、その中心にいたのは主に神殿で儀礼をおこなう祭司たちでした。しかしユダヤ戦争の敗北後、神殿の崩壊やメシア運動の挫折によって、彼らは権力を失っていきました。そして、祭司に代わって新たに台頭してきたのがラビ（教師）たちです。現代のユダヤ教の主流は、このラビたちが作ったユダヤ教、すなわちラビ・ユダヤ教です。

古代から中世にかけて、ユダヤ人社会を取り巻く環境は大きく変化しました。ユダヤ人は紀元前六世紀頃から各地に散らばり始めていますが、中世にはイスラーム世界やキリスト教世界に広く離散（ディアスポラ）して生活するようになりました。古代末期に台頭してきたラビたちは、この離散という状況のなかで、トーラーの学習と教育を中心とする新しいユダヤ教を確立しました。「トーラー」とはモーセに啓示された神の教えを意味し、ラビたちはその教えを自分たちが継承していると信じています。具体的にはヘブライ語聖書（成文トーラー）と、ラビたちの時代に編纂されたミシュナおよびタルムード（口伝トーラー）という教典で構成されています。

聖戦論の観点から見て重要なことは、ラビたちが過去の戦争をどのように受け止めたのかという点です。彼らは聖書にならって「神は我々イスラエルの民の側についているのだから、我々が勝つ」と説くのではなく、むしろユダヤ戦争での敗北から、「神への敬虔な信仰が勝利をもたらす」という考え方を危険視しました。指導者バル・コフバがユダヤ民族を滅亡の危機にさらしたという認識に基づき、彼の抵抗原理であったメシアニズムがユダヤ人社会に広がらないよう警戒したのです。また、ユダヤ側が勝利したマカバイ戦争についても「神意による勝利」を強調することは避け、神殿に残されたわずかな量の油が八日間も燭台の火を灯し続けたという「奇跡」を中心とする語りを生み出しました。この奇跡的な側面は、マカバイ戦争にまつわるユダヤ教の祝祭であるハヌカーにおいてもみられます。

加えて、ユダヤ民族の離散という状況そのものが、ユダヤ教の聖戦に関する考え方に影響を与えた点も見逃せません。ユダヤ戦争の敗北によって、ユダヤ民族は自らの国家を失いました。それは、かつてのような大規模な戦争を実践する機会を失うことを意味しました。中世にも、たとえばドイツ・ライン地方の都市のユダヤ人共同体が、十字軍の迫害に抵抗するかたちで「聖戦」を実践した事例はありますが、それらは局地的なものにとどまりました。

そのため、ラビたちの聖戦論は「戦争をどのようにおこなうか」ではなく、「戦争とはどのようであるべきか」を問うものへと大きく変容していきました。そのような彼らの議論には、①理念化と②非軍事化という二つの特徴がみられます。

理念化 ――マイモニデスによる二つの戦争のカテゴリー

ラビたちは聖書にあるヨシュアやダビデの戦争に関する記述から、戦争には主に「神に命じられた戦争」と「任意の戦争」という二つのカテゴリーがあることを見いだしました。ラビたちの教典であるタルムードには戦争の分類をめぐる詳細な議論が収められ、彼らの意見もさまざまですが、一貫しているのは、戦争の理念的なモデルについての議論をしていることです。ラビたちは現実に戦争を起こすためではなく、あくまでも理念を作ることをめざしていたのです。

そして、タルムードの膨大な議論を法として整理したのが、中世のユダヤ人法学者マイモニデス（一一三八～一二〇四）でした。マイモニデスは法典『ミシュネー・トーラー』の「王と戦争についての法規」のなかで、ラビたちの戦争の観念や見解を体系化しました。彼は「神に命じられた戦争」と「任意の戦争」という二つの戦争のカテゴリーを次のように説明しています。

「王と戦争についての法規」七・四によれば、「任意の戦争」とは王の意志によるものであって、神意を問うものではない戦争のことです。これについてはすべてのユダヤ人が戦闘に参加する義務はなく、王は民に対し、その義務を免除することを宣言しなければなりません。他方、「神に命じられた戦争」とは、すべてのユダヤ人が戦闘への参加を義務づけられる戦争のことです。寝室にいる花婿や、婚礼の儀式をおこなっている最中の花嫁ですら、その戦いに参加しなければなりません。

また、同じく五・一では、この二つの戦争の目的と優先順位が説明されています。優先すべきは「神に命じられた戦争」であり、具体的には聖書に登場した「七つの民に対する戦争」（『申命記』七章）と「アマレクに対する戦争」（同二五章）、そして攻撃してくる敵からイスラエルの民を守り、救うための戦争のことです。その後で初めて、王は「任意の戦争」を戦うことが許可されます。領地を拡大したり、王の威信を高めたりするための対外戦争のことです。

最初に述べたように、聖戦を「神に命じられた戦争」と定義するならば、マイモニデスはその聖戦をさらに詳しく説明し、法として定めたと言うことができます。つまり、聖戦とは「すべてのユダヤ人が参加することを義務づけられる戦争」であるというわけです。また、異教の崇拝（偶像崇拝）によって唯一神と敵対する異教徒と戦うことや、ユダヤ民族の自衛のために戦うことは「神に命じられた戦争」の目的であるのに対し、異教徒から土地を奪うことはその目的には含まれていません。領土拡大のための征服戦争は「任意の戦争」のカテゴリーに入るからです。このように、マイモニデスは戦争の理念的なモデルを明確化していったのです。

非軍事化　——聖地への移住（アリヤー）をめぐる議論

もう一つの特徴である非軍事化は、ラビ・ユダヤ教における「聖地」の観念と密接に結びついています。聖書に書かれている物語や古代の戦争によって、ユダヤ民族の間では「嗣業の土地」である「イスラエルの地」（エレツ・イスラエル）が聖地であり、他の地域とは異なる特別な聖性をもつ土地として信仰されるようになりました。それにより、「アリヤー」（「上がること」の意）と呼ばれる聖地への移住が大きな主題として浮上してきました。

イスラエル紙幣に描かれるマイモニデス

アリヤーの重要性についてはさまざまな意見がありますが、主に二つ挙げることができます。一つは、この世の終わりに神がメシアを遣わし、各地に離散したユダヤ民族をイスラエルの地に集めるという信仰があることです。もう一つは、安息年や異種混淆の禁止など、イスラエルの地においてのみ実践される戒律が存在することです。これらの理由により、聖地への移住の意義が表現されたのです。

しかし、ディアスポラの時代にあってパレスティナはローマ帝国やビザンツ帝国、ササン朝ペルシア、イスラーム諸王朝などの支配下に置かれていたため、アリヤーをどのように実践するのかという問題がありました。『ヨシュア記』に書かれているように、異教徒や異民族との戦争を伴うかたちでアリヤーを実践することは、はたして現実的なのかという問題です。そして、ラビたちが出した結論とは、そのような実践であってはならないというものでした。つまり、聖地への移住は非軍事的な仕方でおこなわれるべきであると主張したのです。四〜五世紀頃のバビロニア（現イラク）のラビたちは、この非軍事的なアリヤーを聖書の解釈によって表現しました。「エルサレムの乙女たちよ、野のかも鹿、雌鹿にかけて誓ってください。愛がそれを望むまでは、愛を呼び覚まさないと」という『雅歌』の一節（二・七）を釈義して、ユダヤ民族は「愛がそれを望む」かたちで移住を「誓う」必要があると主張したのです。

そして、タルムードではその「誓い」の内容が三つにまとめられています（ケトゥボート篇一一〇b〜一一一a）。
①ユダヤ民族は集団でアリヤーをしてはいけない（個人のアリヤーを禁ずるものではない）
②ユダヤ民族はその地に住む異教徒たちに抵抗してはいけない（軍事・征服行動の禁止）
③神が異教徒たちに対し、ユダヤ人たちを過度に従属させないと誓わせてくれる
この「三つの誓い」は、ユダヤ人による聖地への移住を条件的に認めつつ、武力闘争や迫害を避けることをユダヤ人と異教徒の双方に求める内容になっています。

しかし、六世紀頃にこのバビロニア・タルムードが完成した後、離散がさらに拡大する中世になると、アリヤーは一層困難なものとなりました。ユダヤ人の生活が各地に根差したものとなり、危険を冒してまでパレスティナへ行こうとする動きも減少していきます。また、中世のラビたちも、アリヤーよりむしろ離散の

地での敬虔な生活を心がけるよう信徒に呼びかける傾向にありました。聖地での定住には、物理的にも心理的にも大きな障壁があったのです。

そのなかで例外的だったのは、アリヤーをすべてのユダヤ人が守るべき戒律として規定したナフマニデス(一一九四～一二七〇)です。彼はレコンキスタのただなかにあったイベリア半島のアラゴン連合王国を代表するユダヤ人共同体の指導者でした。ナフマニデスは、聖書の戒律を体系的に論じたマイモニデスの『戒律の書』の内容を論評し、そこにアリヤーの戒律が含まれていないと指摘します。そして、「イスラエルの地を受け継ぐこと(略)は実践しなければならない戒律であり、捕囚(離散のこと)の時代においてすら、われわれひとりひとりがそれをしなければならない」と主張します。その後、ナフマニデスは一二六七年にバルセロナからパレスティナへ実際に移住したのです。

とはいえ、ナフマニデスはアリヤーをすべてのユダヤ人に強制したわけではありませんでした。自身の移住に際しても、弟子や家族ですらカタルーニャの故郷に残し、単独でイスラエルの地に渡りました。また、移住後も現地のムスリムやキリスト教徒らと平和的に交流していました。その意味で、アリヤーを戒律とみなすナフマニデスの立場は、中世のユダヤ教のなかでは確かに例外的ではあったものの、彼自身の移住は先ほど触れたタルムードの「三つの誓い」を明確に意識したものであったと考えられます。

まとめますと、ディアスポラの時代におけるラビたちの聖戦論とは、現実に戦争をおこなうための議論ではなく、あくまで聖戦の理念を議論するものであったということです。そして、その議論のなかで、聖戦とは「神に命じられた戦争」のことであるという結論が示されました。またマイモニデスは聖戦を聖地の征服のための軍事行動であってはならないと定めました。聖戦の理念としては異教徒(偶像崇拝者)を滅ぼすという目的が正しいものとされましたが、それが現実化することはなく、実践としてはむしろ非軍事的なアリヤーが正しいとされました。このようにして、ラビ・ユダヤ教における聖戦の理念が確立されていったのです。

聖戦論の大転換 ――宗教シオニズムとイスラエル建国

その後、二十世紀に入って、ユダヤ教の聖戦論は劇的な変化を迎えます。それはなんと言っても、イスラエルという国家が建設されたためです。第二次世界大戦終結後、一九四八年にイスラエルが建国されました。それにより、従来の聖戦論の文脈であるディアスポラとはまったく異なるもう一つの文脈が形成されたのです。つまり、ユダヤ人が国家のなかで軍隊を持ち、実際に戦争をおこなうことが可能となったのです。これにより、理念として形成されてきた戦争についてのユダヤ法の規範を、現実においてどのように適用すべきかという新しい問題が浮上してきたのです。

イスラエルの建国は十九世紀末以来のシオニズム運動によるものです。シオニズムとは、ヨーロッパにおける反ユダヤ主義やユダヤ人迫害を受けて、ユダヤ知識人たちが開始した「ユダヤ民族の国民国家」を建設するための政治運動です。一八八〇年代の政治組織「ヒッバト・ツィオン」の結成や、第一回世界シオニスト会議（一八九七年）の開催をへて、シオニズムはヨーロッパのユダヤ人社会における大きな運動へと発展していきます。

シオニズムの主な担い手は宗教的なユダヤ人ではなく、むしろ世俗的なユダヤ人でした。その一方で、シオニズムという政治運動を「神の意志」による宗教的な運動として解釈する人々もいました。彼らは現代のユダヤ教において「宗教シオニズム」という潮流を形成しています。一九四八年のイスラエル建国後も、宗教シオニストたちはこの国家体制を全面的に支持し、国家と宗教の強い結びつきを求め続けています。端的に言えば、宗教シオニストはイスラエルがユダヤ民族の国家であるだけでなく、「ユダヤ教の国家」でもあるべきだと考えているのです。

イスラエルにおけるユダヤ教の聖戦論の再興は、彼ら宗教シオニストによるものといえます。具体的には、以下の三つの論点が出てきました。

①イスラエルは神の意志によってユダヤ民族を救済する国家であるべきか
②イスラエル軍の軍事行動は、ユダヤ教の法に照らして合法であるべきか
③領土が「聖地」であるとしたら、異教徒を滅ぼしてその土地を征服することが「聖戦」であるべきか

ユダヤ教の聖戦論の歴史において、「国家と宗教」というテーマが現実的な問題になったのは実に古代以来のことです。そして、この問題に最も関心を持っているのが宗教シオニストたちですが、彼らの立場はさまざまです。聖戦論に限らず、宗教シオニズムでは穏健派と過激派の分裂が顕著にみられます。以下では、多様な考え方を持つ宗教シオニズムの指導者たちが、上記の論点についてどのような見解を示しているのか、またその結果としてどのような運動が起きているのかを見ていきたいと思います。

聖戦の理念から聖戦の実践へ——中東戦争に対する宗教シオニストの認識

現代のイスラエルにおける聖戦論は、一九六〇〜七〇年代の周辺アラブ諸国との戦争の際に顕在化しました。一九六七年の第三次中東戦争では、イスラエル軍はアラブ諸国（エジプト、シリア、イラク、ヨルダン）に対し、わずか六日間で勝利を収めました。「六日間戦争」とも呼ばれるこの戦争で圧勝したイスラエルは、東エルサレムを含むヨルダン川西岸地区やガザ地区に加え、エジプト領のシナイ半島など多くの占領地を獲得しました。そして、宗教シオニストたちは、この戦争がまさに「神に命じられた戦争」であると解釈しました。つまり、長い間理念にとどまっていた聖戦が、このとき初めて実践されたと考えたのです。

しかし、一九七三年の第四次中東戦争では、アラブ諸国側がイスラエルに反撃を展開しました。アラブ側の攻撃がユダヤ教における新年の「ヨム・キプール」（大贖罪日）に開始されたことから、「ヨム・キプール戦争」とも呼ばれるこの戦争では、一転してイスラエル軍が序盤に劣勢を強いられました。最終的な和平条約では、エジプトに一部占領地（シナイ半島）が返還されました。また、戦後にはヨルダン川西岸地区、ガザ地

区などの占領地でパレスティナ人を含むアラブ人らの抵抗運動が激化しました。

では、この新たな事態は宗教シオニストたちにとってどのように映ったのでしょうか。六年前の「聖戦」は失敗に終わったのでしょうか。しかし、彼らはそのようには考えませんでした。むしろ、聖戦の理念を否定することも、その実践を放棄することもなく、ユダヤ人の手で神の意志を実現することをより強く求めるようになったのです。その結果、一九七〇〜八〇年代にかけて、イスラエルでは「聖戦」の実践がさまざまなかたちで試みられるようになっていきました。

シュロモ・ゴレンによるイスラエル軍の指導 ——ユダヤ教の軍隊としての規律

その事例の一つが、シュロモ・ゴレン（一九一七〜九四）によるイスラエル軍の指導です。イスラエルには徴兵制があり、兵士には宗教的なユダヤ人も含まれますので、軍隊の内部でユダヤ教の宗教生活を守る仕組みが必要となります。一九四八年の建国とともにゴレンは「従軍ラビ制度」を創設し、自らその職を務めました。具体的には、ユダヤ教の食事規定（カシュルート）の点検や、ユダヤ教の礼拝の実践などの役割を担うものでした。こうした従軍ラビとしてのゴレンの活動は、軍隊をユダヤ教化するという意図を含むものであったと考えられています。

その後、中東戦争が本格化するなかで、一九五七年にゴレンはイスラエル軍が戦うことになるこれらの戦争を「神に命じられた戦争」、すなわち「聖戦」であると明言します。

「攻撃してくる敵からイスラエルの民を救うための戦争は、『イスラエルの地』と結びつくものだけでなく、敵の手からのイスラエルの民の救出が生じるすべての場所（での戦闘）を含むものである。また、戦争とその地の征服という手段によって、彼らを救い、助けることができる。そして、この種の戦争が『神に命じられた戦争』であると定められているのである」（『トーラーにおける境界線にもとづくイスラエルの地の聖性』）

ゴレンの見解は、自衛のための戦争を「神に命じられた戦争」として規定したマイモニデスの法典に基づいています。ゴレンによれば、中東戦争とは領土拡大のための戦争（「任意の戦争」）ではなく、「イスラエルの民」であるユダヤ人を守るための戦争でした。だとすれば、それは「神に命じられた戦争」、すなわち聖戦に他ならないというわけです。

また、ゴレンはイスラエル軍の軍事行動がユダヤ法に基づいたものでなければならないという見解を表明しました。一九八二年、イスラエル軍は内戦が続いていたレバノンに軍事侵攻を実施します。このとき、軍はレバノンの首都ベイルートを完全に包囲したのですが、当時イスラエルの首席ラビを務めていたゴレンがこの作戦に抗議したのです。その理由は、彼らの包囲がマイモニデスの法典で定められた法規に反するというものでした。法典『ミシュネー・トーラー』には、征服のために街を包囲する際は、四方すべてではなく三方のみを囲み、避難する者に余地を残すよう記されています（「王と戦争についての法規」六・七）。ベイルートの完全包囲は、この規定に反しているというわけです。マイモニデスの法典はあくまでも理念として確立されたものです。しかし、ゴレンはイスラエルという現実の国家において、正式な軍隊がその理念を実践することを求めたのです。

これらの事例からわかるのは、ゴレンがイスラエルの宗教的な指導者として、国家と宗教の結びつきを強固なものにしようとしたことです。彼は中東戦争を「聖戦」と位置づけ、イスラエル軍にユダヤ法の戦争規範を実践させることを通じて、その結びつきをより強めることができると考えたのです。

メイール・カハネの神政国家思想 ——聖戦論に基づくアラブ人の排除

次に、いわゆる「過激派」と呼ばれる宗教シオニスト、メイール・カハネ（一九三二〜九〇）の言説を紹介します。カハネはアメリカ北東部のユダヤ教正統派の家庭に生まれ、タルムードの学習を修めてラビになった人物です。アメリカ社会では現在でも反ユダヤ主義的なヘイトスピーチやヘイトクライムが噴出しますが、彼の時代にもそれは同様でした。一九六八年、カハネは「ユダヤ防衛同盟」を設立し、アメリカのユダヤ人たちに対する差別や偏見との闘いを宣言しています。しかし、七一年のイスラエル移住後、カハネはイスラエルからのアラブ人排斥を訴えるようになり、極右政党カハ党を設立します。アメリカ時代にはマイノリティであるユダヤ人への差別と闘っていたにもかかわらず、ユダヤ人がマジョリティのイスラエル社会においては、そのマイノリティであるアラブ人を差別し、排除するという主張を展開するようになったのです。その後、カハネは八四年に国会議員として当選し、カハ党の政策として、イスラエルに住むアラブ人から市民権をはく奪するなどの法案を提出するにいたります（のちに棄却）。

ここで注目したいのは、この反アラブ的法案の基盤となっているカハネの考え方です。彼はアラブ人に対する憎悪を表明したのではなく、法案はマイモニデスの聖戦論に由来するものであると主張しました。『ミシュネー・トーラー』のなかで、マイモニデスは聖書の『申命記』(二〇・一〇～一二）を根拠に挙げて、異教徒との戦争の手順を定めています。それによると、戦争ではまず、敵の異教徒たちに和平を勧告しなければなりません。そして、彼らが和平を受け入れ、ノアの子孫に命じられた七戒（異教徒が守るべき戒律）を受け入れるなら、彼らを殺さずに強制労働に服させなければなりません。

では、なぜこの規定がアラブ人の市民権はく奪の正当化と結びつくのでしょうか。カハネがイスラエルに移住した頃の一九七〇～八〇年代、イスラエルはアラブ諸国と幾度も戦争を繰り返していました。そうした情勢を、彼はユダヤ法が描くところの「戦争」の状況として、しかも拡大的に解釈したのです。つまり、中東戦争によってイスラエルの占領下に入ったアラブ人だけでなく、もともとイスラエル国内に住んでいたアラブ人ですら、この法典が定めるところの「和平と七戒を受け入れた異教徒」に該当するとみなしたのです。

そして、彼らは「強制労働に服する」、つまりユダヤ人の市民に従属する地位に置かれるべきだと主張したのです。

興味深いのは、カハネもゴレンと同様に、中東戦争という現実を中世のラビ・ユダヤ教の聖戦論に基づいて認識している点です。そして、ゴレンは軍をユダヤ教化することによって、またカハネは法律をユダヤ教化することによって、国家と宗教の結びつきを強めようとしたのです。とりわけカハネは、イスラエルを「ユダヤ法に基づいた宗教国家」とみなす神政国家思想のもとで、中世のユダヤ法を現代の異教徒に適用し、アラブ人への差別を正当化しようとしました。しかし、それはマイモニデスの望むところだったのでしょうか。マイモニデスはイベリア半島のムワッヒド王朝時代に宗教的な差別を経験していますが、エジプトではムスリムと友好的な関係を築いていました。彼はその豊かな学知をイスラーム文化から学んだのであり、ムスリムを敵視するような見解はまったく持っていませんでした。それゆえ、カハネのこうした法典の解釈は、マイモニデスの本意からはまったくもってかけ離れたものであったはずです。

入植活動はなぜ過激化したか――「アリヤー」解釈の革新と変容

昨今のパレスティナ問題に関するニュースで、国際法に違反しているにもかかわらず、パレスティナ人が暮らす土地をイスラエルからの入植者が暴力的に奪い続けてきたという状況を見聞きされたことがあるかと思います。最後に紹介するのは、そうした過激な入植活動を生み出してきたメシア主義的な宗教シオニズムの運動です。その原点にはツヴィ・イェフダ・クック（一八九一～一九八二）という指導者がいますが、運動の過激化は彼の弟子たちの世代において顕著にみられました。

ツヴィ・イェフダの父親は「二十世紀最大のユダヤ教指導者」と称されるラヴ・クック（一八六五～一九三五）です。ラヴ・クックはシオニズム運動を支持し、それが宗教的なユダヤ人と世俗的なユダヤ人をつなぐ民族的な救済を可能にすると主張したことで知られています。そのため、彼は正統派のユダヤ教徒や宗教シオニストだけでなく、世俗的なユダヤ人たちとも友好的な関係を築き、彼らの尊敬を集めました。他方、息子のツヴィ・イェフダは父親の教えを受け継いではいるものの、よりラディカルな立場を表明する傾向にありました。ツヴィ・イェフダの思想は「活動的メシア主義」と呼ばれるもので、彼はこの世の終末に神がメシアを遣わしてユダヤ民族を救済する出来事を、ユダヤ人自身の手で早めることができると

ツヴィ・イェフダ・クック

訴えました。ラビ・ユダヤ教では伝統的に、神は自らの意志でユダヤ民族を救済するのであり、人間の行動が神の意志を左右することはありえないという立場が広く受け入れられてきました。民族的な救済に個々の人間がかかわるのは、神の意志や全能を否定することになりかねないからです。そのため、ツヴィ・イェフダの活動的メシア主義は、従来のラビ・ユダヤ教の救済観においては少数派の立場であり、それゆえに革新的であったといえます。

もう一つの革新的な点は、アリヤー（聖地への移住）についての彼の解釈にあります。すでに触れたように、ラビ・ユダヤ教においてはアリヤーが軍事行動であるべきか否かが議論され、タルムードの「三つの誓い」によって、集団での移住や軍事的な征服を避けるべきであるという結論が示されました。中世において移住を戒律とみなしたナフマニデスも、実際にはこの「誓い」を受け入れていました。これに対し、ツヴィ・イェフダはイスラエルの建国を「神の定め」によるものとみなし、一九四八年の建国とともに「誓い」は無効となったと考えました。それゆえ、移住という戒律はより全面的に実践されるべきものとなったと主張したのです。

一九七三年の第四次中東戦争後、アラブ人の抵抗運動が拡大するなかで、ツヴィ・イェフダのこうした主張を支持し、強行する宗教シオニストたちが登場するようになります。その過程で「アリヤーの全面的な実践」というツヴィ・イェフダの主張は、異教徒が反対するなら、ユダヤ人は武力行使に訴えてでも聖地への移住と定住を徹底すべきであるという方針に転化していったのです。

こうした過激化の最たる例として、グーシュ・エムニームによるパレスティナ自治区での入植活動が挙げられます。この組織は一九七四年にツヴィ・イェフダの弟子たちによって結成されました。彼らは終末の到来が近づいているという信仰に基づき、トーラーの学習を中心とする宗教生活の充実と、ユダヤ人たちの移住と定住による「イスラエルの地」の完成によって、その到来を実現することができるという方針を掲げました。そして、パレスティナ自治区での入植活動を開始して、彼らが暮らす土地に自分たちの居住地を一方的に建設していきました。強いメシア信仰に動機づけられたグーシュ・エムニームの活動は、パレスティナ人への暴力を伴うものであり、現代における宗教の過激化という現象の深刻さを物語っています。

また、近年では入植者たちの活動の過激化がさらに顕著となった事例もあります。二〇〇九年、ツヴィ・イェフダの学派の宗教シオニストたちが『トラット・ハメレフ』というユダヤ法典を出版し、パレスティナ人への暴力や殺害をユダヤ法によって正当化するという危険な運動を展開しました。彼らはこれまで見てきたマイモニデスの『ミシュネー・トーラー』を解釈し、自分たちの過激な暴力行為ですら「聖戦」として正当化しようとしたのです。

もちろん、こうした過激な「聖戦」の実践については、イスラエル国内はもとより、宗教界からも強い反発の声が上がっています。私も以前、『トラット・ハメレフ』に関するイスラエル国内の大学でのシンポジウムに参加した際に、こうした「声」を直接聞いたことがあります。シンポジウムでは『トラット・ハメレフ』の執筆者が登壇した際に、聴衆の側から「アラブ人への差別をやめろ」という抗議のプラカードが掲げられました。また、マイモニデスを研究する大学の研究者たちが、中世のユダヤ思想やユダヤ法の現代的な意義を説明しました。私にとってもこのような場面は、現代社会のなかで宗教を研究することの重要性や、人文学が社会に対してどのような貢献ができるのかという目的意識を持つことの大切さを学ぶ機会となりました。

まとめ

最後に結論として、以下の三つの論点を示しておきたいと思います。

第一に、ラビ・ユダヤ教では聖戦の理念化が試みられてきたという点です。ラビたちはどのように戦争を実践するかではなく、戦争とは何かという問題を探究しました。タルムードでは聖書に描かれている戦争がいくつかのカテゴリーに分類され、中世にはマイモニデスが「神に命じられた戦争」としての聖戦を規定しました。また、聖戦論の発展とともに「聖地」(イスラエルの地)の観念がその議論に関連づけられ、ディアスポラの状況下では聖地への移住(アリヤー)の実践について、ラビたちが慎重な態度を表明しました。

第二に、一九四八年のイスラエル建国と宗教シオニストの活動によって、聖戦は「理念」から「実践」へと移行してきたという点です。つまり、これまで理念的であった聖戦が、イスラエル軍の軍事行動やイスラエルの政治、ヨルダン川西岸地区やガザ地区への入植活動などの方法を通じて、実践可能なものとなったという認識の変化が生じたということです。

第三に、このようなユダヤ教の聖戦論における現代の劇的な変化が、聖戦の理念と実践のあいだでの新たな「はざま」を生み出しているという点です。現代の宗教シオニストらによる活動はしばしば過激化する傾向にあります。しかし一方ではその過激化に対し、イスラエルの世俗社会や国外のユダヤ教徒たちからの反発も高まっており、聖戦の実践のあり方をめぐる意見の対立が拡大しています。ユダヤ教の長い伝統のなかで、聖戦の理念と実践のあいだには常に隔たりがありました。私自身は、この理念と実践の「はざま」の存在はきわめて重要であると考えています。なぜなら、その「はざま」においてさまざまな議論が生まれることは、過激化に対する宗教伝統の内部からの批判を可能にするものだからです。

第五講

鎌田 繁

イスラームは「戦争」をどう考えるか

――クルアーンと古典的法学、「反体制派のジハード論」

神の支配の下にある人間の現世と来世

イスラームというと、とても厳しい戒律があり、食べ物でも制限があって難しい宗教だとお考えの方もいると思います。ですが、外的・内的なあらゆる人間の活動において神の言葉に従う宗教であるという意味では、とてもわかりやすい簡単な宗教だといえます。神を認め、神の言葉に従って生きていくことを「正しい生き方」と考えることから、その「正しい生き方」をいかに現実的・具体的に実践していくかが、イスラームにおいては基本的な課題となります。

イスラームの歴史上の開祖であるムハンマド（五七〇頃～六三二）は、アラビア半島のマッカ（メッカ。現サウジアラビア）で初めて神の言葉（啓示）を聞き、それを人々に告げ、布教を行うようになります。当初はなかなか人々に受け入れられず少数の信者しか集まらなかったことから、六二二年にマッカの北にあるマディーナ（メディナ）に移り住みます。そこでは多くがムハンマドの宗教を受け入れ、イスラームに基づく共同体を生み出す活動に邁進しながら六三二年にムハンマドは没しています。つまり、最初の啓示を受けてからマディーナに移住（ヒジュラ）するまでのマッカ期（六一〇～六二二）はいわば迫害を受ける弱小教団だった時代、そのあとのマディーナ期（六二二～六三二）はムハンマドを共同体の指導者として、神の言葉を信者に伝えながらイスラームに基づく生き方を確立していった時代と考えられます。

ムハンマドの没後、もはや神の言葉を新しく聞くことのできない残された信者たちが、ムハンマドが伝えてきた神の言葉を書物としてまとめたものがクルアーン（コーラン）です。ムスリムにとって、その生き方の指針となる神の言葉、神が何を人間に望んでいるのかを知るための唯一の手がかりが、聖典であるこのクルアーンなのです。言い換えれば、その後長い年月をかけ、クルアーンに記された神の言葉の解釈によって組み立てられていったものが、イスラームという宗教ということになるでしょう。

クルアーンには、現実の生活と直接関わりはないかもしれないが、より根元的な人間の心、精神の持ちようをめぐる精神論的な教説が含まれています。他方、生きている人間にとっては日々の生活をどう過ごすかの指針も実践的な意味で重要であるため、クルアーンにあるさまざまな神の言葉や預言者ムハンマドの言行に現れた規範から、人間の理想的な生活・活動のあり方を具体的に定め、提示したものがムスリムらによって形成されるようになりました。これがシャリーア（聖法、イスラーム法）と呼ばれる実践的規範の体系です。

イスラームにおいては、人間の生はこの世だけで完結するのではなく、復活を通してさらに続く来世があるとされています。つまり、人間の生と死は神の支配の下にあり、魂は神のものであって、人間の自由になるものではないということです。そのため、現世で神の定めた生き方を実践した者は死後、復活して神の裁きを受け、永遠に続く楽園に入ることができますし、そうでない者は地獄へ落とされるというのがイスラームの考え方で、なによりも現世での人の生の質が重要になるのです。

イスラームは「殺人」をどう考えるか

では、殺人という行為についてイスラームはどう考えているのでしょうか。まずクルアーンには殺人について、次のように記されています。

「そのことのために我はイスラエルの子孫に対し、掟を定めた。人を殺した者（であるとか）、地上で悪を働いたと（か）いう理由もなく人を殺す者は、全人類を殺したのと同じである」（五章三二節）

冒頭の「そのこと」とは、旧約聖書に登場するアダムとイヴの子、カインとアベルの兄弟のことで、神が二人の供物のなかからアベルの供物を選んだことを恨んだカインが、弟アベルを殺してしまう説話を指しています。ちなみにイスラームではカインはカービール、アベルはハービールと呼ばれます。イスラームを標榜して過激な暴力事件などが起こると、日本や諸外国のムスリム団体は「イスラームは平和の宗教である」ことを強調しますが、その際に根拠としてよく引用されるのがこのクルアーン五章三二節で、その解釈は基本的には間違っていません。ただ、「理由もなく人を殺す者」が全人類を殺したのと同じだとされている点が重要です。

クルアーンには、ほかにも殺人に関する言葉があります。

「また神が神聖化された生命（ナフス）を、権利（ハック）のため以外には殺害してはいけない。」（六章一五一節。井筒俊彦訳『コーラン』〈岩波文庫〉では「神が禁じ給うた生命は、特に許された場合以外は絶対に殺害せぬこと」）

ここでは、「権利のため」「特に許された場合」以外では絶対に殺人はしてはならないとあります。先ほどの五章三二節と合わせると、クルアーンにおいては、殺人を無条件で禁じているわけではないことがわかります。

その背景には、いくら厳しく禁じたとしても殺人がこの世からなくならないという現実があり、そうした現実をある程度認めつつ、神の言葉に従ってより良い社会をつくっていこうとする姿勢がイスラームにはあるということだと思います。一般的にイスラームでは、人間の生命や魂は神からの預かりもの、生死も神が決めるものだと考えられているため、殺人だけでなく自殺や、また近年では西欧で個人の権利として認められつつある「死ぬ権利」、すなわち安楽死といった行為も、それらは人間の都合で生命を終わらせることであり、神に背く行為としてとらえられます。従って敵対的な意図に基づく殺人は、現世では復讐、来世では永遠に地獄の火で焼かれる「七つの大罪」（多神教・魔術・正当性なき殺人・利息・孤児の財産を奪う・敵前逃亡・姦淫の強制）の一つとされています。

イスラーム最初期のジハード論

イスラーム「過激派」の事件に関するニュースなどで、ジハードという言葉がしばしば用いられます。日本語では「聖戦」と訳されることが多いですが、本来は戦争を意味するものではなく、「奮闘努力する」ことです。またジハードには「克己・修練」を意味する大ジハードと、「戦闘」を意味する小ジハードの二つに分けられるとも言います。例えば、日本ムスリム協会の日本語訳（アッラーを神に換えた）クルアーンにはこう書かれています。

「神の（道の）ために、限りを尽くして奮闘努力(jāhidū)しなさい」（二二章七八節）

ここでは単に「奮闘努力」（ジハード）しなさいと書かれているだけで、具体的に何をどのように「奮闘努力」しなければいけないのか明確ではありませんが、場合によってはムスリム同胞を迫害する異教徒を武力による「聖戦」によって倒し、彼らを助けるために「奮闘努力」（ジハード）すべきだという解釈も可能でしょう。

イスラームでは、ジハードには次の三つの意義があるとされています。

①不信仰者たちとのジハードであり、イスラームを支え神の言葉を広めること
②（悪へと）唆し非難する魂とのジハードであり、理性的な静謐な魂を支えること
③善行の段階の意味でのジハード

このうち②は、ある戦場から戻ってきたことを「我々は小ジハードから大ジハードに戻ってきた」と表現した預言者の言葉から、武力による異教徒との戦い（小ジハード）を終えて日常生活に戻ったら、今度は自分の悪しき心のあり方を抑えて、理性的な魂に変わるよう努力（大ジハード）しなくてはならないという意味です。③の善行とは、たとえ神が見えなくても見ているかのように神に仕えることを指しています。その根拠はクルアーンに次のように記されています。

「だがわれ（の道）のために奮闘努力（ジハード）する者は、必ずわが道に導くであろう。本当に神は善い行いの者（ムフスィニーン〔イフサーンする者の意〕）と共におられる」（二九章六九節）

次に確認したいのは、ジハードに「聖戦」のような「戦う」という意味が含まれるようになったのはいつかという点です。まずはムハンマドが啓示を受けて布教を始めたイスラーム最初期（マッカ期）の神の言葉を確認すると、次のように書かれています。

「しかし、試練を受けた後に移住した者、それから奮闘努力（ジハード）し、またよく耐え忍んだ者に対し、あなたの主は、その後は本当に寛容にして慈悲深くあられる」（一六章一一〇節）

ここに出てくる「試練を受けた後に移住した者」とは、イスラームがマッカでまだ多神教徒から迫害を受けていた頃に紅海を隔てた隣国エチオピアに一部のムスリムが逃れ、移住したという出来事を指しています。ちなみに当時のエチオピアの王はキリスト教徒で、マッカから逃れてきたムスリムらの、この国も自分たちと同じ唯一神を信仰していると聞いたので助けてほしいという要望を受け入れたと伝えられますが、エチオピア側にそれを裏付ける史料はないそうです。そうしたこともあり、「試練を受けた後に移住した」というの

はマッカ期ではなく、マディーナに移住した後のものではないかと主張する学者もいるようです。

いずれにしても、マッカ期の段階では、ジハードが明確に武力闘争を意味するような神の言葉はクルアーンには見当たりません。実際に、まだ少数派で迫害を受けていたマッカの時代に、武器をもって異教徒と戦うことは不可能だったはずです。

「神の道のために戦え」——マディーナ期のジハード

したがって、ジハードが聖戦という意味を持つようになるのは、ムハンマドがマディーナに移ってからの時代だと考えられます。マディーナ期に入ると、神の言葉のなかに「戦う」という言葉が出てきます。例えば次のような内容です。

「あなたがたに戦いを挑む者があれば、神の道のために戦え(qātilū)。だが、侵略的であってはならない。本当に神は、侵略者を愛さない。」(二章一九〇節)

「神も、終末の日をも信じない者たちと戦え(qātilū)。また神と使徒から、禁じられたことを守らず、啓典を受けていながら真理の教えを認めない者たちには、かれらが進んで税を納め、屈服するまで戦え」(九章二九節)

ここで出てくる「戦う」は、いわゆるジハード(jāhada)ではなく、文字通り「殺し合う、武力で戦う」を意味するカータラ(qātala)というアラビア語の単語が使われています。マディーナ期の啓示にはジハードのことを述べている句がいくつもありますが、このカータラが用いられている箇所が多くみられます。

また二つめの句にある「啓典を受けていながら真理の教えを認めない者たちには、かれらが進んで税を納め、屈服するまで戦え」とは、イスラームでは異教徒ではあるものの同じ一神教として唯一神を信仰するキリスト教徒やユダヤ教徒を「啓典の民」とし、ジズヤと呼ばれる人頭税を払う代わりに一定の制限の下、生命や財産を保障される仕組みがあり、そのことを指しています。例えばオスマン帝国にもその仕組みの下でキリスト教徒やユダヤ教徒のコミュニティが存在していましたから、その仕組みに従っている異教徒に対するジハードはありえません。

こうした句以外にも、神の道のために戦った者には死後に報償があること、弱い男や女や子どものために戦えといった句も存在します。

「だから来世のために現世の生活を捨てる者に、神の道のために戦わせなさい。神の道のために戦った者には、殺害された者でもまた勝利を得た者でも、われは必ず偉大な報償を与えるであろう」（四章七四節）

「あなたがたはどうして、神の道のために戦わないのか。また弱い男や女や子供たちのためにも」（四章七五節）

ジハード（聖戦）に参加すれば、生きて帰れるかはわかりません。しかし、仮に命を落としても神は報償、すなわち死後、楽園に無条件で行けるようにしてくれるということです。一方では、ジハードとしての戦争に参加することを躊躇する者に対するメッセージもクルアーンにはあります。

「『あなたがたの手を控えなさい。そして礼拝の務めを守り、定めの喜捨をしなさい。』と告げられた者を、あなたは見なかったのか。いざかれらに戦闘が命じられると、見よ。かれらの中の一派は、丁度神を恐れるように、人間を恐れ始める。いやもっとひどく恐れる。そして言う。『主よ。あなたは、何故わたしたちに戦闘を命じられますか。何故しばらくの間、わたしたちを猶予なさいませんか。』言ってやるがいい。『現世の歓楽は些細なものである。来世こそは、（神を）畏れる者にとっては最も優れている。あなたがたは、少しも不当に扱われないのである。』」（四章七七節）

命を落としたら「現世の歓楽」を享受できなくなることから戦闘への参加を嫌がる者に、来世での幸福の方がすばらしいのだと神が告げたという意味で、ジハードを恐れることはないのだ、ということになります。

クルアーンの「首を打ち切れ」をめぐる解釈

また、ジハードという言葉が実際に使われている句もあります。

「『神を信じ、かれの使徒と共に奮闘(jāhidū)せよ。』と一章（スーラ）が下された時、かれらの中能力ある者が、あなたに免除を求めて言う。『わたしたちを（家に）留まる者と一緒に、いさせて下さい。』……かれらは背後で（家に）留まる者と一緒にいることを好む。かれらの心は封じられた。だからかれらは悟らない」（九章八六〜八七節）

「しかし使徒とかれと共に信仰する者たちは、財産と生命とを捧げて奮闘努力（jāhadū）する。かれらには（凡ての）善いことがあり、これらこそ成功する者である。神はかれらのために、川が下を永遠に流れる楽園を備えられ、かれらはその中に永遠に住むであろう。それは至上の幸福の成就である」（九章八八〜八九節）

jāhadū はジハードの動詞形で、「生命を捧げて奮闘努力する」という表現は、明らかに命をかけて武器を持って戦うことを意味しています。いざ戦えといわれると家に残りたいという者も当然出てくるわけですが、信仰者は奮闘努力（ジハード）し、神は永遠の楽園を用意するから、信仰者は奮闘努力（ジハード）しなさいと説かれています。

ちなみにここにも出てくるように、クルアーンには「楽園」という言葉が多数登場します。アラビア半島は大半が砂漠ですから、楽園がイメージさせるのは砂漠の中に点在する、川が流れ周囲にナツメヤシなどが繁っているオアシスであり、天国では美女が歓待してくれるとも書かれています。つまり、当時のアラブ人の男たちにとってわかりやすい、最も喜ばれそうな「楽園」「天国」のイメージであり、それはムハンマドが話して聞かせた人々の知的レベルや社会環境に合致したものだったのだといえるでしょう。

さらには、ジハードとしての戦闘における戦い方について言及しているものもあります。

「あなたがたが不信心な者と（戦場で）見える時は、（かれらの）首を打ち切れ。かれらの多くを殺すまで（戦い）、（捕虜には）縄をしっかりかけなさい。その後は戦いが終るまで情けを施して放すか、または身代金を取るなりせよ。……凡そ神の道のために戦死した者には、決してその行いを虚しいものになされない」（四七章四節）

不信仰者と戦うときは「首を打ち切れ」とはかなり乱暴ですが、実際にイスラーム過激派のイスラーム国（ＩＳ）戦闘員が異教徒を断首する映像を配信したことがあったように、この句を根拠にして、自分たちはクルアーンにある通りに正しい行為を行ったのだと主張することができてしまうのです。

イスラームの学者の多くは、こうした点を強調すべきでないと考えています。近年のクルアーン注釈においては、この「首を打ち切れ」は命令形ではなく「首を切ること」という対格の名詞で表現されていることに着目し、これは持続的命令ではなく、短期的な行為を示すと考え、そうした行為が正当化されるのは、極めて特殊な状況である戦場に限定されるという解釈を提示しています。そのような解釈によって、ここでは「（戦場で）」とカッコ書きが挿入されているのです。しかしアラビア語のクルアーン原典では「（戦場で）」などの限定はないので、どのような条件下においても不信仰者と会ったらその首を切らなくてはいけないと解釈される恐れは残ります。イスラームにおいてクルアーンは「神の言葉」ですから、書かれたものを修正して変えることは許されません。しかしその言葉が一般的・恒常的な場面でのことなのか、それとも特別な状況下でのことか、解釈の仕方で適用される範囲を広げたり狭めたりすることは可能で、そうした理解の仕方は人間の知性や倫理の問題だといえます。イスラームの社会にとっても極端な解釈というものは歴史的にみても長続きせず、必ず排除されてきましたし、その考え方や解釈はクルアーンに基づきながら絶えず変わっていくものなのです。

ジハードの古典的法学規定

ここまでクルアーンにおけるジハードに関する言葉をみてきましたが、クルアーンとは別に預言者ムハンマドの言行を集めた膨大な記録であるハディースも参照しながら、イスラーム学者らはクルアーンにある神の言葉の真意について議論してきました。そうしたなかで、ジハードについてもある程度まとまった解釈・理論がかたちづくられてきています。

そのひとつとしてここで紹介するのは、イスラーム学者として高い評価を得ているシリアのワフバ・ズハイリー（一九三二〜二〇一五）のジハードについての議論です。ここでは古典的法学規定を体系的にまとめたズハイリーの著作からイスラーム法の研究者である中田考が整理したものに依拠しています。ズハイリーによれば、ジハードの定義は「不信仰者との戦いと、その撃退のために自分の生命、財産、言論を捧げること」であるとし、それには集団的義務（ファルド・キファーヤ）があり、その義務となる条件は①ムスリムであること、②成人、③正気である、④自由である（奴隷でないこと）、⑤男性、⑥健康である、⑦戦費を賄える、の七つを満たす者とされます。

この集団的義務というのは、例えばムスリムにとって毎週金曜日に集団で礼拝することは全ムスリムにとっての義務ですが、その際は必ず集団のなかの一人がイマーム（指導者）として先頭に立ち、礼拝の儀礼を先導することになっており、誰か一人がその任を果たせばいいのであり、他の者はなにもする必要はありません。それが集団的義務というものです。つまり、先の七つの条件に当てはまる者が集団を代表してジハードに参加しなくてはならないが、その条件を満たさない他の者にはその義務はないということになります。条件の「⑦戦費を賄える」というのは、自分の財産を投じて義勇兵として参加できる者という意味です。

またジハードの宣戦布告はイマームの大権によるものとされ、戦時における規定も次のように定められています。

①非戦闘員の殺害の禁止（戦闘協力者は除く）

②非戦闘員を傷つける危険のある兵器（投石器など）の使用、敵の城を焼き払う、敵の樹木の伐採、農作物の収奪は原則的に禁止

③敗北が確実な場合、敵前逃亡も許される

ムスリムは敵に武器などを売ってはならないという武器売買に関する規定もあります。さらには異教徒との終戦に関する規定もあり、①異教徒のイスラーム入信、②少数の敵（一〇人以下）が「イスラームの家」のうちに入り生命・財産を保障される、③敵の君主とイマームによる停戦協定、④敵がジズヤを払って降伏（庇護契約）、の四つを認めています。

一方、ジハードの集団的義務が場合によっては個人的義務、つまり全員がジハードに参加しなくてはならないときがあるとズハイリーは指摘しています。それは次の三つの場合です。

①イスラーム軍と敵軍が遭遇した場合（イスラーム軍従軍者の逃亡は許されない）

②異教徒の軍隊がムスリムの地に侵入した場合

③イマームからジハードの召集を受けた場合。

パレスティナ問題の背景にあるジハード論

とくにこの②はかなり重要で、例えば現在のパレスティナ問題にも大きく関わります。

そもそも今イスラエルがあるパレスティナの地は、七世紀にイスラーム勢力がエルサレムを占領して以来、一〇〇〇年以上もムスリム国家の統治下にありました。そこに一九四八年、イスラエルが建国されたことで、

その地に暮らしていた多くのパレスティナ人が追い出されて難民となり、国外に流れた人たちの他、ガザやヨルダン川西岸の限られた地域に押し込められました。

イスラエルは国家としては政教一致ではなく政教分離を原則とする世俗国家ではありますが、国民の大多数がユダヤ人であるという意味では、ムスリムにとってイスラエルは「異教徒の国家」とみなすことが可能です。そうすると、イスラエルの存在は異教徒の軍隊がムスリムの地であったパレスティナの地に侵入、さらには占領していることになり、イスラーム法の古典的な解釈では、そこに住んでいたムスリム住民にはまさに②の、ジハードの個人的義務が発生し、パレスティナに住むムスリムのアラブ人がイスラエルと戦争するのは当然だということになります。

パレスティナ解放運動を長年主導してPLO（パレスティナ解放機構）議長となり、一九九三年に自治政府を成立させたアラファト（一九二九～二〇〇四）はイスラームを前面には出さず、あくまでもパレスティナ人による世俗国家を建国することを目標としていました。しかし二〇〇六年にイスラーム主義のハマースが立法評議会選挙で過半数の議席を獲得し、その後ガザ地区を武力で掌握して以来、ヨルダン川西岸地区とガザ地区が分裂してしまい立法評議会も停止状態に陥っています。そしてこのハマースによる二〇二三年一〇月のイスラエルに対する大規模な武力攻撃を引き金に、イスラエルによるガザへの軍事侵攻という事態を招来することになりました。ハマースはアラファトが考えていたような世俗国家ではなく、シャリーアに基づくイスラーム国家の再建を目指しているのだと思えますし、その考え方の背景にはこうしたジハードの理論が潜んでいるのではないかと考えられます。

ムハンマドが没して以降、カリフの時代にイスラームはアラビア半島から東西に押し出していったのですが、その状況というのはまさに、先の③のイマームの命によるジハードで広がっていったと考えていいでしょう。しかし現在では、二十世紀初めにオスマン帝国のスルタンがトルコ革命によって廃位され、次いでイマーム（カリフ）制も消滅したため、異教徒の地へ積極的にジハードを行うという動きは理論的には不可能となり、現在のジハードは基本的に異教徒がムスリムの地に侵入してきた際に、それにどうやって対抗するかというものにとどまっているといえるでしょう。

イスラーム反体制武装組織と「革命のジハード論」

こうしたジハードの古典的法学規定の一方で、現在のアラブ世界において特に反体制武装闘争、例えばエジプトのイスラーム主義組織である「イスラーム集団」や「ジハード団」などの理論として唱えられているのが、「革命のジハード論」と中田考が呼んでいるものです。古典的・伝統的なジハードでは、あくまでも戦う相手は異教徒（不信仰者）とされ、ムスリムがムスリムに対してジハードすることはありえないため、これは時に「テロリスト」とも呼ばれる反体制派のムスリムが同じムスリムで構成される政権の打倒を正当化するための現代的な闘争理論として登場してきました。

この「革命のジハード論」もクルアーンに基づいており、次のような一節を根拠としています。

「神が下されるものによって裁判（統治）しない者は、不信心者である」（五章四四節）

まず「神が下されるもの」はクルアーンを意味します。また「裁判」は「統治」とも言い換えることができる単語（フクム）であるため、この句は「クルアーンに基づいて国家を統治しない者は不信仰者、不信心者である」と読むことが可能になります。そうすると、クルアーン、すなわち神の啓示によらない統治はイスラームに対する背教であるという解釈がそこから出てくるのです。背教についてクルアーン自体は来世での刑罰しか述べていませんが、確立した伝統的法学では死刑が規定されています。

クルアーンでは、飲酒や金銭貸借の際の利子の授受が禁じられています。実際にイスラーム諸国では法律で利子を禁じている国もありますが、銀行が利子をつけていることもあり、それに対して神の言葉に従っていないではないかと反発の声が上がることもあります。このように国が飲酒や利子を禁じない場合、神の命令・禁止に従わない人間の勝手な都合による統治を政府が行っている、その行為は背教であると「革命のジハード論」ではみなします。そして為政者が背教して不信仰に陥ったのなら、為政者に対するジハードはムスリムの義務であるという理論が成り立つのだと主張するのです。エジプトのイスラーム集団やジハード団などはまさにこの理論に基づき、エジプトの為政者は神の啓示に反する統治を行っているのだから我々はジハードをするのだといって、大統領の暗殺をはじめとする数々の「テロ活動」を行ってきました。

もちろん伝統的なクルアーンの解釈ではこのような極端な理解には至りませんでしたし、こうした解釈はクルアーンの提示する他の判断を参照することもない狭量な判断のように思えます。しかしながら、これもクルアーンの言葉に基づくひとつの判断であることは否定できないでしょう。彼らにとっては自らの行動を正当化する神の判断を得たことになります。先に触れたようにクルアーンには自殺は悪いこととされているにもかかわらず、ジハードをこのような文脈で解釈することで、一般市民を巻き込む「自爆テロ」や九・一一（「アメリカ同時多発テロ」）のような行為ですら、神の命ずるジハードとして正当化することができるのです。

伝統的で穏健な解釈も、一部の集団の過激な解釈も、元をたどると同じ「神の言葉」に戻り、どちらもその本当の意味とは何かを取り出そうとする試みであることには変わりません。パレスティナやアフガニスタンなどで生じているさまざまな問題はイスラームだけで解決できるものではなく、さまざまな要素がからみあって複雑な様態を呈しているのだと思います。ただイスラームは人間の活動全体を常に視野にいれる考え方をするので、当事者にとってはイスラームがすべてを解決するものであると考える傾向もあるでしょう。いずれにしろ、ジハードの議論ひとつをとっても、イスラームを理解することなしには、現在の西アジア地域の問題を深いところから知ることにはならないと思います。

第六講

ゾロアスター教の戦争イデオロギー

――「世界最古の啓示宗教」とサーサーン朝ペルシア帝国

青木 健

ゾロアスター教とは何か

本講では、イランを発祥とするゾロアスター教における戦争イデオロギーについて話を進めたいと思います。まずゾロアスター教とは紀元前一五〇〇年頃、イラン高原の古代アーリア人社会に登場した神官ザラシュストラ（古代東方イラン語。これがギリシア語から英語に転じてゾロアスター）を始祖とし、この世は善と悪の闘争の舞台であり、世界の終末には救世主が現れて善が勝利するという教えのもと、世界のあらゆるものを善と悪に分類する二元論的な世界観を特徴とする宗教です。その後、二二四年に成立したサーサーン朝ペルシア帝国において国教とされたことで聖典などが整備され、それまでの土俗的信仰から明確な教義を備えた宗教へと脱皮していくのですが、七世紀前半に現れたイスラーム勢力によってサーサーン朝が滅ぼされると、この地ではイスラーム化の進行からゾロアスター教は衰退し、その神官らが逃れたインドの地で、パールスィーと呼ばれる宗教的マイノリティとして存続するかたちで今に至っています。

ゾロアスター教にはその誕生から現在までおよそ三五〇〇年の歴史があり、イスラームの登場以前と以後で大きな変化を伴いました。また、ある程度組織された集団同士が争うことが「戦争」であるとした場合、やはり一定程度の信者を有する組織的な宗教が国家など何らかの組織と結びついた段階でないと、宗教と戦争との関係性を論じることは難しいと思われるため、ゾロアスター教の歴史的な展開をふまえた上で、それが国家と結びついた段階での戦争イデオロギーを中心に概観したいと思います。

ゾロアスター教の教祖ザラスシュトラ・スピターマは、現在タジキスタン共和国となっているパミール高原と中央アジア平野部にまたがる地域で生まれたと考えられています。イランはタジキスタンよりずっと西に位置し、アフガニスタンやパキスタン西部にもまたがるイラン高原が大部分を占める地域です。ゾロアスター教を理解する際はその地理的範囲に注目し、タジキスタン周辺で栄えていた教祖の個人商店的な宗教だった頃の原始ゾロアスター教と、のちにイランで栄えその国教となった段階でのゾロアスター教とを分けて念頭に置くことが重要になります。

ゾロアスター教の拝火神殿（イラン・ヤズド）

教祖ザラスシュトラが口伝で残した一七章の韻文による呪文「ガーサー」（のちの聖典『アヴェスター』に収録）で、ザラスシュトラは「善なる霊魂」（スペンタ・マンユ）と「悪なる霊魂」（アンラ・マンユ）の宇宙論的な闘争を説き、そのなかの呪術儀礼である「ヤスナ」にも「最高のものを自分の耳で聞け。一人ひとりが自分のために自分の意志に従って、二つの選択肢の間で決断せよ」とあります。つまりザラスシュトラは、「善なる霊魂」が率いる光の勢力と「悪なる霊魂」が率いる暗黒の勢力という和解・妥協の不可能な二つの勢力が、最高神アフラ・マズダー（叡智の主）のもと、宇宙論的にこの世で争っていると考え、それにもとづいて世界の森羅万象を説明していきました。荒涼とした山脈が連なるイラン高原は非常に自然環境が厳しい土地ですが、これを悪魔が爪を立てて引き裂いていった地形だととらえ、そこに降る雨は「善なる霊魂」がもたらしたものだというように、世界のあらゆるものを「光と闇」「生と死」「芳香と悪臭」「犬と爬虫類」という二分法による一対の概念でザラスシュトラは把握しようとしたのです。

一方で「善と悪」は人類が誕生する前から存在し、両者の和解は原理的にできないことになっています。また同等の力をもつ両者が戦争を続けるなか、その最終決着を意味する全人類を巻き込んだ「世界の終末」により、善が勝利し至福の時を迎える、とザラスシュトラは考えました。ちなみに彼の死後、「世界の終末」を待望する信徒らに対し、ザラスシュトラの子サオシュヤントが救世主として現れ、悪を滅ぼして至福の時をもたらすという救世主思想が神官らによって追加されています。

当時は牧畜社会が主流で、中央アジアにはさまざまな部族が群雄割拠していましたが、ザラスシュトラのこうした倫理的二元論は、同時代の東方イラン人の伝説的君主であるウィーシュタースパ大王（紀元前一五〇〇頃、現在のタジキスタンと推定）により、部族集団をまとめ、支配していくうえでのイデオロギーとして採用されることになります。

当時イラン高原に暮らしていたアーリア人は多神教世界で、友情や契約などを司る太陽神のミスラ神や豊穣・子孫繁栄を司る女性神のアナーヒター神など、さまざまな神が崇拝されていました。ちなみにタジキスタン東方の山々はパミール高原と呼ばれていますが、太陽が山上に昇るこれらの山々をイラン高原のアーリア人は「ミスラ」、インド亜大陸のアーリア人は「ミトラ」と称し、世界の中心に存在する聖地として信仰しており、それがのちのイラン語で「ミール」に変化します。つまり、「パー」（玉座、足元）、「ミール」で「ミトラ（ミスラ）神の玉座」が語源であるとされています。つけ加えますと、タジキスタンのミトラ崇拝は後に仏教がアフガニスタンに進出してきた際に混淆し、弥勒菩薩として継承されています。

イランの多神教においては、例えばイノシシは勝利を呼び込む存在として崇拝の対象でした。ところがアフラ・マズダーのみが崇拝に値するというゾロアスター教の登場は、周辺の多神教のイラン人教徒との戦争を誘発したとされています。「善と悪」の二分法が政治的なレベルだけでなく、イヌは善、ヘビやサソリは悪といったように精神文化的・生活習慣的なレベルにおいても行われるためです。従って政治的な戦争に当たっては、ゾロアスター教は一旦それを採用した場合、なかなか妥協不可能な好戦的イデオロギーとして作用することになりました。

サーサーン朝ペルシア帝国での国教化

その後、イラン高原にはイスラーム教徒に征服されるまで、古代アーリア人の一派であるペルシア人によるアケメネス朝ペルシア（前五五〇〜前三三〇年）や、ギリシア人の征服王朝セレウコス朝シリア（前三一二〜前六三年）、イラン系パルティア人によるアルシャク朝パルティア（前二四八〜後二二四年）、再びペルシア人によるサーサーン朝ペルシア（二二四〜六五一年）という四つの王朝が展開していきます。アーリア系のアケメネス朝ペルシアの軍隊では常にその先頭で「聖なる火」を灯していたとする記録から、ゾロアスター教がアケメネス朝の国教であった可能性が指摘されているものの、その影響はなかったとする説もあり、実際に国教であったかどうかについてはわかっていません。

ヘロドトスの『歴史』に描かれるギリシアとアケメネス朝との間で行われた有名なペルシア戦争についても、宗教との関連についてはペルシア側の史料がほとんど残っておらず不明です。ただこの戦争については、貨幣経済を世界で最初に発達させていたアケメネス朝が、その原材料となる金山などを手に入れるためという経済的な動機のほうが大きかったのではないかと推察されます。

またアケメネス朝は、最大時でイランから東はインダス川、西はアナトリアやバルカン、エジプトまで広がる大帝国であり、当時のゾロアスター教勢力をどんなに高く見積もってもその版図全域に信仰が広がっていたとは考えにくく、イラン周辺がせいぜいでしょうから、その影響は一握りの高官の間にはあったとしても、帝国全体を統合するイデオロギーとして機能することはなかったと思われます。

紀元前三三〇年、アレクサンドロス大王によってアケメネス朝ペルシアが滅ぼされると、イランはセレウコス朝、アルシャク朝の支配下を経て二二四年にアケメネス朝の後継国家とされるサーサーン朝ペルシアが成立します。ゾロアスター教は、この帝国においてついに国教の地位に昇格することになりました。

サーサーン朝は三世紀頃に栄えていた古代都市イスタフル（イラン南西部シーラーズの北方）の拝火神殿の神官一族が興した中央集権的な帝国で、皇帝を支える帝国高級官僚の担い手もゾロアスター教神官団というものでした。帝国の領域がエーラーン・シャフル（アーリア人の国土）と称されたようにインド・イラン系のアーリア人による民族主義的な国家で、そのアーリア人も王（王族）、聖職者、軍人、書記、農民・職人、最下層の非アーリア系という階級に分けられていました。ゾロアスター教では、兄弟姉間や従兄妹間による最近親婚が悪魔を退ける最も優れた結婚形態と考えられており、階級間での婚姻はできなかったため、インドのカースト制度に似た社会構造をもっていました。

ゾロアスター教は、国家間の戦争においてどのように関わったのでしょうか。四世紀前半、サーサーン朝の西進を阻んでいたのは地中海からアナトリア一帯を支配していたキリスト教を国教とするローマ帝国でした。ゾロアスター教の善悪二元論に基づけば異教徒のローマ帝国は「悪なる勢力」として徹底的な打倒の対象になりそうですが、事情は少し異なりました。シャープール二世（在位三〇九～三七九）下のサーサーン朝大神官アードゥルバード・イー・マフラスバンダーンは、キリスト教の説く「汝の敵を愛せよ」は行き過ぎであると考えていました。しかし同時に、行き過ぎた復讐についても禁止しており、ザラスシュトラの二元論を現実に応用するに際しては、かなり条件を緩和してもいます。アードゥルバードが博愛主義的な人物だったのか、それとも現実の問題として強大なローマ帝国を征服することが難しいために教義的な妥協をはかったのかはわかりませんが、ただちにゾロアスター教的神学を現実に当てはめたわけではなかったという点は興味深いところです。

宗教的シンボルの争奪と戦争の激化 ――東ローマ・サーサーン戦争

そうした状況が変化していくのが五世紀に入ってからです。ゾロアスター教には独特の浄・不浄観念があり、その教徒は不浄（悪）から身を護るために聖火によって結界を張り、聖呪を唱えるのがならわしですが、それが国家レベルにエスカレートした結果、アーリア民族が居住する地域は「浄化された善なる世界」で、異教徒で非アーリア民族のそれは「不浄なる悪の世界」とみなされるようになります。ゾロアスター教神官団は異民族の不浄からエーラーン・シャフル全体を守るため、より強力な結界としてイラン高原各地に聖火を灯す拝火神殿を建設していくことになりました。この拝火神殿にはランクづけがあり、帝国を守護する最も重要な「大聖火」として建てられたのが次の三つです。

①アードゥル・ファッローバイ聖火（南西ペルシア州、神官階級の守護聖火）
②アードゥル・グシュナスプ聖火（北西アゼルバイジャン州、軍人貴族階級の守護聖火）
③アードゥル・ブルゼーンミフル聖火（北東ホラーサーン州、農民階級の守護聖火）

これらの聖火はアーリア民族の階級に対応しており、神官団の本拠地でサーサーン朝発祥の地であるペルシア州を中心に周囲を守護する配置になっています。一般的にゾロアスター教の拝火神殿は町ごとに置かれるものですが、まさに国家レベルでの守護聖火となったのです。この段階で、サーサーン朝はローマ帝国との外交関係において、現実よりもイデオロギー重視に傾斜したといえるかも知れません。

現イラン・イスラーム共和国の西端に位置する西アゼルバイジャン州に、「タフテ・ソレイマーン」（ソロ

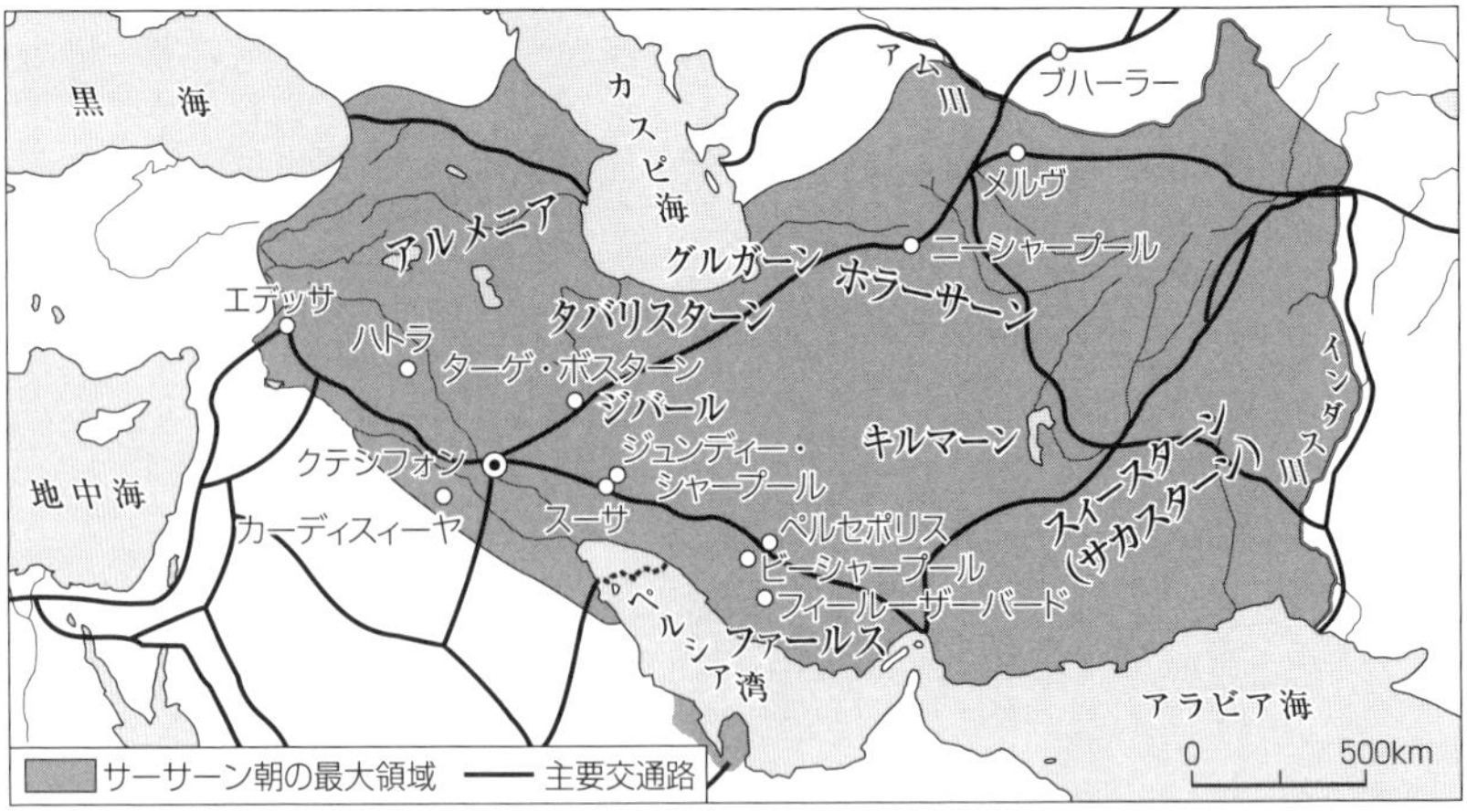

サーサーン朝の最大領域

モン王の玉座）と呼ばれる火口湖のほとりに建つ遺跡（世界遺産）があり、これは先ほどの三つの大聖火のひとつ、アードゥル・グシュナスプ聖火であると考えられています。実は七世紀に入り、東ローマ帝国（ビザンツ帝国）との国境に近いこの守護聖火が、サーサーン朝とローマ帝国との戦争を激化させる火種となるのです。

サーサーン朝の第二三代皇帝ホスロー二世（在位五九二～六二八）は六〇二年、皇位争いを口実に東ローマ帝国へ侵攻し、シリアやエジプトを占領しますが、皇位を簒奪した東ローマ帝国皇帝イラクリオス（在位六一〇～六四一）が巻き返して六二七年にニネヴェの戦いでサーサーン朝軍を撃破しました。最終的には東ローマ帝国がシリアとエジプトを回復するかたちで二六年に及んだ東ローマ・サーサーン戦争は終結しています。

この戦争では、両勢力による互いに大事な宗教的シンボル（遺物、聖所など）の争奪が行われました。六一四年にサーサーン朝軍がキリスト教の聖地エルサレムを占領した際には、聖墳墓教会に安置されていた聖遺物（イエス・キリストが磔刑にかけられた聖十字架）をサーサーン朝軍が奪っていますし、これに対して東ローマ帝国軍も先ほどのタフテ・ソレイマーンまで遠征し、帝国第二の守護聖火である拝火神殿を破壊し尽くして反撃しています。こうした行為が戦争をより激化させ、二六年に及ぶ大戦争に至らしめた理由の一つであろうと思われます。

その背景に、ローマ帝国がキリスト教を国教として以降、不信仰者に対する聖戦を主張するようになったことも指摘できるでしょう。その結果、ゾロアスター教を国教とするサーサーン朝ペルシア帝国と、キリスト教を国教とする東ローマ帝国の対立は抜き差しならないものになってしまったのです。ただサーサーン朝ではキリスト教の聖戦論のように、ゾロアスター教神官団が聖戦を支えるイデオロギーを具体的に理論化する動きはほとんど見られませんでした。結局、両国が国力をすり減らす長い戦争にまい進している最中にアラビア半島ではイスラームが急激に勢力を伸ばし、サーサーン朝はその後イスラーム教徒の侵攻を受け、六五一年に滅亡してしまいます。

自らの国を失ったゾロアスター教徒らは、イランの地ではヤズドやケルマーンといった砂漠の町でわずかなゾロアスター教徒が人目を避けて潜伏生活を続けた一方、イスラームへの改宗を嫌ったその大多数はインドへと逃れ、ボンベイ（現ムンバイ）に船で上陸し、ヒンドゥー教徒の地で細々と信仰を守りながら生活するようになります。国家を持たない少数派コミュニティとなったゾロアスター教は、もはや戦争のイデオロギーよりも精神的な次元で「善思・善語・善行」という徳目を掲げ、博愛的な宗教として存続することになりました。

今もインドに暮らすゾロアスター教徒はパールスィー（ペルシア人）と呼ばれます。異教徒を敵視しない博愛的宗教に変貌したこともあり商工業を得意とし、インドの三大財閥の一つで自動車や製鉄などで有名なターター財閥を筆頭に、多くの財閥はパールスィーによるものです。ヨーロッパ世界のマイノリティで金融業を担ってきたユダヤ人と立場は似ていますが、ユダヤ人が歴史的に数多くの迫害を受けてきたのに対し、インドが宗教的に寛容であったこともあって、ゾロアスター教徒に対する迫害はほとんど聞かれきません。

国教に向かなかったマニ教 ——消えた「第四の世界宗教」

最後に、ゾロアスター教と同じくペルシア発祥の宗教であるマニ教について触れておきましょう。マニ教とは三世紀のサーサーン朝ペルシア帝国下、パルティアの貴族の末裔マーニー・ハイイェー（二一六～七七）によって開かれた宗教で、その最大の特徴は「人工の宗教」という点です。多くの宗教においては、まず最初に突出した求心力をもつ教祖が現れ、その没後に何世代もかけて信徒らにより教義や教団組織が整備されていくという流れをとるものですが、マニ教では教祖のマーニー自身が教義や教団組織を完璧に整備し、テキストとしての聖典までつくってしまいます。とても想像力豊かな人物だったのだと思われ、ユダヤ・キリスト教をはじめ、グノーシス主義（古代キリスト教の異端）やゾロアスター教などの神話に登場するキャラクターを用いながら独自の神話世界を構築した点もユニークです。

マニ教は霊魂と肉体の二元論を説き、精神性が物質性に対して勝利することを目指します。この世は悪によって創造されたもので、人間とは悪魔たちが「光の要素」（霊魂）を冥界に封じ込めるために性欲とともに開発したものだという世界観から、暗黒の肉体に捕囚された光の要素を解放することが信仰の目標となります。そのためマニ教の聖職者は殺生・暴力のほか、自殺、肉食、飲酒、性交、生業が禁止され、一般の信徒は肉食、飲酒、性交が許される代わりに聖職者を助けて功徳を積まねばならず、それによって死後、聖職者は天国へ行くことができ、信徒は生前の善行悪行に応じて輪廻転生するという教えでした。

あらゆる生き物には光の要素が含まれており、魚や爬虫類を踏みつけたり、木の枝を折ることすら許されないという強い殺生・暴力の否定があるため、軍事的には不向きな教義で、マニ教が当時の帝国の国教に採用されるのは難しかったと思われます。しかしその一方で中央アジアのソグド人商人には受け入れられ、中央アジアから中国に至るシルクロードのオアシスなどで広まっていくことになりました。例えばオアシス都市のサマルカンド、ブハーラー、タシケントだけでなく、意外なところではキルギス周辺のキャラバン都市にもマニ教のものと考えられる遺跡が発見されており、さらに東ではシルクロードの最終目的地だった中国の長安や洛陽でもマニ教の寺院が建てられています。中国の新疆ウイグル自治区にかつて栄えたトルコ系遊牧国家のウイグル王国（八五六年〜一二一一年）では九世紀から十世紀中葉までの一〇〇年ほど、国教として採用されていたこともありました。

こうしてマニ教は一時、ローマ帝国から東は明代の中国へとユーラシアの東西両世界に広く流布され、キリスト教や仏教、イスラームに匹敵する「第四の世界宗教」と評される可能性すらあったのですが、ついに十世紀頃、ほぼ消滅してしまうことになったのです。

第七講

ヒンドゥー教の古典にみる「宗教と戦争」

――クシャトリヤ（戦士）の役割と救い

杉木恒彦

ヒンドゥー教の法（ダルマ）

人類史において、宗教は人の集団の形成と存続・拡大のうえで効果的な役割を果たしてきました。これは宗教の社会統合機能などと呼ばれ、古くはフランスの社会学者エミール・デュルケーム等が、また研究方法や着眼点を変えつつも現代では文化進化論的観点からの宗教研究者たちが着目してきたものです。皆が同じ神あるいは神的な力や原理を信じ、それに関連付けられた行いや役割を順守することで人々は道徳的共同体あるいは道徳的な信頼関係の内へと統合されます。それに加えて、救済宗教（来世的・他界的な救済の観念をもつ宗教）であれば、その信仰と規範の中で生きた人々に死後の救済を保証しました。環境の変化や他集団との競争といった脅威に際し、人々は集団を効果的に形成し機能させていく方が有利であり、それに宗教は大きな役割を果たしてきたということです。

であるからこそ、歴史の過程において世界中にさまざまな宗教が誕生・繁栄してきたわけですが、近代に入ると、人々をまとめたり、集団の規範を形成・維持したりする役割を、近代的な法制度や警察機構や教育制度など、宗教以外のものが担うようになります。現在では、例外はありますがとりわけ先進国で集団形成のシステムとしての宗教が衰退しつつあることは少なくとも制度史的な観点からは明らかです。

話を戻しますと、この集団形成の機能のゆえに、宗教には集団の頂点にいる王など統治者の権威を正当化し、かつそのような王に規範に準じた統治行為を求めるという一面があります。ここでは、ヒンドゥー教における宗教と戦争の関係を、とくにヒンドゥー教の法典に着目し、そこに説かれているクシャトリヤ（王、戦士階級）の役割と救いという観点から考えてみたいと思います。まず「ヒンドゥー教」とは、インド亜大陸に展開したさまざまな宗教的伝統の、近代以降の総称です。ところで「ヒンドゥー」という名称は、インドがイギリスに植民地化される十九世紀以降に広く使われるようになったもので、それ以前は、なかったわけではありませんが、あまり一般的ではありませんでした。また、「ヒンドゥー」が何を指すのかも歴史によって一様ではありません。例えば、インド亜大陸で誕生した仏教も、現代のヒンドゥー教徒のおそらく多くは、また現代インドの民法上の分類も、「ヒンドゥー」に含めます。だが、日本人など外国に住む仏教徒は、ヒンドゥー教と仏教を別の異なる宗教だと考える傾向があります。このように「ヒンドゥー」という枠組みは複雑です。「ヒンドゥー」あるいは現代のそれの元になったインド亜大陸の過去の諸伝統に含まれるすべての戦争論をここで総括的に扱うことは困難ですから、本論ではそれらの出発点とも言える、とくに古代につくられた、王がすべきこと（王のダルマ）について多くの教えを説く法典群に焦点を合わせることにします。古代の法典に対しても便宜上「ヒンドゥー」という言葉を使用します。

「法典」の「法」は、インドの古典語であるサンスクリット語でダルマ（dharma）と言います。「ダルマ」という言葉は多義的であり、存在の基本単位という意味で使われることもありますが、ここではとくに法・戒律・道徳・慣習を含めた理想としての行為規範を意味するものです。行為規範という意味ではイスラーム教におけるシャリーア（イスラーム法）に似ていますが、シャリーアは基本的にイスラーム教徒が全員守るべき理想とされるのに対し、ヒンドゥーの法典が説くダルマは、それが流布した地域の人びと全員を等しく対象としたものではなく、第一義的には法典を伝承するバラモン（司祭階級）集団を主対象とし、加えてその下に位置づけられるクシャトリヤ（戦士階級、とりわけ王）の理想の行為のあり方も説くというものです。つまりダルマとは、第一義的には、ヴァルナ制すなわちインドの理念的な身分制であるバラモン、クシャトリヤ、ヴァイシャ（農民・牧畜民・商人）、シュードラ（隷属民）のうち上層向けの行為規範です。下層の人びとに向けられた規範も説きますが、上層に向けたそれと比べると分量的にも内容的にも簡潔であり、一定の方向性を与えつつも細部は各集団の慣習に任せるという方針を感じ取れます。本論では、この理念的身分制で二番目に位置するクシャトリヤの頂点である王のダルマを中心にみていきます。なお、このヴァルナ制の枠組みは現在、インドでは行政単位として使用されていません。現代インドの政治家は選挙で選ばれるのであり、必ずしも出身階層がクシャトリヤ由来ではなく、古代の法典に説かれたクシャトリヤの義務を今のインドの政治家が守る必要性もありません。

ヒンドゥー教の主要な法典には、紀元前二世紀〜紀元後二世紀頃に数世紀をかけて編纂されたマヌ法典と、グプタ朝期の四〜五世紀頃に成立したヤージュニャヴァルキヤ法典などがあります。本論ではこれら二つの法典――マヌ法典とヤージュニャヴァルキヤ法典――を主に扱います。マヌ法典は、イギリスがインドを植民地支配する際にインドの法慣習として参考にしたことがよく知られていますが、比較的長編であるうえに、長い時間をかけて徐々に編纂されたという事情から内容に矛盾がみられ、一貫性に欠ける教えが多く含まれます。それに対してヤージュニャヴァルキヤ法典は、編纂者たちの観点から重要な部分を選び取ってスリム化し、また（マヌ法典と比べるならば）いくつかの改変も加えられた法典です。マヌ法典より一貫性はありますが、徹底はされていません。なお、マヌ法典にはいくつかの注釈書が現存していますが、それらはおよそ九世紀以降の編纂であり、ヤージュニャヴァルキヤ法典より後代のものになります。また、中世インドの主要な法学派はいずれもヤージュニャヴァルキヤ法典を主たる法典と見なしていました。

これらの法典が整備される前の紀元前三世紀、インド亜大陸の大部分の領域を統一したのがマウリヤ朝第三代の王アショーカ（在前二六八頃～前二三二頃）でした。このアショーカ王の碑文には「実に、人民の利益よりも重要な事業は存在しない。したがって、私がどのような努力をなそうとも、人民に〔負っている〕義務を履行するためであり、さらに、彼らを現世において安楽にさせ、また来世において天界に到達させるためである」（摩崖法勅6：塚本啓祥『アショーカ王碑文』第三文明社、一九七六年）と刻まれています。アショーカ王の政治理念とは、王にとっての最高の務めは国民の利益を守ることであるとするものでした。この理念はアショーカ王以降、インドの諸宗教伝統において、王の役割として非常に重視されることになります。マヌ法典とヤージュニャヴァルキヤ法典においても同様です。

法（ダルマ）の伝承と身分の創造

まずダルマがどのように伝承されたかについて、マヌ法典では次のように示されています。

「主（スヴァヤンブー）は自らの定めた法（ダルマ）を、ブラフマンへと変化した際に、最初の人類であるマヌに授けた。ブリグはマヌからこの法（ダルマ）を学び、マヌの命令により、この『マヌ法典』を他の聖者たちに説いた」（『マヌ法典』1.1-4, 1.58-60）

スヴァヤンブーとは「自ら生じるもの」という意味で、この世界を創造した最初の神であり、マヌ法典においても最高位の神として位置づけられます。ブラフマンも神の名前で、スヴァヤンブーがブラフマンに変身したとされます。またマヌ法典の名の由来である「マヌ」（人、人間）とはヒンドゥーにおける最初の人間で、聖書のアダムに相当します。神がダルマをマヌに授け、マヌが苦行を行って他のさまざまな人類の層をつくりだしながらダルマを人々に教え、それが世代を次いで伝承されたものがマヌ法典であるということです。つまりダルマは人間がつくったものではなく、世界の創造主がつくった権威ある法なのです。先に触れたインドのカーストにおける四つの身分についても、神が創造したものであるとマヌ法典は説いています。

「かの主は、始めに、個々の創造物を、それぞれ特定の機能に結びつけた。次々と創造されていく個々の創造物は、他ならぬその機能を、自ら進んで受入れた……身体をもつ者たち（人類等）は、〔主があてがった〕各々の機能を帯びる。」（『マヌ法典』1.28-30）

「身体をもつ者たち」とはインドの古典によく登場する言葉で、人間や動物など肉体をもつ者全般をさします。創造神スヴァヤンブーは世界のあらゆるものを創造する際に、それぞれの機能（役割）をもたせ、個々の創造物もその役割を受け入れたというかたちになっている点が、これからみていく王と戦争の関係にも関わる大きなポイントです。つまり、神は王を「戦争をするもの」として創造し、創造された王自らその機能を受け入れているという構図であり、王が戦うことは創造主に由来する「聖なる機能」ということになります。次に四つの身分の創造について、マヌ法典はこう説いています。

「また、〔主は、これらの〕世界の繁栄のために、〔自らの〕口と腕と腿と足から、〔それぞれ〕バラモンとクシャトリヤとヴァイシャとシュードラを生じさせた……一方、この全ての創造を守るために、大いに輝くかの〔ブラフマン〕は、口と腕と腿と足から生まれた者たちに、それぞれの機能を配分した。(1)〔ヴェーダを〕教授すること、学習すること、供犠を主催すること、〔他人が主催する〕供犠を執行すること、贈り物をすること、贈り物を受け取ることを、バラモンたちに配分した。(2)人民を守護すること、〔バラモンに〕贈り物をすること、供犠、〔ヴェーダを〕学習すること、感官の対象にとらわれないことを、クシャトリヤに指定した。(3)家畜を守護すること（牧畜）、〔バラモンに〕贈り物をすること、供犠、〔ヴェーダを〕学習すること、商いの道、金貸し、農業を、ヴァイシャに〔指定した〕。(4)だが主は、シユードラにはただ一つの仕事のみを指定した。〔すなわち、〕上述のヴァルナの者たちに、悪意をもつことなく奉仕することを。人は臍より上へいくほど清浄であると言われている。それゆえ、彼〔人〕の口は最も清浄であるとスヴァヤンブーは言った。〔ブラフマンの〕身体の上部から生まれたので、〔四つのヴァルナのうち〕最初に生まれたので、そしてブラフマン〔ヴェーダ〕を保持するので、バラモンは法〔ダルマ〕に基づきこの全ての創造物の主である。」（『マヌ法典』1.31, 1.87-93）

このように、カーストの四つの身分は、スヴァヤンブーが変化した神ブラフマンによって創造され、それぞれの機能が与えられたとされます。そのなかでクシャトリヤについては人民を守護すること、供儀〔神々に捧げものをする儀礼〕を主催し、バラモン僧にその儀礼の報酬など贈り物をすること、ヴェーダ〔聖典〕を学ぶこととしています。また「感官」とは感覚器官のことで、目で見て美しい、食べて美味しいといった対象にとらわれると欲望が大きくなるので、それらをクシャトリヤに戒めています。

ヤージュニャヴァルキヤ法典にも、表現が少し異なるものの同様のことが説かれます。

「⑵クシャトリヤと⑶ヴァイシャにとって、供犠〔を主催すること〕、〔ヴェーダを〕学習すること、〔バラモンへ〕贈り物をすること〔が職務〕である。……⑵クシャトリヤの主要な職務は、人民を保護することである。」（『ヤージュニャヴァルキヤ法典』1.118-119b）

アショーカ王碑文同様、「人民の保護」が王の重要な職務だとされています。まとめると、神は個々の存在、身分をそれぞれ異なる機能を持つものとして創造し、王などの戦士階級であるクシャトリヤは人民の守護などを機能〔義務〕として創造されたということになります。

王（クシャトリヤ）の創造とその行為規範

次に確認したいのは、クシャトリヤの頂点である王について、マヌ法典はどう定めているかという点です。

「規則の通りにヴェーダの通過儀礼を受けたクシャトリヤは、規則に従って、この全ての守護を行うべきである。なぜなら、この世界が王を欠き、いたるところで恐怖から混乱していた時、この一切を守護するために、主は王を創造したのだから。インドラ（帝釈天）とアニラ（風天）とヤマ（夜摩天）とアルカ（日天）とアグニ（火天）とヴァルナ（水天）とチャンドラ（月天）とヴィッテーシャ（財宝天）がもつ永遠なる要素を〔彼らから〕取り出して。王はこれら神々の主たちの要素から創り出されたので、彼（王）は力により全ての生類を圧倒する。」（『マヌ法典』7.2-5）

王がこの世界にいなかった時代には争いが絶えず、恐怖で世界が混乱していたことから、人々を守護するために神は王を創造したと説かれています。同時に、王は「神々の主たちの要素から創り出された」特別な存在で、「全ての生類を圧倒する」力を有する存在であるとし、人々が王に従うべき理由が説明されています。

ほかにも、マヌ法典では王について次のような規定があります。

「人民の守護こそが、クシャトリヤの最高の法（ダルマ）である。なぜなら、〔それにより〕王は、上述の果報を享受し、［人民が積む］功徳と結びつくからである。」（同7.144）

「守護する王は〔守護される〕全ての者から善果の六分の一を得ることになる。守護しなければ、彼（王）は〔守護されない者たちの〕悪果から六分の一を得ることになる。」（同8.304）

「守護をせずに、租税（bali）、諸税（kara）、関税（śulka）、日々の贈与（pratibhāga）、罰金（daṇḍa）を受け取る王は、すぐに地獄へ赴くだろう。守護をせずに租税の六分の一を受け取る王を「全〔人民〕の罪を受け取る者」と〔知者たちは〕呼んでいる。」（同8.307-308）

王にとって「人民の保護」は最高の行為規範であるとし、人民を守護すればその善果、守護しなければその悪果の一部が王に帰するとされるのには、日本にも仏教とともに入った業の思想、いわゆる因果応報の考え方が根本にあります。

また人民の守護をせずに諸税を受けとる王は地獄に行くという教えは、ヤージュニャヴァルキヤ法典に「なぜなら、彼（王）は〔守護の対価として人民から〕税をとっているからである」（『ヤージュニャヴァルキヤ法典』1.337d）とあるように、税金とは王による守護の対価として人民が払うものであるとする考え方があるからです。

一方では、王が行うべき「正しい殺人」として、マヌ法典にはこうあります。

「法（ダルマ）に従って生類を守護し、殺されるべき者を殺す王は、一〇万の報酬の供犠を毎日行なう〔のに等しい〕。」（『マヌ法典』8.306）

ここにある「殺されるべき者」とは、重罪により死刑を言い渡された者や侵略者のような敵兵をさします。例えば死刑囚です。これについてはヤージュニャヴァルキヤ法典にも「罰されるべき者を罰し、殺されるべき者を正しく殺す王は、十分な報酬を謝礼とするあまたの儀式を行ったことになろう」（『ヤージュニャヴァルキヤ法典』1.359）とあり、人民を守護するために王は必要な刑罰を行えという王の務めを説いているものです。

「人民の守護」としての刑罰と武力行使

それでは、人民を守るために具体的に必要となる刑罰や武力の行使について、法典ではどのように規定されているのでしょうか。ちなみに刑罰はサンスクリット語でダンダ（daṇḍa）と呼ばれ、原義は「棒、杖」をさす言葉ですが、罪人を殴って懲らしめるために使われた棒杖から刑罰をも意味するようになったものです。まず刑罰についてはマヌ法典にこう記されています。

「まず、主は、彼（王）のために、全ての生類たちの守護者であり、法（ダルマ）であり、〔主自身の〕息子であり、ブラフマンの力より成る刑罰を創造した。全ての生類は、動かないものも動くものも、それ（刑罰）を恐れることにより、楽しむことができ、各自の法（ダルマ）を逸脱しない。……刑罰は全ての人民を律する。刑罰のみが〔彼らを〕守護する。刑罰は寝ている〔彼ら〕を見張る。刑罰は法（ダルマ）であると知者たちは知っている。しっかり吟味したうえでそれ（刑罰）が執行されるならば、〔刑罰は〕全ての人民を喜ばせる。だが、しっかり吟味せずに実行されるならば、〔刑罰は〕完全な滅びをもたらす。」（『マヌ法典』7.14-19）

刑罰は比喩的に「主の息子」と述べられ、それは神ブラフマンが創造したものとされています。また王に対しては十分に吟味して刑罰を執行するよう強く戒めてもいます。要するに、正しく行使される刑罰は法（ダルマ）であり、人民を守護するものです。刑罰への恐怖から、各人は各自の法（ダルマ）を順守し、それによって、人々はこの世界を楽しむことができるのだというのがマヌ法典の教えなのです。

刑罰と並んで王の主要な機能とされているのが武力の行使で、サンスクリット語で武力は刑罰と同じダンダです。では、王が行使する武力についてマヌ法典にはどう書かれているでしょうか。

「〔王は〕(1)得られていないものを武力によって求めるべきである。(2)得られたものを注視（警護）して保全するべきである。(3)保全されたものを運用（収益 vṛddhi）により増やすべきである。(4)増やしたものを、相応しい者たち（pātra）に委ねるべきである。」（同7.101）

「〔王は〕つねに武力を行使できる状態にあり、つねに武勇を見せ、つねに〔自分の〕秘密を守り、つねに敵の弱点を探るべきである。つねに武力を行使できる状態にある者を、世界全体は恐れる。それゆえ、〔王は〕他ならぬ武力によって全ての生類を従えるべきである。」（同7.102-103）

「〔王は〕狡猾な手段を用いずに活動するべきである。決して狡猾な手段を用いない。かつ、敵が用いる狡猾な手段を見破るべきである。つねに〔自分自身を〕よく守りながら。」（同7.104）

「得られていないものを武力によって求める」のに最も有効な手段は、他国を征服することです。つまり王は国が豊かになるよう積極的に武力を行使して征服事業を行い、得られたものを増やして「相応しい者たち」

――ここでは義務を順守する、贈り物を受けるに値するバラモンたちを指す――に贈り物としてゆだねよというのがマヌ法典の教えです。しかし、ヤージュニャヴァルキヤ法典では「〔王は〕(1)得られていないものを、正しい方法で求めるべきである」（同1.317a）とあり、武力に限定せず「正しい方法で」と、穏当な表現に変更されています。ただ、マヌ法典の時代においては「つねに武力を行使できる状態にある者を、世界全体は恐れる」とあるように、武力のない王では人民を保護できない、覇権を握った王の下でこそ人民は安泰に暮らせるのだと考えられていたのでしょう。

興味深いのは、王は武力行使の際に「決して狡猾な手段を用いない」としている部分です。戦争では勝つためにだまし討ちのような手段がとられることがありますが、そうすると双方がエスカレートして悲惨な結果を招くことがあります。マヌ法典における王のダルマには、戦争も一定のルールを守りながら正しく武力を行使すべきという、日本の武士道や西洋の騎士道、現代の国際人道法などに通じる面がありました。

戦う王と戦士の法（ダルマ）

こうした王の武力行使に関する法に関連するのが、戦士たちの行為についての法です。マヌ法典は次のように述べます。

「(1)戦場から退かないこと、(2)人民を守護すること、(3)バラモンたちに従うことは、王たちにとって、幸福のための最高の手段である。戦闘（āhava：供犠の意味もある）において、相互に殺し合い、背を向けることなく能力の限り戦う王たちは、最高の天界へと赴く。」（同7.88-89）

ヤージュニャヴァルキヤ法典にもほぼ同内容の教えが説かれています（『ヤージュニャヴァルキヤ法典』1.323-324）。法典は冒頭で述べた〈救済宗教〉の枠組みの内にあります。死後の安泰が強く信じられていた時代にあって、戦場で勇敢に戦った王が「最高の天界へと赴く」とされたのは重要なポイントだったでしょう。なお、ここでの「戦闘」の原語ahavaは「供儀」も意味しますが、これは戦闘で王など戦士たちが戦死することを、神々への生贄、捧げものと類比的にとらえたものであり、戦場で戦死する王たちが神々の天界へと行くことを含意していると思えます。

「戦争で戦う際に、隠した武器で敵を殺してはならない。棘矢、毒矢、火を灯した矢でも〔殺してはならない。そして、〔ただ〕地面に立っている〔だけの〕者を、女々しい者を、手を合わせている者を殺してはならない。髪を解いている者、坐っている者、「私はあなたのものです」と言う者も〔殺してはなら〕ない。寝ている者、甲冑を脱いだ者、裸の者、武器を持たない者、戦いに参加していない傍観者、敵と組み合っている者も〔殺してはなら〕ない。武器が壊れた者、苦しんでいる者、重傷を負った者、怯えている者、背を向けた者〔逃げる者〕も〔殺してはなら〕ない。正しい者たちの法〔ダルマ〕を心に思いながら。」（『マヌ法典』7.90-93）

これはマヌ法典にある戦士の倫理です。武器を隠し持つような汚いやり方や、毒矢のように酷い後遺症を与えるような武器の使用を禁じるだけでなく、明らかに戦闘行為に参加していない非戦闘員や戦傷者のほか、武器が壊れていたり甲冑を脱いだ敵の戦士の殺害までも禁止しています。「正しい者たちの法〔ダルマ〕を心に思いながら」戦うことは、戦士にとって天界に行くことができる良い行いなのです。

一方で、マヌ法典は戦場で得られた戦利品の扱いについても規定しています。

「戦車、馬、象、日傘、金銭、穀物、家畜、女、全ての物品、卑金属は、それを勝ち取った者の所有となる。〔戦士たちは〕選び抜かれたものを王に与えるべきである――これはヴェーダの教えである。そして、個人の戦利品でないものを、王は全ての戦士たちに与えるべきである。」（同7.96-97）

戦利品は王がすべてを独り占めするのではなく、個々の戦士が略奪したものは基本的に彼らのものとなり、そのなかから選ばれたものが王に寄進される仕組みです。それ以外、すなわち個人が奪取した戦利品でないもの、例えば敵が降伏し、命を助けてもらうために財産を献上したような場合では、王はそれをすべての戦士たちに分け与えようとしています。

マヌ法典における戦士の法（ダルマ）の章は、「以上、非難されない永遠の戦士の法（ダルマ）が説明された。クシャトリヤは、戦争で敵を殺す際に、この法（ダルマ）から逸脱してはならない。」（同7.98）という言葉で締められます。つまり戦士の法（ダルマ）とは、戦場で正しく（勇敢かつ倫理的に）戦う王・戦士たちは死後に天界へ行くこと、戦利品の配分も正しく行なうことを説いているのです。

王がとるべき進軍と「六戦略」

さらにマヌ法典には、戦争の際の戦略の立て方にも言及があります。それは外交なども含めた、いわば正しい「戦争の仕方」です。

「〔王は、〕(1)同盟、(2)対立、(3)進軍、(4)静観、(5)二分（軍隊を二手に分けること）、(6)庇護（法を守り強力な王に庇護を求めること）という六種類〔の戦略〕についてつねに考えるべきである。(1)同盟と(2)対立を行なった後、なすべきことをよく考えて、(4)静観、(3)進軍、(5)二分、(6)庇護を実行するべきである。」（同7.160-161）

王は戦争を選択する前にまず敵国との同盟か対立かを決め、熟慮したうえで進軍を含めた四つの手段(3)〜(6)から選択しなさいと説きます。また、この六戦略をそれぞれどういう状況で選択すべきかについても、マヌ法典は次のように定めています。

「(1)将来確実に自分が優位になり、かつ現在の苦境が些細なものであると分かったら、〔王は〕同盟に訴えるべきである。

(2)だが、人民が皆喜んでおり、かつ自分自身が甚だしく強力であると思う時には、〔王は〕対立を〔戦略として〕考えるべきである。

⑶自分の軍隊〔の戦士たち〕が喜び豊かな状態であり、かつ敵がその逆である時、〔王は〕敵に向かって進軍するべきである。

⑷だが、乗り物（馬や象）と軍隊が弱まってきた時は、努めて静観するべきである。少しずつ敵を宥めながら。

⑸王は、敵があらゆる点で〔自分〕より強力であると思う時には、〔自分の〕軍隊を二分して自分の目的を達成するべきである。

⑹〔王は、〕敵の軍隊に極めて攻め込まれやすい状態である時には、速やかに、法（ダルマ）を守り強力な〔他の〕王に庇護を求めるべきである。人民と敵の軍隊を制御することのできる王に、〔窮地にある王は〕つねに仕えるべきである。あらゆる努力をして師に〔仕える〕のと同じように。だが、もしその場合に、庇護によって問題が生じていることに気付いたならば、その場合であってもためらわずに良い交戦を始めるべきである。

政策に精通した王は、あらゆる方策を用いて実行するべきである。友邦と中立〔の王〕と敵が自分より優位にならないように。」（同7.169-177）

ヤージュニャヴァルキヤ法典にも、マヌ法典に比べるとかなり簡潔ではあるものの「同盟、対立、進軍、静観、依拠（庇護）、二分といった、これらの戦略を適切に構想すべきである」（『ヤージュニャヴァルキヤ法典』1.347）と記されています。つまり、王は状況に応じて硬軟両様の六つの戦略を効果的に用いて国を傾かせることのないよう努力しなさいという教えです。

六戦略のうち敵との交戦を意味する進軍に関して、法典ではさらに言及がなされています。

「なお、王は、敵の領国に向けて進軍を企てる時は、以下の規則に従って順を追って敵の都城に進むべきである。王は、吉相であるマールガシールシャ月（十一〜十二月）に進軍するべきである。あるいは、パールグナ月（二〜三月）あるいはチャイトラ月（三〜四月）に軍隊の状態に応じて〔進軍するべきである〕。他の時でも、敵に災難が生じた時といった、勝利が確実に見える時には、〔王は〕積極的に進軍するべきである。」（『マヌ法典』7.181-183）

吉相とは「縁起が良い」ことです。ヤージュニャヴァルキヤ法典では先ほどの六戦略と同様、簡潔な記述で「敵国が作物の良い状態になった時に、進軍するべきである。また、敵〔群〕は劣っており、自〔群〕は乗り物（馬や象など）と兵士の意気が高い〔時に〕。」（『ヤージュニャヴァルキヤ法典』1.348）とだけ述べられています。後代のヤージュニャヴァルキヤ法典では、マヌ法典にあった「吉相」のような呪的な要素が消えてより現実に即した内容（「敵国が作物の良い状態になった時」）になったといえるかもしれません。『マヌ法典』は進軍に関してはほかに次のような教えも述べます。

「敵を包囲したら、駐屯するべきである。そしてその領国を苦しめるべきである。つねにその〔領国の〕牧草と食料と水と燃料に損害を与えるべきである。貯水槽と城壁と堀を破壊するべきである。彼（敵）に奇襲攻撃をかけるべきである。同じく、夜に威嚇するべきである。囁きに応じそうな者たちに囁く（扇動する）べきである。そして彼らが行なうことを知るべきである。そして運命が味方した時は、恐れることなく勝利を求めて交戦するべきである。」（『マヌ法典』7.195-197）

「あるいは、努めて同盟を結び、連携して進む（進軍する）べきである。友邦、黄金、あるいは土地を三種類の果報であると認識しながら。……黄金と土地を獲得しても王は強くならない。弱くても将来役に立つ友邦を確実に得ておく場合のようには。」（『マヌ法典』7.206-208）

奇襲攻撃や夜の威嚇といった手段は、先ほど触れた「決して狡猾な手段を用いない」とする王の武力行使に関するダルマや戦士のダルマと矛盾しているように読めなくもないです。本当に矛盾しているとしたら、これは、マヌ法典が長い期間をかけて徐々にまとめられたことから、一貫性を欠いた教えがみられるという典型的な例と言えます。

また、友邦（同盟国）の重要性を説いています。黄金はインドで最も価値のある金属とされ、財産の代表格とされてきました。土地はそこから農産物等の富が半永久的に得られることから、特に優れた施物と見なされることがありました。そんな黄金や土地よりも、たとえ弱くても将来役に立つ友邦をもつ方が重要である点が強調されています。このことはヤージュニャヴァルキヤ法典にも「金や土地の獲得よりも友邦の獲得が優れている」から、その獲得に努力せよと述べられています（『ヤージュニャヴァルキヤ法典』1.352ab）。短期的な利益獲得を求めて進軍により相手国から黄金や土地を収奪してばかりいるよりも、同盟国を多く作っていく方が、長い目で見れば自国にとって有益であるというのは、私たちにも理解しやすいでしょう。

征服事業の四方策 ――最終手段としての交戦

このように進軍（交戦）を適切な時期に行うよう教える一方で、マヌ法典は征服事業の遂行方法についても以下のように説いています。

「このように征服事業を行なう際、彼の敵を全て、《懐柔》などの方策（《懐柔》、《贈与》、《分断》、《交戦》）によって制御下におくべきである。だが、もし最初の三つの方策（《懐柔》、《贈与》、《分断》）で彼ら〔敵〕が止まらないならば、武力（《交戦》）によって彼らを制圧し、順を追って制御可能な状態へと導くべきである。」（『マヌ法典』7.107-108）

「《懐柔》、《贈与》、《分断》〔の方策〕を同時にあるいは個別に用いて、敵に勝利することを求めるべきである。決して《交戦》によってではない。戦争における勝利と敗北は、交戦している双方にとって不確かに見える。それゆえ、〔王は〕《交戦》を避けるべきである。上述の三つの方策（《懐柔》、《贈与》、《分

断》でもうまくいかなかった時に、準備のできた〔王〕は、敵に勝つ方法で《交戦》するべきである。」（同7.198-200）

巧みにてなずけて敵を抱き込んだり（懐柔）、贈り物をして友好関係を築く（贈与）、また敵国とその同盟国との間を離反させる（分断）といった計略によって相手国をコントロールすることが重要で、武力の行使はそれらが功を奏さない場合の最後の手段であると位置づけています。

ただ一方で、これら四方策の優先順位が異なる次のような記述もマヌ法典には見られます。

「賢者たちは、《懐柔》をはじめとする四つの方策のうち、領国の繁栄のためにつねに《懐柔》と武力《交戦》を推奨する。草を刈る者が草を引き抜いて穀物を守るのと同じように、王は敵を殺して領国を守護するべきである。」（同7.109-110）

ここでは懐柔と交戦が最も優先されるべきだと説かれており、交戦を最後の手段とする先ほどの教えと矛盾する内容であるように見えます。しかしマヌ法典以降のヒンドゥー法典を見ていくと、後世への影響力が大きかったのは、まず懐柔・贈与・分断という武力を用いない方法を相手国に試し、交戦は最後の手段とする考え方のほうであり、これは（本論では扱いませんが）仏教の経典における戦争論も同様です。

本論の冒頭でお話しした、宗教の社会統合機能という観点からすれば、宗教は人の集団の形成や存続を実現させるために有効に働いたものですから、できる限り死者の少ない方法から選択し、死者を大量に生み出し集団の存続を危うくする可能性の高い交戦を最終手段とするのは、理解しやすいと思います。

征服地の文化・慣習を保護せよ

最後に確認したいのは、他国に対する征服が実現したあと、王がその地の人々をどう扱うべきかという点です。それについてもマヌ法典は触れています。

「勝利した後、神々と順法のバラモンたちを供養するべきである。諸税の免除を与えるべきである。安全を宣言するべきである。一方、彼ら全員の望みを簡潔に確かめた後、そこ〔征服地〕に彼らの一族を擁立するべきである。そして〔彼らと〕協定を結ぶべきである。〔王は、〕彼らの従来通りの法〔ダルマ〕を〔彼らの〕行為規範とするべきである。そして、彼らを重要な人々ともども宝石で敬うべきである。」（同7.201-203）

『マヌ法典』のこの文章は曖昧です。「彼ら」が何を指すのかにより、ニュアンスが変わってきます。「彼ら」が冒頭の「順法の〔ダルマを守る〕バラモンたち」――それが自国のバラモンをさすのか、征服地のバラモンをさすのかも曖昧です――を指すならば、バラモンたちと彼らのダルマに即した生活態度を征服地に確立することを述べたものとなり、それまで被征服地にあった慣習法をどうするのかは不明となります。文脈上「彼ら」を被征服地の人びとを指すと解釈することも不可能ではありませんので、そう解釈するならば、「彼らの従来通りの法〔ダルマ〕」は被征服地にもとからある慣習法を指すことになり、この文章は征服後も王は被征服地の慣習法を保護すべきことを述べたものとなります。このほか、マヌ法典は次のことも説いています。

「王はこのように法〔ダルマ〕に適う仕事を正確に行うと同時に、未獲得の地を獲得〔征服〕するべきである。そして獲得した〔地〕を守護するべきである。正しく〔征服〕地に入植し、教えに従って攻め込まれにくい〔要塞や都城〕を建設し、〔その地の〕棘を取り除くことにつねに最大限努めるべきである。アーリヤの生活をする者たちを守護し、棘を除去することにより、人民の守護に専念する人々の王は天界へと赴く。」（同9.251-253）

ここに出てくる「棘」とは法典によくみられる比喩表現で、犯罪者や反乱を企てる者などその地に存在する悪をさします。それらを除去することの重要性が述べられています。アーリヤは「高貴なもの」という意味の言葉で、通説では紀元前一五〇〇年頃、中央アジアなどの北方からインド亜大陸に、自らをアーリヤと称する集団が入植してきて、現代に続くヒンドゥー教の基礎をつくったと考えられています。「アーリヤの生活をする者たち」はすなわちダルマを守る人々ですから、征服地でのそうした人々を守護するよう王に諭す内容です。しかしこの引用文からも、征服地にもとからあった慣習法と、征服者である王が推進するアーリヤのダルマの関係がどうなっているのかがよく分かりません。引用文最後の「天界へ赴く」は、被征服地の扱いに関する王のダルマが〈救済宗教〉の枠組みの内で説かれていることを示しています。

ヤージュニャヴァルキヤ法典にも被征服地の扱いに関する教えがありますが、こちらは簡潔ながらももう少し具体的です。

「自国を守護する際に王がもつ法（ダルマ）と全く同一のものを、他国を支配下に置く〔王〕は得る。地方における慣習と契約慣行と家系の決まり事は、〔その地が〕支配下に入った際、全くそれまで通りに保護されなければならない。」（『ヤージュニャヴァルキヤ法典』1.342-343）

このように、ヤージュニャヴァルキヤ法典は、被征服地の人々の慣習や慣行などを、それまで通り保護せよと明記しています。この点はとても重要です。インドの歴史において、王が征服後に現地の慣習を根絶やしにしたケースも実際にはあったと考えられますが、ヤージュニャヴァルキヤ法典ではそれを明確に良くないこととしています。歴史上、インド亜大陸では数多くの王朝が興亡し、征服と被征服が繰り返されると同時に、驚くほどの文化的多様性が現代に保たれました。そうした状況を生んだことの背景に、人民の保護をクシャトリヤの最高のダルマとし、王に征服地の文化・慣習を根絶やしにすることなく尊重するよう説いた、こうした法典の規範が一定程度、影響してきたのではないでしょうか。

＊本稿で用いた法典のサンスクリット語テキストは以下の通り。

『マヌ法典』

Olivelle, Patrick. *Manu's Code of Law: A Critical Edition and Translation of the Mānava-Dharmaśāstra.* Oxford: Oxford University Press, 2005.

『ヤージュニャヴァルキヤ法典』

Acharya, Narayan Ram. *Yajnavalkyasmrti of Yogisvara Yajnavalkya with the Commentary Mitākṣarā of Vijñāneśvara, Notes, Variant readings, etc.* Bombay: Nirnayasagara Press, 1949. (Archive of E-Texts in Unicode (UTF-8), GRETIL — Göttingen Register of Electronic Texts in Indian Languages and related Indological materials from Central and Southeast Asia, Niedersächsische Staats und Universitätsbibliothek Göttingen (http://www.sub.uni-goettingen.de/ebene_1/fiindolo/gret_utf.htm#DhSmrti)

また、それらの法典の日本語訳として、以下も参照している。

渡瀬信之訳注『マヌ法典』平凡社、二〇一三年

井狩弥介・渡瀬信之訳注『ヤージュニャヴァルキヤ法典』平凡社、二〇〇二年

第八講

ジャイナ教の不殺生戒と戦争

上田真啓

ジャイナ教と不殺生

渾沌という表現によって形容されがちな南アジアの宗教事情にあって、ジャイナ教は文化的・歴史的な影響力という点で、一定の存在感をもち続けてきた集団だということができます。この講義は、「ジャイナ教の不殺生戒と戦争」というタイトルですが、ジャイナ教にとって不殺生戒は、もっとも重視すべき教えであります。したがって、まずは、この宗教の紹介を兼ねて、ジャイナ教にとって不殺生戒がいかに大切かを紹介しておこうと思います（拙著『ジャイナ教とは何か』、風響社、二〇一七年）。

ジャイナ教の人口は、インドの総人口に比べるとごくわずかです。直近に行われた二〇一一年の国勢調査によれば、人口の約八割を占めるヒンドゥー教徒、およそ一五％を占めるイスラーム教徒に比べ、ジャイナ教徒の占める割合は約〇・四％に過ぎません。当時の人口（約一二億人）からすれば五〇〇万人弱ほどで、一〇〇年以上が経過した現在も、その人口はそれほど大きく推移していないと予想されます。またジャイナ教はインド東部で生まれたとされるものの、現在では南部のマハーラーシュトラ州や、西部のグジャラート州、ラジャスターン州などに多く分布しています。

ジャイナ教が歴史上、現在と同程度の少数派であり続けたかどうかは議論の余地がありますが、彼らが二五〇〇年以上も伝統を保持し続けてきたことは事実です。彼らが連綿と受け継いできた教えの核となる実践倫理は次の五つから構成される誓い（誓戒）です。

①生き物を傷つけない（不殺生）
②嘘をつかない（真実語）
③与えられていないものを取らない（不偸盗）
④性的禁欲を守る（梵行）
⑤必要以上のものを所有しない（不所有）

そのなかで、もっとも重要視されるのが①の「生き物を傷つけない」という不殺生戒なのです。かれらはどのような動機にもとづいてこの不殺生戒を重視しているのか、また、どのようにしてこの誓いを守っているのでしょうか。

どのようにして不殺生の誓いを守っているのか。ジャイナ教徒は出家・在家にかかわらず菜食主義ですが、これは「植物が生き物ではない」からではありません。ジャイナ教にとっては、植物もまた我々と同じ生命体であると見なされています。したがって、植物を収穫し食べることも生き物を傷つける行為とされています。のちほど登場する「大きな誓い」によって徹底的に殺生の可能性を排除しようとする出家修行者は、野菜を収穫することはもとより、火を使って調理をすることも許されておらず、生命を維持するために必要な食は在家信者からの施しによってのみ獲得することが許されています。つまり、在家信者によって完全に調理されて、生命としての価値が完全に取り除かれたものだけを食することで、徹底した不殺生が実現できるとされているのです。

また出家修行者たちは托鉢に出かける際、足で踏んでしまうおそれがある小さな生き物が多い道はなるべく避けるよう求められますし、空中を飛ぶ小さな虫を誤って吸い込んで傷つけないよう布をマスクのようにして装着したり、口に布を当てたりします。また、払子を常に携帯し、腰を下ろす際には座面を払い、小さな虫などをつぶしたりしないように注意します。

在家信者にとっては、そのような厳格な実践は難しいため、出家修行者に比べれば幾分ゆるめられた誓いである「小さな誓い」が設けられています（後述）が、彼らの生活のなかでも、不殺生の原則が語られます。それは「そこに生命が存在する可能性」「そこに生命が発生する可能性」をできるだけ排除しようというものです。例えばイチジク類の果物や発酵食品のほか、酒類やろ過されていない水などは、「そこに無数の微生物がいるから」飲食することは避けられるべきです。また、タマネギなどの球根類、ダイコンなどの根菜類、イモなどの地下茎類、多くの種子を含むナスやザクロ、トマトなども、「そこに生命が発生する可能性」があるため、これらを避ける傾向にあります。ジャイナ教の在家信者向けの行動規範を記したテキストには、さまざまな理由にもとづいて、食べられるべきでないものがこと細かくリストにされています。

食事の作法についても、食器に付着した食事の残りかすが洗い場で放置されたままだとそこに小さな生物が集まり、食器を洗い流す際にそれらを傷つけるおそれがあるため、できるだけ食器に食べものが残らないように努めます。このように、ジャイナ教徒にとって、不殺生の実践は、日常の生活の大部分を占めるものなのです。

このようなジャイナ教の徹底した「不殺生主義」に立つと、戦争という行為は最も避けなくてはいけないものであるはずで、「非戦」という立場しか考えられないことは、容易に想像されます。そうすると話はここで終わってしまいますが、実はそう簡単なことでもなさそうです。

ジャイナ教と戦争との関わりについてお話しする前に、もう少しジャイナ教について紹介しておきましょう。

ジャイナ教の歴史 ——白衣派と空衣派

ジャイナ教徒とは「ジナを崇拝し、ジナの教えに従って生きる人びと」のことです。このジナという呼称そのものは「勝者」を意味します。この呼称によって示される具体的な人物は、歴史的に実在した存在としては、マハーヴィーラという人物にあたります。したがって、歴史的にはマハーヴィーラがジャイナ教の教祖・指導者ということになります。少々まわりくどい言い方になっていますが、これは伝統におけるマハーヴィーラの捉え方に由来します。伝統にしたがって、厳密にいうとするならば、マハーヴィーラはジャイナ教の創始者ではありません。マハーヴィーラの両親は、彼らの時代からさらにさかのぼること二五〇年ほど前におそらく実在したであろうパールシュヴァという人物が率いた「ニガンタ宗」に属していたといわれています。そして、マハーヴィーラはそのニガンタ宗を改革し、マハーヴィーラ自身の教団を立ち上げたと考えられています。マハーヴィーラもパールシュヴァも、人々を導く「渡し場をつくるもの」を意味するティールタンカラという尊称によっても呼ばれています。ジャイナ教の伝統に従えば、パールシュヴァの前には、さらに二二人のティールタンカラが存在していたとされます。つまりパールシュヴァは二三人目、そしてマハーヴィーラは二四人目にして直近のティールタンカラということなのです。

白衣派の僧侶（ラジャスターン州ジャイサルメール）

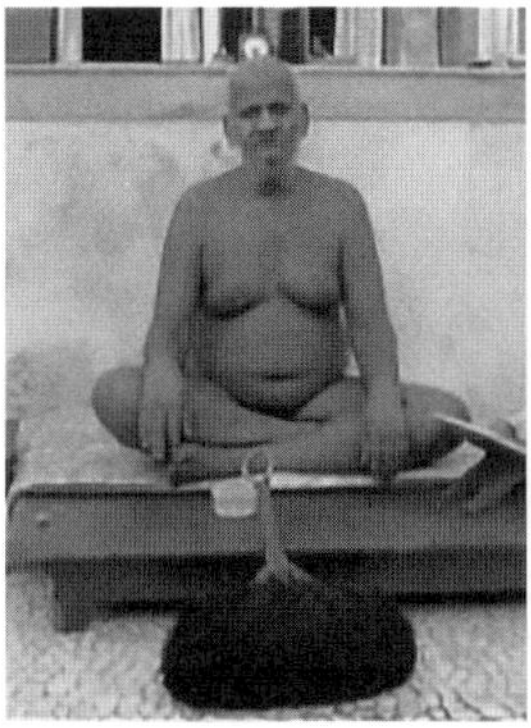
空衣派の僧侶（Peter Flügel 教授による撮影 2003年 ムンバイ）

　ちなみに、一人目のリシャバから二二人目までのティールタンカラは、人間として不自然なほど長い寿命をもつ存在として描かれるため、実在の人物とはみなされていません。パールシュヴァとマハーヴィーラだけが歴史上、実在した人物であると考えられています。

マハーヴィーラの生没年については統一的な見解がないものの、ブッダとほぼ同時代の紀元前六〜五世紀を生き、活躍したと考えられています。

マハーヴィーラの死後、教団は二つの伝統に分裂します。分裂した原因や時期については、それぞれの分派の見解がことなるため確実なことはわかりませんが、歴史的には紀元後一世紀ころには「白衣派」と「空衣派」という二つの派が存在していたのではないかと考えられています。この二派は、現在のジャイナ教においても認められます。それぞれの特徴を簡単に紹介しておきますと、名によって示される通り、最も容易に認められる両派の違いは出家修行者の着衣に関するものです。白衣派では、出家修行者は白い布をまとっています。一方、「空」を衣とする伝統では、出家修行者の一部は何もまとわない状態で日々の修行生活を送ります。この着衣に関する立場の違いは、マハーヴィーラの伝記の解釈の相違によるものとされます。つまり、マハーヴィーラは出家したときから裸形を実践しており、それが解脱に必須の条件であるとするのが空衣派で、マハーヴィーラは出家時には衣を着用していたがそれがやがて彼の身体からはがれ落ちた結果、何も身につけない状態にいたったのであって、裸形は必ずしも解脱に必須の条件ではないとするのが白衣派の見解です。

このような外見の相違だけでなく、両派には教義におけるいくつかの違いが存在します。例えば、白衣派はマハーヴィーラが出家する前には結婚して娘をもうけていたとしていますが、空衣派はその結婚や娘の誕生といった出来事を認めません。またマハーヴィーラはクシャトリヤの家系に生まれたと伝えられていますが、誕生にまつわるエピソードにも見解の違いが見られます。マハーヴィーラは誕生前、バラモン女性の母胎に宿っていましたが、これを知った神々の王インドラが、同じ頃に妊娠していたクシャトリヤ女性に宿っていた胎児の霊魂とマハーヴィーラを交換させたとするエピソードがあります。白衣派はこれを肯定するのに対し、空衣派は否定します。

他にも、白衣派では女性の解脱の可能性を否定しませんが、空衣派では女性の解脱を認めていません。これは一九番目のティールタンカラの性別に対する認識の違いにもとづきます。白衣派はこれを女性であったとしますが、空衣派は男性であると考えています。

出家と在家の違い

これまで白衣派、空衣派の相違点について述べてきましたが、両者の教義における決定的な違いというものはなく、冒頭で触れた最も重要な教えである「五つの誓い（誓戒）」の存在は両者が認めるところであります。

この五つの誓いは、例えば不殺生の誓いであれば、ただ自分が「生き物を傷つけない」ようにすることだけで達成されるというものではありません。自らが「生き物を傷つけない」だけではなく、「他人にも生き物を傷つけさせない」、そして「他人が生き物を傷つけるのを認めない」という「しない、させない、するのを認めない」という三つの条件をすべて満たすことが求められます。

さらには、「三つの紀律」と「五つの用心」と呼ばれる指針も存在します。「三つの紀律」とは、これらの誓いを、身（体）、口（言葉）、意（こころ）の三つに関して守ることであります。また、「五つの用心」とは、歩行の際、発話の際、托鉢の際、置かれたものを取ったりものを置いたりする際、排泄の際、という日常的な活動に関して、生き物を傷つけないように用心をすべきであるということです。例えば出家修行者は、排泄にあたっては、人目のつかないところにいって行うことが必要ですが、その際も、その行為によって生き物を傷つけないよう用心しなくてはいけません。

もちろん、この不殺生の誓いをジャイナ教徒が一律に同じ程度で守るということではありません。これまですでに何度か言及してきましたが、ジャイナ教には仏教と同様、出家と在家という区別があります。ジャイナ教の出家修行者は、寺に定住するのではなく、家族から離れて生涯、遍歴遊行の生活を送るのが基本です。一度出家したら、休みの日に洋服に着替えて街に出たり、経済的な活動に従事することもありません。また、よほどの事情がない限り、一度出家した者が、その生活を中断して在家信者に戻る（還俗する）こともありません。このように、出家修行者と在家信者の間には、明確な区別が存在します。

出家修行者と在家信者が、同じ教えに従いつつも異なったスタイルの生活を送るのは、守るべき規則の程度の違いによるものです。出家修行者の誓戒は「大きな誓い（大誓戒）」、在家信者のそれは「小さな誓い（小誓戒）」として区別されています。この大小は程度の差で、出家修行者は誓戒をより完全なかたちで行い、在家信者はそれに比べ、ややゆるめたかたちで日常生活を送るのです。

出家修行者が守るべき誓いの厳格さはこれまで述べてきたとおりですが、在家信者には「小誓戒」のほか、「徳戒」と「学習戒」という補助的な戒が設けられています。「徳戒」は方位、無用な毀損、消耗品と耐久品の三つに関して守るべき誓いのことで、無用な移動によって不必要に生き物を傷つけてしまう可能性を避けたり、木の伐採や土を掘り起こすなどの生き物の殺生につながる活動を避けたり、特定の物品の使用を制限したりすることを意味します。一方の「学習戒」は場所、反省的瞑想、布薩、布施の四つに関する誓戒で、「場所に関する誓戒」とは一定期間、家から出ないなど徳戒の「方位に関する誓戒」よりも厳しく移動範囲を制限するものです。「反省的瞑想に関する誓戒」はサーマーイカという日課の瞑想を欠かさず行うこと、「布薩に関する誓戒」は特定の日に普段より厳格な生活を送り、不殺生を徹底して断食を行うものです。最後の「布施に関する誓戒」は財力に応じ、出家修行者に対してだけでなく、教団の維持のためさまざまな施しを行うことを意味します。

ジャイナ教と戦争 ——出征するジャイナ教在家信者の物語

ここまで、ジャイナ教の紹介を続けながら、教義が不殺生を中心に構成されている様子を見てきました。では、この宗教が戦争といった暴力や殺生を伴う世俗の事件にたいしてどのように振る舞ってきたのでしょうか。はたして「非戦」以外の立場があり得るのでしょうか。あくまでも、不殺生を徹底する彼らにとっては「戦わない」「暴力を伴う行為に参加しない」ことが理想でしょう。しかし彼らは、閉じた共同体のなかで完結した集団ではありません。出家修行者たちも、在家信者たちも何らかのかたちで社会と関わっている以上、戦争と無関係でいられるわけではありませんでした。

ここからは、インドの歴史におけるジャイナ教徒と戦争の関わりについて、概観していきましょう。はじめに紹介する参考文献（論文）は、ジャイナ教の研究者である河崎豊先生が二〇〇四年に発表した「出征するジャイナ教在家信者」（所収『印度學佛教學研究』第五三巻第一号、四三六—四三二頁）です。この論文は、白衣派に伝わる聖典の一つ『ヴィヤーハパンナッティ』のなかに登場する、戦争に参加したジャイナ教在家信者の物語を検証したものです。

この物語の枠組みは、マハーヴィーラの直弟子にあたるゴーヤマという人物が「戦争で戦死すれば神の世界に神として生まれることができる」という噂について、その真偽をマハーヴィーラに問い、それに対してマハーヴィーラが答えるというものです。つまり、ジャイナ教徒であっても兵士として戦争に参加し、そこで戦死すると天界に行ける（＝いい結果が得られる）のかどうか、という問いです。もし、世間の噂どおり、殺生をともなう戦闘行為に参加して、いい結果が得られるとするならば、「不殺生」の大原則が崩れてしまいます。

この問いに対し、マハーヴィーラはそういうわけではないとし、昔、こういう話がある、と切り出して、とある出征したジャイナ教在家信者の話を語っていきます。あらすじだけを紹介しておきますと、その在家信者は「王の命令・共同体の命令・力ある者（or軍隊）の命令により、ラハムサラ戦争に〔参戦を〕命じられた」（河﨑二〇〇四、四三六頁）結果、戦地に赴くことになります。

また、戦場においてジャイナ教徒のとるべき態度として、彼の口から「先に攻撃して来る者に反撃する事が適切であり、そうでない行為は如何なる方法も適切ではない」と語られます。戦場で実際に敵兵と対峙した際には、敵兵に「かかってこい！」と挑発されますが、彼は「先にこちらから攻撃を仕掛ける事は、私にとって適切ではない。お前が先に攻撃して来い！」と返事をします。あくまでも専守防衛に徹したわけですが、反撃に転じた彼は、最終的にはこの戦闘において敵を殺害してしまいました。

ジャイナ教徒として最も重い罪を背負ってしまった彼はその後、自身も瀕死の重傷を負ってしまい、自らの死期を悟って戦場を離脱します。人気のないところに行き、彼は今際の際に次のような宣言、懺悔を残して絶命します。

「……大まかな殺生が生きている限り放棄されているものとなり（中略）今や私は、他ならぬかのマハーヴィーラ先生の近くで、全ての殺生を生きている限り放棄し……最後の呼気と吸気によってこれ（身体）をも投げ出すでしょう」（河﨑二〇〇四、四三四頁）

つまり、自分はこれまですべてではないにせよ、「大まかな殺生」は放棄してきた（在家信者として守るべき「小さな誓い」を実践してきた）が、死ぬ直前には、「全ての殺生」を放棄する（出家修行者として守るべき「大きな誓い」へと転向する）と宣言したのです。

この宣言によって、神々は彼に対して奇跡を起こしたのでした。マハーヴィーラはここで、その光景をみた巷の人々が「戦死すれば天界に再生する」との噂を生み出したにすぎないのだ、と結論づけます。

河﨑先生は以上をまとめて、このエピソードにおいて注目すべき四つのポイントを挙げています。一つめは、ジャイナ教徒の在家信者であっても、国の王の命令などの外的な要因があった場合には、戦争に参加しうることです。これは、在家信者が、自らの属する共同体からはみ出さないような配慮によるのではないか、と河崎先生は考察しています。二つめは、実際の戦闘にあたっては、敵による先制攻撃への反撃は認められることです。これについては、敵前逃亡や退却が当時のインドにおいて恥であると考えられていたことを要因として挙げられています。三つめは、殺生を含む戦闘でジャイナ教徒が戦死した場合でも、出家行者の誓いを守ることを宣言し三昧に達して告白懺悔すれば、天界に再生するという点です。これは、やむなく戦闘行為に参加して、殺生を犯し、自らも理想的とは言えない死に方をしそうになったとしても、一定の条件が揃えば「天界に行き得る事を示す事で、信者の精神的不安をケア」（河崎二〇〇四、四三二頁）するという配慮の可能性が指摘されています。したがって、四つめには、誰でもが戦闘行為によって天界に再生できるわけではない、という点が挙げられています。

世俗権力と宗教の緊張関係

この『ヴィヤーハパンナッティ』のエピソードは、他の文献にはほとんど見られないことから、ジャイナ教在家信者が戦闘行為に参加することは、かなり稀であったのかもしれません。しかし、ここで重要なことは、ジャイナ教徒は、国家という、教団よりも強力な共同体にも属しており、ジャイナ教徒として守るべき誓戒と国（王）からの命令が相反する状況になったときには、例外的ではあるものの、所属する共同体の要請を優先してもよいという現実的で柔軟な対応が認められているということです。このことから、不殺生を標榜するジャイナ教徒とはいえ、結局のところは王の命令には逆らえず、戦争については消極的な態度を取らざるを得ないという、およそどの宗教も抱えている厳しい現実に彼らもさらされてきたことがうかがえます。ある程度妥協をして周囲と足並みをそろえなければ、一般民衆レベルでジャイナ教教団の立場がコミュニティから疎外されると同時に、王の信用をも失ってしまうことになることは容易に想像ができます。ジャイナ教に限らず、宗教集団はその地を統治する王の信を得て、その庇護の下でなければ活動できません。もし統治者が教団を疎んじ敵視すれば、その教団は弾圧され、教団の存続自体が危うくなってしまいます。しかし、ジャイナ教としては、王の要請に従うばかりに、不殺生というもっとも重要な教えを蔑ろにしつづけることもまた、教義の形骸化を招き、教団の存続を危うくすることは自明です。王の命令には従わなければならないが、同時に不殺生を守り教団を存続させなければならない。武力の行使者である王とジャイナ教教団の間には、そうした微妙な緊張関係が常に存在していたと考えられます。このような状況のなかでジャイナ教の教義の体現者ともいうべき出家修行者と、世俗の権力の体現者としての王はどのような関係を築いてきたのでしょうか。今度は、別のジャイナ教研究者P・S・ジャイニの概説書（Jaini, Padmanabh S. *The Jaina Path of Purification.* Berkeley: University of California Press, 1997.）の記述にもとづきながら、ジャイナ教の歴史のなかで王や政治といった世俗権力と関わったジャイナ教出家修行者たちの事例をみていくことにしましょう。

世俗権力との特別な関わりは、マハーヴィーラの時代からあったと伝えられています。彼が活動していたインド東部にはマガダという国がありました。このマガダ国の王シュレーニカ（別名ビンビサーラ）は、マハーヴィーラと縁戚関係にあった女性を妻とし、その影響によってシュレーニカ王は、ジャイナ教に改宗したといわれています。しかしシュレーニカ王は息子によって王位を簒奪されてしまいます。それによって、マガダ国におけるジャイナ教の影響力はいったん失われてしまったと考えられます。

その後、マガダ国はナンダ朝、そしてインド初の統一国家を樹立したマウリヤ朝の時代を迎えます。ジャイナ教の伝承によれば、ナンダ朝も、マウリヤ朝を創始したチャンドラグプタ王もジャイナ教の支持者で、とくにチャンドラグプタ王は、晩年にはジャイナ教の指導者の下で自らもジャイナ教の出家者となったとされています。これらのエピソードが歴史的事実であったかどうかは不明ですが、世俗権力とジャイナ教の関わりを示す例として注目に値します。

チャンドラグプタ王の孫は、有名なマウリヤ朝の第三代目の王であるアショーカ王（在位前二六八頃〜前二三二頃）ですが、ご存じのとおりアショーカ王は熱心な仏教の支持者となりました。したがって、この時代にジャイナ教は王の支持を失います。その後、主に二つのルートで南アジアのより広い地域へと拡散していくことになります。

空衣派と世俗権力 ——南インド諸王朝とジャイナ教

ジャイナ教の拡散ルートのひとつは現在のオリッサ州（インド東部）から南インドへと南下するルートで、これは主に空衣派によるものでした。ここでは、空衣派と南インドの王権との関わりについて、引き続きジャイニの記述にもとづきながら確認してみましょう。

まずは、現在のカルナータカ州（インド南西部）に興ったガンガ朝の成立（四世紀ごろ）に関する事例です。当時、シンハナンディという空衣派の僧侶が活躍しており、大きな影響力を持っていたようです。彼はその影響力を行使して、ガンガ朝初代の王をこの地で擁立し、以来、ガンガ朝の諸王は敬虔なジャイナ教徒であったと伝えられています。そのため、南インド一帯では空衣派のジャイナ教がかつてないほど栄えることになったのです。

シンハナンディは、ガンガ朝の為政者たちに次のような教えを残したとされています。

「もし約束したことに失敗したら、もしジャイナ教の教えを認めなかったら、もし他人の妻を奪ったら、もし蜂蜜や肉を食べたら、もし低俗な人々と関係を持ったら、もし必要な人に富を与えなかったら、もし戦場から逃げ出したら、あなたの一族は滅びるでしょう」と。

蜂蜜や肉を食べるなというのはまさにジャイナ教の不殺生戒に関する項目ですが、興味深いのは「もし戦場から逃げ出したら」という一節です。これをどのように解釈するかについては、検討の余地があるものの、文面どおりに理解すれば、シンハナンディは王による戦争を禁じておらず、むしろ戦士としての責務をまっとうすることを推奨しているように思えます。

このほか、八世紀からデカン高原一帯を支配したラーシュトラクータ朝の王アモーガヴァルシャ（一世。在位八一四～八八〇）が、空衣派の僧であるジナセーナに入門したという逸話が存在します。ジャイナ教の伝承によると、ラーシュトラクータ朝では、彼以外にも、ジャイナ教の聖地で断食による死を選択した王たちがいたと伝えられています。インド西部マハーラーシュトラ州の州都ムンバイの東、アウランガーバードの郊外にあるエローラの石窟寺院群では、ラーシュトラクータ朝による統治期を中心として、ヒンドゥー教や仏教と並んでジャイナ教の石窟が建造されました。こういったことからも、ラーシュトラクータ朝のなかで、ジャイナ教は一定の勢力を保っていたことがうかがえます。

一方、ガンガ朝のあとには、南インドにはホイサラ朝という王朝が成立しますが、この「ホイサラ」という王朝の名について、ジャイナ教との関わりを示す説話が伝えられています。ジャイナ教の僧侶とその土地の部族長のサラは、あるとき虎に遭遇します。その際、僧侶は持っていた杖をサラに渡して「ポイ、サラ」（「サラ、やっつけろ」の意）と叫び、その杖でサラは見事虎を退治します。その後、サラは王国を建国し、国名を虎退治にちなんで「ホイサラ」にしたという、ダジャレのような逸話です。ただこの話もジャイナ教の不殺生の観点からすると、厳しい戒律を守るべき出家修行者が、サラに殺生を促しているように思える点が特異といえるでしょう。このホイサラ朝は、十四世紀ごろまで南インドの支配を維持しますが、後代の為政者がヒンドゥー教に改宗したり、国そのものもヒンドゥー教色の濃いヴィジャヤナガル王国に滅ぼされたりした結果、南インド地域では、ジャイナ教空衣派の政治への影響力は衰えていくことになりました。

白衣派と世俗権力 ——カーラカの物語

ジャイナ教が南アジア一帯に伝播したルートのもう一つは主に白衣派によるもので、東インドからデリーなどの北西部を経由したあと、南西方向に向かってグジャラートに至るルートです。空衣派の伝承に比べると、白衣派の伝承では、彼らは初期のころは積極的に政治の世界に働きかけた形跡はあまりないようですが、例外的な事例のひとつが紀元前一世紀ころの白衣派の出家者カーラカの物語です。

舞台はインド中央部のウッジャイン（現マディヤ・プラデーシュ州）で、カーラカはこの辺りで活動していたとされます。カーラカには同じく出家していわゆる尼僧となっていた妹がいたのですが、この地を治めていた王がカーラカの妹を気に入り、誘拐して自分の後宮（ハーレム）に入れてしまいます。これに怒ったカーラカは隣国の王を訪ねて彼を説得し、ウッジャインを攻めさせるという説話です。これによってカーラカの妹を攫った王国は滅び、隣国の王がウッジャインをも手に入れることになったと伝えられます。これが実際にあったことだとするならば、これはジャイナ教の僧が国をも動かし、結果的に戦争を誘発させた、つまり殺生をけしかけた事例として捉えることもできそうです。それ以降、徐々に白衣派も活動領域の支配者である王権との結びつきを強めていったとみられます。

カーラカよりはずっと後代のことですが、八世紀ころには、グジャラート地方のある王国の王位の継承にジャイナ教徒が深く関わっていたようです。その王国の表舞台から追放された王子を、シーラグナスーリというジャイナ教の僧侶が育て、その王子がやがて王位を簒奪したという逸話が残されています。これによって、彼（ヴァナラージャ王）は、ジャイナ教の王国をその地に建てたといわれています。

そのころから西インドではジャイナ教の影響力が強まるようになり、十二世紀に入ると、現在のグジャラート州のあたりを支配したチャウルキヤ朝において白衣派の勢力が黄金期を迎えたと考えられています。その中心的人物がジャイナ教の僧ヘーマチャンドラで、彼は「カリ・ユガ（ジャイナ教の時間区分で現在を含む時代）の一切知者」の称号を得たほどの学識者であり、ジャヤシンハ・シッダラージャ王（在位一〇九四～一一四二頃）によってチャウルキヤ朝の宮廷に招聘され、強い影響力を持つようになりました。シッダラージャの後継となるクマーラパーラという王は、先王と同じくシヴァ教の信奉者でしたが、ヘーマチャンドラの影響によって、ついにジャイナ教に改宗するに至ったといわれています。クマーラパーラ王は自ら肉食を断ち、不殺生の教えを国中に宣布しただけでなく、ジャイナ教寺院を各地に建立して自ら巡礼し、グジャラート一帯は理想的なジャイナ教の王国になりました。このような歴史的背景によって、現在でもグジャラート一帯では、白衣派のジャイナ教信者が数多く暮らしています。

「戦争」の意味の転換――真の勝者とは

以上の事例のそれぞれについて、すべてが史実であるとは言えないでしょうが、少なくともジャイナ教の出家者たちや教団が、当時の為政者にどのように対峙していた（しようとしていた）のかが見てとれます。時には、戦争や殺生を容認すらしていたようにも思える表現が確認できました。

こうして見ると、やはり、ジャイナ教の出家修行者もまた、世俗の力に抗えない、戦争を認めざるを得ない立場にあるようにも思えてきますし、むしろ、世俗の権力に積極的に近づこうとしているようにも思えます。では、ジャイナ教教団が世俗の権力に対して単に追随してきただけなのかというと、決してそうではありません。これから紹介するP・ダンダスの論考（Dundas, Paul. "The Digambara Jain Warrior." In: Michael Carrithers andCaroline Humphrey (eds.), *The Assembly of Listeners: Jains in Society*: 167–186. Cambridge: Cambridge Univerisry Press, 1991.）は、これまでみてきたジャイナ教と戦争との関わり方を補正するような内容で、ジャイナ教教団が世俗の権力に対して積極的に近づこうとする本当の目的を説明するような考え方です。

まずは、先ほど八世紀ころのラーシュトラクータ朝の話に登場したジャイナ教空衣派の僧ジナセーナによる『アーディプラーナ』(八〜九世紀)というテキストについてです。ジナセーナはこの著作の冒頭で、この物語は一人目のティールタンカラであるリシャバが、息子のバラタに語ったものであり、それが二四番目のティールタンカラであるマハーヴィーラまで代々受け継がれたものであることを述べます。そしてマハーヴィーラの直弟子であるゴーヤマが、マガダ国王シュレーニカにこの物語を伝え、暴君だったシュレーニカ王をジャイナ教に改宗させてその罪を償わせたという、先ほどのシュレーニカ王の改宗譚がジナセーナによって説明されます。そこには、この物語をリシャバに帰すことによって、宗教的な権威性を高めると同時に、リシャバがバラタに語り、ゴータマがシュレーニカ王にジャイナ教の教えを説いたように、ジナセーナ自身もラーシュトラクータ朝の王アモーガヴァルシャにこの物語を授け、王権を教化しようとした意図が垣間見えます。

この『アーディプラーナ』では、のちにティールタンカラとなるリシャバとその長男バラタ、そしてバラタとは異母兄弟のバーフバリとの関わりが語られていきます。かいつまんでお話しすると、王としてのリシャバには幾人かの子がおりました。のちにリシャバは王国の領土を子どもたちに分け与え、自身は出家して遊行の生活に入ります。しかし、長男のバラタは転輪聖王としての役目をはたすべく、兄弟たちのものも含めた近隣諸侯の領土を次々と併合していきます。バラタの兄弟たちはバラタの世界征服に従う義理もないと父のリシャバに訴えますが、リシャバは、バラタは世俗の王にふさわしい人物であるが、真の王たる者は、世俗の王権を放棄し出家しなければならないのだと兄弟たちに説き、彼らは父の言葉どおり出家の道に進みます。しかし、バーフバリはバラタの覇権を認めず、両者は対立してしまいます。最終的に二人は素手で一対一の決闘を行い、そこでバラタはバーフバリに負けてしまうのですが、バラタは使用が禁じられているはずの武器を持ち出してきてバーフバリに投げつけました。バラタの卑怯な行為を目の当たりにしたバーフバリは、世俗の王権の儚さを感じ、世俗を捨てて出家の道を選ぶ……という話です。

以上は説話の骨子で、重要なのはその語られ方です。出家して最終的に解脱を達成し、ティールタンカラとなったリシャバと、同じく出家の道を選び、あらゆる困難辛苦の苦行に打ち勝ったバーフバリについては、瞑想という戦場において内なる敵との真の戦争で勝利をえた「真の王」として語られ、暴力を慎み霊的な敵を征服する者こそが真の勝者であると賞賛されます。一方、バラタは結果的に転輪聖王として諸国を征服しますが、リシャバやバーフバリに比べて、その世俗性が抱える「不完全さ」が『アーディプラーナ』の随所で強調されています。ここには、「真の戦争とは何か」そして「真の戦士」「真の勝者」「真の王」とは何かを説くことによって、「戦争」「戦士」「王」といった概念を、世俗を超えた意味・価値観へ転換しようとする姿勢が認められます。ジャイナ教にとっての戦争とは、暴力を伴うものではなく、真に対峙すべき敵は、自らの内にある。本当の勝者は、暴力によって敵を打ち倒した者ではなく、自分自身に打ち勝った者のことなのです。冒頭で「ジャイナ教とはジナの教えを意味し、ジナとは勝者を意味する」と述べましたが、ジナとはまさにこの意味における「真の勝者」を指すのです。このように、出世間的な修行者と世俗の王の役割を比較し、世俗の王の立場を出家者の下に位置づけることで、戦争を含む世俗の王の権力がいかに不安定かつ不完全なものであるかを諸王に諭す試みこそが、ジャイナ教の出家者たちが王に近侍してきた目的であったといってもいいでしょう。

先ほども紹介しました河﨑先生もまた、「ジャイナ教のクシャトリヤ観」(所収『ブラフマニズムとヒンドゥイズム1：古代・中世インドの社会と思想』、法蔵館、二〇二二年、二一七〜二三八頁)において、この『アーディプラーナ』が世間的な戦士(クシャトリヤ)の存在をいかにジャイナ教の教義にしたがって再定義しているかを明らかにしています。『アーディプラーナ』第四二章は、バラタがクシャトリヤとしてのあり方を説くというものです。バラタの語るクシャトリヤ像は、世俗における為政者としての性質をも含みますが、真のクシャトリヤとは、ジャイナ教徒となる者のことであるとの考え方が反映されたものであると河﨑先生は指摘しています。

戦争や世俗の権力に対するジャイナ教の立場としてもうひとつ注目しておきたいのが、改宗譚の存在です。これは先ほどのリシャバやバーフバリの話からも自然と導かれることですが、世俗的王権よりもジャイナ教の出家者が上位、つまりそれが「真なる状態」であるとするなら、世俗の王を改宗させ、出家を促すのが正しいあり方となります。そのためマガダ国のシュレーニカやマウリヤ朝のチャンドラグプタなどジャイナ教に改宗した王の話のように、為政者や有力者がジャイナ教の出家者の影響を受けて改宗するという改宗譚が数多くつくられ、それがさらに別の改宗に使用されることになりました（参考：Flügel, Peter. "Worshipping the Ideal King: On the Social Implications of Jaina Conversion Stories." In: Peter Schalk et al. (eds), *Geschichten und Geschichte: Historiographie und Hagiographie in der asiatischen Religionsgeschichte*: pp. 357–432. Uppsala: Uppsala Universiteit, 2010.）。

このような価値観の転換やそれにもとづく改宗がどれほど実際に受け入れられていたのかは、明らかではありません。これらの事例はあくまで理想的な立場の表明に過ぎないともいえますし、現実では、前半で見てきたように、教団は戦争に対して消極的な態度をとり続けてきたのかもしれません。しかし重要なことは、争いが繰り返される現状に対し、歴史を通じてジャイナ教が理想を説くことを決してやめず、教団を存続させてきたという点にあるのではないでしょうか。ひいては、月並みではありますが、非常に不安定な現在の私たちの時代においても、平和に向けた理想を堂々と掲げ続けることの大切さを教えてくれているように思います。

第九講

仏教と戦争

――持たざる者の平和論

馬場紀寿

はじめに ――初期仏教と上座部仏教

ゴータマ・ブッダ（仏陀、釈迦、釈尊とも）が紀元前五世紀頃にインドのガンジス川流域で活動したことから始まった仏教は、その後インド各地へと広がり、さらにはインドを越えてアジア各地へ、そして日本にまで至りました。その仏教の歴史のなかでも、紀元前五世紀から紀元前後までの数世紀にわたる時期の仏教を、現代の研究者は「初期仏教」と呼んでいます。

さらに、「上座部仏教」という仏教の分類概念があります。これは、古代インドの言語の一つであるパーリ語で正典や注釈書が伝承されている仏教を指します。五世紀にスリランカの大寺（マハーヴィハーラ）という僧院を拠点とする一派が正典を確定して、注釈書、さらには史書を編纂しました。大寺派の伝統による仏教は、十三～十五世紀に東南アジア大陸部へ広がり、今日に至るまでスリランカ、タイ、ラオス、カンボジア、ミャンマーで信仰されています。

二〇〇〇年以上にわたり、広大な地域で多様に展開した仏教の総体をここでまとめてお話しすることは、時間の限界も、能力の限界も越えますので、ここでは、私が専門とする初期仏教と上座部仏教に対象を絞ってお話ししようと思います。

仏教と戦争を論じる場合、最大の問題は、初期仏教においても、上座部仏教においても、生きとし生けるものを殺すこと、すなわち殺生が禁じられていることです。義戦や聖戦を神の名において認める宗教とは異なり、仏教では、出家者にせよ、在家信者にせよ、殺生が認められていないので、原理的に言って、戦争は容認できないことになるのです。

そこで、そのような原理的な問題に着目して、第一に、殺生をしないという先鋭的な言説がどのような歴史的背景から生じたのかを話したいと思います。そして第二に、不殺生を主張する仏教で、戦争のような殺戮がどう語られたのかを考察したいと思います。

他方、仏教の出家教団は、しばしば国王から財政的援助を受けてきました。歴史上、国王たちは戦争を行いましたから、不殺生（を説く出家教団）と戦争（をする国家）の間で深刻な矛盾を抱えたのではないかと想像されます。それでは、戦争が実際に起こった場合、仏教教団は戦争に反対するのでしょうか。もし反対しないのであれば、どう国家と折り合いをつけたのでしょうか。そこで、第三に、仏教の出家教団を支援する国王の戦争が仏教でどう論じられたかをお話ししたいと思います。

不殺生はどこから来るのか

まず、世界地図を手に取って、インドをご覧になってください。インドの北部には、世界の屋根と呼ばれるヒマラヤ山脈からいくつもの川が南に向かって流れており、それらが支流となってガンジス川を形成しています。仏教の開祖とされるゴータマ・ブッダは、おおよそ紀元前五世紀頃に、このガンジス川流域で活動した人物です。

前五世紀頃のガンジス川流域は、ちょうど国家が成立した直後でした。ガンジス川とその支流を交通路として、商人が東西南北に行き交い、各地で貨幣が流通しました。交通の要衝に都市が生まれるとともに、国家が勃興しました。「十六大国」と呼ばれるさまざまな国家が並び立ち、その中には集団合議制で運営される部族国家があった一方、国王の下で強力な軍隊と官僚を備えた国家もありました（**図1**）。

時代をさらに遡ると国家が存在した形跡は考古学上なく、また前三世紀まで下るとマウリヤ朝が南アジアのほぼ全域に版図を広げます（**図1**）。この時期のガンジス川流域は、人々が国家を作り出した直後という、歴史的に見て、極めて興味深い時期を迎えていました。そして、国家の成立とともに、国家間の戦争が始まったのです。

国家は、個人所有であれ、集団所有であれ、所有を前提としています。王権は、民が所有する家畜や土地といった財産を守ることが重要な務めでした（自らの財産を守ってくれない為政者を支持する人がいるでしょうか?）。所有を保護するからこそ、徴税が可能となるのです。

仏教は、国家の成立直後に始まりながらも、所有に対して距離を置いていました。世界のはじまりを語る『起源経』という仏典を取り上げてお話ししましょう。

『起源経』で、ブッダは、王族であっても、祭官であっても、庶民であっても、隷民であっても、一部のものは殺生などの悪行を行うし、一部のものは不殺生などの善行を行うと説きます。人間の価値を決めるのは階級ではなく、行為だというわけです。続けて、『起源経』はおおよそ次のような人間社会の様々な起源を物語ります。

元来、世界には太陽も月も星もなく、日・月・年という時間もなかった。漆黒の世界のなかで、生ける者たちは空中に光り輝き、極めて長い寿命をもつ存在であり、女性も男性もなく、みな同等だった。ところが、口に入れたものの味に魅了され、食事をするようになったことを契機として、人間が自らの光を失った。すると、代わって世界には太陽と月と星が生じ、日・月・年という時間が生まれた（馬場紀寿『初期仏教　ブッダの思想をたどる』岩波新書）。

まるで神話ですが、当時の社会状況を前提に読むと、その面白さが理解できます。古代インドのアーリヤ人部族社会では、太陽、月、星の運行を観察しながら日、月、季節、年ごとの祭式を催す祭官（婆羅門）が、その専門知により最上階級にありました。しかし、日・月・年という円環的時間がなければ、祭式も祭官もなく、階級もなかったことになります。逆に言うと、部族社会で生まれた祭官・武人・庶民・隷民の四階級は欲望から生まれたとほのめかしているのです。

『起源経』が、本来、男女の区別なく同等だった、光輝いていたと説いていることはさらに重要です。古代インド社会は、言うまでもなく男性中心社会であり、家にあっては父に

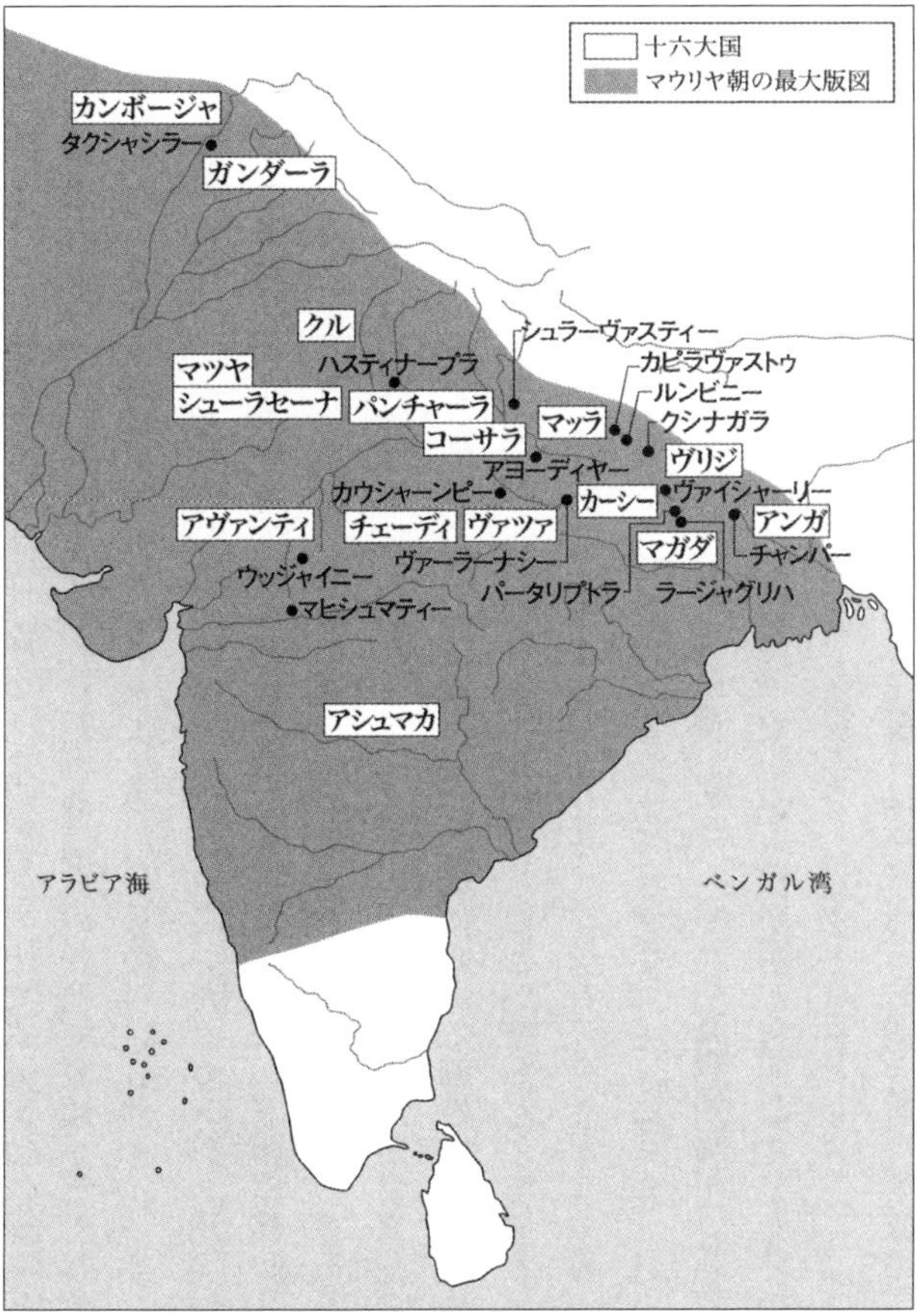

図1　十六大国とマウリヤ朝（馬場紀寿『初期仏教　ブッダの思想をたどる』岩波新書、16頁より転載。前田茂実氏作成）

従い、夫に従い、息子に従えと説かれていました。これに対して、『起源経』は、平塚らいてう風に言えば、「元始、人は太陽であった」ということになるでしょう。

つづいて、『起源経』では、さまざまな起源が語られていきます。

家の起源――性欲が生まれて性交が始まり、性交を隠すために、家を作った。

蓄積の起源――人々は一度により多くを収穫し、より多くの米を蓄えるようになった。

土地所有の起源――一人当たりの収穫量が減ったため、米を分け合うために土地の境界を設けた。

土地の境界を設けた後に、他者の取り分を横取りする者が現れたので、窃盗・叱責・虚言・刑罰が生まれます。そこで、人々は合意で一人の代表者を選び、彼に盗人を罰してもらうことにします。そして彼に税を払うことにしたのです。この代表者が王の起源だというわけです。これは一種の社会契約論です。しかも、『起源経』は、治安の維持を為政者の務めとし、為政者が追放すべき者を正しく追放するよう説きますが、罪人を殺害する刑罰を認めていません。

『起源経』の趣旨は、こうまとめられるでしょう――もともと平等だった人間は欲望により家を作り、蓄積を始め、所有を始めた結果、多くの悪行が生じ、為政者を必要とするようになった。所有を保護せず、治安を維持しない為政者に徴税の資格はありません。

ブッダは、出家して国家の基盤となる所有と距離を置き、所有制の外部で不殺生を説きました。つまり、仏教は、所有の根源に欲望を見出し、その克服として善を説き、善の一つとして不殺生を説いたのです。

不殺生の習慣化 ――五戒

ブッダの時代、ガンジス川流域には製鉄技術があり、殺傷能力に優れる鉄の武器が作られていました。ブッダが活動した国の一つ、マガダ国は、鉄鉱石の産出地を領内に抱え、鉄器を武器にして他国の併合を進めた国です。ブッダは、鉄器により本格化した戦争を知っていたはずです。

本格的な戦争が行われるようになった状況の中で、ブッダは不殺生を説きました。ブッダが示した最も代表的な倫理・道徳として五戒と八聖道がありますが、いずれにも不殺生が挙げられています。

まず、在家信者の戒として次の五条からなる「五戒」があります。仏教における「戒」の概念には、神の命に従うとか、神に誓うという意味はありません。「戒」の原語である「シーラ」（サンスクリット語 sīla、パーリ語 sīla）は「習慣」を意味し、身に着けるべき正しい行動様式を指しています。

「戒」が習慣を意味するということ自体が、仏教が習慣に倫理的効用を見出したことを表しています。たとえば嘘をつくことが習慣化してしまうと、いつも嘘をつく人になってしまいますね。逆に、嘘は良くないと意識しながら自らを律すると、それが習慣化される中で、努めて行わなくとも自然に嘘をつかなくなります。

もし世界に善も悪もないと考えてしまうと、結局何をしても許される、殺人してもよいということになりかねません。仏教は、そうした考え方とは一線を画しており、善行の習慣化によって善を身につけ、悪を離れる行動様式を説いたのです。不殺生は、五戒の冒頭に置かれます。

一．不殺生戒　生き物を殺さないこと
二．不偸盗戒　与えられていないものを取らない（盗まない）こと
三．不邪淫戒　性的快楽における誤った行為（配偶者以外との性行為）をしないこと
四．不妄語戒　虚言をなさないこと
五．不飲酒戒　酒による放逸のもと（飲酒）をなさないこと

五戒のうち、五番目の不飲酒戒以外の四戒は他者に対する行為です。他者に対する倫理こそが、仏教においてまず身に着けるべき行動様式なのです。それに対して、不飲酒戒が定められているのは、お酒を飲んで酔うと、正しい意思に基づく生活様式を維持できなくなるからです。

理念としての不殺生 ——八聖道

次に、聖者の実践として八聖道があります。仏教で「聖者」（サンスクリット語ārya、パーリ語ariya）に当たる言葉は、もともと「高貴な者」「気高い人」「立派な人」を意味し、解脱した者、あるいは将来解脱することが確定した者を指します。聖者の最も代表的な実践は、次の八条から成ります。

一．正見　正しい見解
二．正思　正しい意思
三．正語　正しい言葉
四．正業　正しい行為
五．正命　正しい生計
六．正精進　正しい努力
七．正念　正しい留意
八．正定　正しい〔心の〕集中

経典の解説を参照するなら、八聖道は次のように要約できるでしょう——四聖諦（苦集滅道というブッダが悟った真実）に対する見解を具えて、意思を正し、それにより身体的行為も言語的行為も倫理化する。正しい生活手段で暮らし、悪を止めて善を増す努力をしつつ、身体・感受・心・法に対する留意と高度な心の集中により欲望に振り回されない生を実現する。ここで挙がる「正しい行為」は、「生き物を殺さないこと、盗まないこと、配偶者以外と性行為をしないこと」と定義されています。

このように、初期仏教では、在家信者から聖者にいたるまで、殺生は認められていません。不殺生という先鋭的な非暴力主義の旗を掲げることができたのは、仏典を主に伝承したのが出家者たちだったということが決定的に重要です。彼らは、原則として、男性用の三衣（下着・上着・袈裟）あるいは女性用の五衣（三衣と沐浴用と外出用の衣）と、食事を入れる一鉢という最低限の生活必需品以外に何も所有しません。ジャイナ教の出家者のように無所有を徹底して裸形になるわけではなく、任意で個人所有が認められるものや出家教団で共有するものもありますが、出家者は家庭を出ますし、土地などの財産も所有しません。これらの点で所有制を離れているので、守るべき富がありません。持たざる者こそが倫理の理想を追求しえたのです。

国家には民が所有する財産を守る務めがあります。その務めを守るために、軍隊をもって外敵から国を守る必要があります。自らの財産を国家が守ることを期待する人が戦争そのものを否定することはできませんね。しかし、もし出家者のように財産を放棄した人であればどうでしょうか。個人としての出家者は、所有制の外に出ているからこそ、戦争を全否定する不殺生を規範として主張できたのです。

神の命令のような、言わば縦の超越があれば、その垂直の力で不殺生を命じるわけですが、仏教にそのような力はありません。しかし、仏教には、所有制の外部という、言わば横の超越があって、その横断の力で不殺生が説かれたのです。

もちろん、出家者たちが「不殺生」を説いたところで、すぐさま社会全体に平和が訪れるわけではありません。ブッダ自身、自らが悟ったこと——八聖道を含む四聖諦——が社会の大多数に受け入れられるとは思っていませんでした。ブッダが悟ったことを理解できる人はごくわずかだと考えていたのです。

その意味で、不殺生は社会全体では実現しえない理念だと言うこともできるでしょう。出家者であれば不殺生を実践できても、農業に従事していれば害虫や害獣を殺さざるをえないでしょうし、他国の軍勢から攻められたら国王は軍隊により自衛せざるを得ないでしょう。不殺生の理念は美しいが、生産に関わらない出家者たちの空想に過ぎないのではないかという反論が聞こえてきそうです。

しかし、所有を放棄したブッダと彼に続く出家者たちが、そのような理念を提唱したということ自体が、歴史上、大きな役割を果たしました。不殺生は、仏教に帰依した王により、インド社会で重要な政治理念になったのです。

アショーカ王によるダルマの政治

ブッダが没して一〇〇〜二〇〇年経った頃、マウリヤ朝第三代のアショーカ王（在位紀元前二六八頃—前二三二頃）は、インド亜大陸のほぼ全域を統一しました。インド史上まれに見る大帝国を築く過程で、彼は凄惨な戦争を引き起こしました。自ら証言するところによると（磨崖法勅第一三章）、前二六〇年頃、現在のインドのオディシャ（オリッサ）州にあった王国カリンガを征服した際、一〇万人が殺され、さらにその数倍の人々が死に至ったのです。

カリンガ征服に対する後悔により、アショーカ王は仏教へ深く帰依することになります。前二五五年頃に仏教の在家信者（優婆塞）となり、その一年後には熱心に出家教団に通い、教えを学ぶようになりました。

アショーカ王は、ゴータマ・ブッダの生誕地やブッダが悟りを開いた菩提の地に巡礼し、ブッダが悟った内容を開示した転法輪の地（鹿野園）に法輪をデザインしたモニュメント（法輪柱）を建てました（馬場紀寿『転法輪経』とアショーカ王」『東方学』第一四六輯）。これが現在、サールナートにあるアショーカ王石柱です（図2）。

仏教に深く帰依して間もなく、前二五八年頃、彼は、普遍的倫理を「ダルマ」（法、規範）と呼んで公布しました。菩提の地に巡礼した後、領内各地を巡って領民にダルマを広めました。

ここで注意しなければならないのは、アショーカ王が公布したダルマは、仏教の教えとは別だということです。彼自身は熱心な仏教信者でしたが、仏教を国教にしたわけではありません。仏教を支援しましたが、仏教以外の諸教も支援しました。アショーカ王は、仏教に学びながら、仏教のみならず、バラモン教やジャイナ教などにも共通する徳目をダルマと呼んで広めたのです。

図2　アショーカ王石柱頭部のライオン

図3　インド国章

図4　インド国旗

アショーカ王は、ダルマとして父母への従順、祭官（婆羅門）や出家者（沙門）への布施、真実を語ることを勧め、そして、生類の殺害を禁じました。領内に人間や動物のための医療を提供し、街道を整備しました。アショーカ王の凄惨なカリンガ戦争は、彼自身の仏教への深い帰依とともにマウリヤ帝国における「ダルマの政治」をもたらしたのです。

「ダルマの政治」は、インドにおける「法」の起源となりました。アショーカ王後、彼が提示したダルマに対する反動として、バラモン教側から祭官・武人・庶民・隷民という四階級に沿った規範を示す文献が作られるようになります。この点で、アショーカ王による「ダルマの政治」は、インド伝統法の起源となったのです。

第二次世界大戦後、イギリスから独立したインドでは、国章にアショーカ王のサールナート石柱頭にある獅子像と法輪を用い（**図3**）、国旗に同じくサールナート石柱に彫られた法輪を採用しました（**図4**）。仏教の伝統が途絶えたインドで仏教のモニュメントが国家の象徴に用いられるのは歴史の皮肉めいたものを感じますが、アショーカ王が公布した法がインド「法」の起源となった歴史を踏まえるなら、アショーカが作ったモニュメントこそ、インドの国旗・国章にふさわしいとも言えるでしょう。

アショーカ王と転輪王

次に、初期仏教経典において戦争のような殺戮はどのように論じられているでしょうか。ここからは、『転輪王経』という経典を見ていきます。この経典は、おそらくアショーカ王をモデルとして作られた経典です。転輪王という世界を統一した王を論じており、仏教を通して日本にも大きな影響を与えました（日光の輪王寺は、徳川家康を転輪王になぞらえた寺名です）。『転輪王経』は、おおよそ次のような為政者の理想と失政を描いています。

転輪王は刑罰や武器によらず、法（ダルマ）によって大地を統治した。転輪王が君臨する間、空中には「輪宝」という円盤が出現する。転輪王の位を子が継いでも輪宝は父から相続できるものではない。転輪王には多くの務めがあり、その務めを果たさなければ空中の輪宝は消えてしまうからである。

全世界の王である転輪王の務めとは、あらゆる人、獣や鳥を法によって保護し、領内に非法行為をなくし、領土の貧しい者たちに財を施し、行者や祭官たちに善・不善等を問い、不善を除き、善を行うことである。七人の転輪王はこのように正しい法にもとづいて統治した。

しかし、八人目の転輪王のとき、世界に混乱が生じ始めた。この王は、大臣らの有識者たちを召集して転輪王の務めについて学んだのだが、転輪王の務めを一つ果たさなかった。王は、貧しい者たちに財を与えなかったのである。

王は、貧しい者に財が与えられなったために、貧困が拡大した。貧困が拡大すると、ある男が盗みを犯した。

こうして「貧しい者たちに財を施す」という転輪王の務めを果たさなかったために、人々の間に盗みが始まり、次第に増えていった。そこで、王が盗人を処刑すると、人々に恐怖が広がり、武器を作るようになった。次第に殺生や盗みなどの十の悪行（十不善業道）が世界に広まった。人類の寿命はもともと極めて長かったが、悪行が広まるにつれて寿命が次第に短くなっていき、寿命が百歳になって現在に到る。（同『初期仏教』）

つまり、武器がつくられるようになったのは王が貧者に財を与えなかったことが原因だと説いています。逆にいえば、王の務めとは貧しい人々への生活保障であるということです。

人類はいかにして倫理を実現するのか

『転輪王経』は、予言を始めます。将来、不殺生をはじめとする十の善行がまったく消え、殺生をはじめとする十の悪行が広まるだろう、そうすると「武器の時代」がやってくるだろう、と。そして、おおよそ次のような内容を続けるのです。

人々は、互いに獣であるという思いを抱くだろう。彼らの手に鋭い剣が現れるだろう。かれらは、鋭い剣によって、「これは獣だ」「これは獣だ」と〔思って〕、互いに命を奪い合うだろう。

人々がお互いに殺し合い始めると、一部の人が林や山に隠れて木の実などを食料にして生きながらえる。七日後、ようやく殺し合いが終わることになる。

彼らは、その七日後、草の茂み、林の茂み、樹の茂み、川の淵、山のくぼみから出て、互いに抱き合い、同類と見なして、こう慰めるだろう。

「ああ、人々よ、万歳！お前は生きている」

「ああ、人々よ、万歳！お前は生きている」と。

托鉢修行者たちよ、そこでその人々はこう考えるだろう。「われわれは、もろもろの不善行を身につけたために、このように親族の滅亡にまで至ってしまった。さあ、我々は善を行おう。いかなる善を行おうか。さあ、我々は生き物を殺すことを止めよう。この善行を身につけよう」と。

こうして人々は次第に善行を増やしていき、十の善行を実践するようになるだろう。十の善行が社会に確立するにしたがって、人々の寿命は次第に長くなっていく。十の善行が社会に浸透し、人々の寿命が延びたときに、武器によらず、法によって世界全土を統治する転輪王が再び出現するのである。（同『初期仏教』）

『転輪王経』は、転輪王という存在に仮託して、為政者のあるべき姿についていくつかのことを主張しています。例えば王が殺生などの悪行を犯すようになると、その結果として社会が乱れる。さらに人々の間に恐怖が広がると人々の間で武器が作られ、悪行が広がって最終的に「武器の時代」がやって来る。人々が殺し合う「武器の時代」を生き延びた人は、その経験を踏まえて、不殺生戒をはじめとする善行を実行するだろう。そのような内容です。

この物語は予言の形式をとっていますが、不殺生という実践がどのように人間社会で実現するのかを、いわばシミュレーションとして説明していると読み取ることもできます。例えば、人を殺すなということを神の命令とする説明はとても簡単で、神が「殺すなかれ」と言ったからだ、で済んでしまいますね。『転輪王経』の説話は、そのような神の権威をもってくるのではなく、お互いに武器をもって殺しあったら「武器の時代」がやって来て人類は絶滅に瀕するのだから、殺してはいけないのだと論じているのです。

歴史を顧みれば、決して空想だとは思えません。転輪王のモデルとなったアショーカ王は、自ら指揮した戦争での大量殺戮への後悔から仏教に傾倒しました。『転輪王経』が描く「武器の時代」は、アショーカ王の時代に起こった凄惨な戦争体験が反映されているように思われます。

近代史を振り返っても、第一次世界大戦への反省から国際連盟ができ、第二次世界大戦への反省から国際連合ができました。かりに第三次世界大戦が不幸にして起こり、幸いにして生き残った人々が二度と戦争が起こらない社会を作ったとしましょう。そのような社会で世界政府による法の統治が実現したとしたら、「武器によらず、法によって世界全土を統治する転輪王が再び出現する」という『転輪王経』の予言が的中したことになるのではないでしょうか。

上座部仏教『大史』の戦争観

最後に、仏教の出家教団を支援する国王による戦争がどう仏教で論じられたのかを見ていきましょう。インドからスリランカへと仏教が広まると、北海道よりやや小さな同島に多くの僧院が作られました。スリランカでは、インド本土と比べても、王権が手厚く仏教の出家教団を保護したので、不殺生を説く出家教団が戦争をする王権との間で矛盾を抱えたことが予想されます。

スリランカの都アヌラーダプラに設立された大寺は、数世紀にわたり王権の支援を受けました。大寺を拠点とする一派は、五世紀頃に『大史』という歴史書を編纂しました。『大史』とは原語で「マハーヴァンサ」（パーリ語 Mahāvaṃsa）と言います。「マハー」は「大きい」の意です。「ヴァンサ」は竹などの節を意味し、系譜や年代記的な歴史を指します。『大史』は章ごとに過去から現在における歴史の流れを叙述しているので、その名があります。『大史』はとくにスリランカのドゥッタガーマニー・アバヤ王（在位前一〇一―前七七）について詳述しており、アバヤ王を理想的な為政者として描いています。大寺派の文献がスリランカから東南アジアにもたらされると、『大史』が示した理想的な為政者像が東南アジアに広まっていきました。ここでは、そのアバヤ王の物語をご紹介したいと思います。

ドゥッタガーマニー・アバヤ王は、南インドにあったチョーラ国からスリランカに来たタミル人の王エーラーラ（Eḷāra 在位前一四五―前一〇二）を倒し、王となりました。母であった王妃の妊娠中に、占い師が妃の子（アバヤ王）は将来タミル人を征服し、一王国を作って「教えを輝かせるだろう」と予言します。ここで言う教えとは「仏教」をさしています。

アバヤ王は戦で無数のタミル人を殺し、三二人のタミル王を捕え、スリランカを統一しました。「全てのタミル人を殺して勝利を得た王」に対して、八人の阿羅漢（解脱した聖者）は次のような趣旨を説き、アバヤ王を安堵させたといいます。

戦による悪人の殺戮は、死後、天界に行く障害にはならない。殺された者のうち、二人を除けば「残りの者たちは謬見を有し、悪行を身につけ、獣に等しいと思われる」が、「あなたはブッダの教えをさまざまに輝かせるだろう」から、憂いは晴れるであろう（馬場紀寿『仏教の正統と異端　パーリ・コスモポリスの成立』東京大学出版会）。

ここで驚くべきは、阿羅漢たちがアバヤ王に対して説いた内容です。王によるタミル人の殺害は大罪ではないと暗に認めているのです（現在、スリランカでは多数派のシンハラ人が現在の人口の七割以上を占めるのに対し、少数派のタミル人は人口の二割弱にとどまる）。パーリ語の経典では、これまで見たように社会契約論的な王権についての説明や王による貧者の生活保障、美徳による世界統一が説かれることはあっても、戦による敵の殺害を正当化するものは、私の知る限り一つもありません。先ほど触れた『起源経』では、王が罪人を死刑にすることすら認めていませんでした。それに対して、『大史』では、タミル人の殺害が暗に認められているのです。

人を獣に喩える表現が、先ほど触れた『転輪王経』の予言では、「武器の時代」には人々が相手を獣だと思って殺し合うという文脈で登場しますが、『大史』では、タミル人は「獣に等しい」存在だから殺しても罪ではないという文脈で現れます。つまり『大史』は阿羅漢の口を借りるかたちで、外敵であるタミル人に対するアバヤ王の戦争が大罪ではないと示唆しているのです。

目的による手段の正当化

『大史』によると、アバヤ王は、「教えを輝かせようと」して五百人の比丘を伴って軍勢を動かし、「私のこの努力はけっして王国を享受するためではなく、私のこの努力はいつでも正覚者の教えを打ち立てるためにある」という真実の言葉を発して、タミル軍を打ち破りました。

さらに「教えが輝くことを目的とするアバヤ王は、三宝を供養しようと」僧院に莫大な布施をし、「教えが輝くために」多くの善業を行いました。死の直前、書記官に読み上げさせた善業帳によれば、アバヤ王は、九十九もの大僧院や二十もの大塔を建て、阿羅漢となった五人の長老ら（聖者の出家教団）に布施したといいます。王自身も、男性・女性の大きな出家教団に布施をし、「私は歓喜してこの島の王位を五度教えに布施した」と語ります。そして死の直前には、「大塔の見える場所にある出家教団の儀礼場で、出家教団の奴隷である私の遺体を荼毘に付せ」と長老に告げ、「私による善逝の教えに対する務め」を受け継ぐよう後継者の弟に遺言したのです（同『仏教の正統と異端』）。

『大史』はアバヤ王の仏教への献身的行為を強調し、そういう王だからこそ、戦で人を殺すことも大きい罪ではないと解釈できるように歴史を描いています。「教えを輝かせる」「正覚者の教えを打ちたてる」、つまり仏教のためという目的によって、その戦争が称えられています。目的により手段を正当化しているのです。

王権による戦争を暗に認める史書を編纂したスリランカの大寺派は、その後も数世紀に及ぶ王権の庇護を受け、十二世紀には、スリランカの仏教界全体を統一するに至ります。十三世紀から十五世紀にかけて、スリランカから東南アジア大陸部へ広まった結果、大寺派が伝承したパーリ語の正典、注釈、史書がベンガル湾を挟んだ両岸で共有されるようになりました。

パーリ語で伝承された仏典が、スリランカと東南アジア大陸部に共有される国際的な空間を、私は「パーリ・コスモポリス」と呼んでいます。ここで各地の王権に支援されている仏教が、いわゆる「上座部仏教」です。

私が取り上げました『起源経』『転輪王経』は、東アジアのみならず、スリランカと東南アジアにも広まりました。同じく私が取り上げました『大史』もまた、スリランカや東南アジア大陸部に伝えられました。その結果、本日、お話しした内容は、これらの地域で共有されており、経典や歴史を通して人々の記憶に生きています。二つ具体例を挙げましょう。

『起源経』にある社会契約論的に王を選んだ話は、東南アジアやスリランカの人々の間でとても有名です。民主主義の実現を目指して活動し、長らく軍に軟禁されているミャンマーの政治家アウンサンスーチーは、民主主義はヨーロッパで作られたものだからアジアの政治にそぐわないと考えてはならない、仏典では王は人々に選ばれたものであると説明されているのだから、民主主義がアジアに根づきうるという内容の演説をしています。ここでアウンサンスーチーが言及している話は、『起源経』に由来するものです。

それと同様の例は、スリランカからも挙げられます。スリランカではタミル人が多く住む北部の独立を主張する武装組織「タミル・イーラム解放のトラ」（LTTE）が一九七〇年代から二〇〇九年まで政府軍と戦闘を繰り返してきました。政府軍による「タミル・イーラム解放のトラ」への制圧を称賛していたあるシンハラ人僧侶が、イギリスのメディアによるインタビューを受けた際、「あなたは仏教の出家者なのに人を殺すことを認めていいのか」という質問に対し、「タミル人は獣と同じだからいい」と答えました。これは先ほど紹介した、タミル人を殺したアバヤ王に聖者たちが「獣に等しい」タミル人を殺しても罪にはならないと語った上座部仏教の歴史書『大史』の説話を念頭に置いて話したのではないかと思われます。

おわりに

まとめましょう。仏教は、ガンジス川流域で国家が成立し、国家間の戦争が始まった直後に、不殺生を説きました。それは、神からの命令という形をとらず、所有制から離れた出家者による先鋭的な主張でした。不殺生は原理的に戦争を否定するものに他なりません。

前三世紀、マウリヤ帝国の最盛期を築いたアショーカ王は、戦争体験から仏教に深く帰依し、不殺生を含む規範を法として帝国に公布しました。アショーカ王による「ダルマの政治」こそがインドに「法」をもたらしたのです。

アショーカ王をモデルにした経典においては、欲望のゆきつく先が「武器の時代」であることを予言しています。そこで描かれる殺し合いは、人類のほとんどが殺されるという、あたかも世界大戦のようなヴィジョンです。さらに、その「武器の時代」を経て、人類は不殺生に再び目覚めるというのです。

仏教の出家教団は、一方で不殺生という理想的（人類としては実現不可能）な非暴力の理念を掲げつつも、他方では、戦争がなくならない現実との折り合いをつけねばなりませんでした。スリランカの大寺派が作ったパーリ語の歴史書『大史』では、仏教を支援する王の戦勝を偉業として称え、暗に戦争を認め、正当化しました。不殺生理想主義で一貫する仏典群の中にあって、このような記述は例外的ですが、ごくわずかであれ、戦争による殺戮を正当化する言説があることは見逃せません。

不殺生という非暴力の理念と国家間の戦争はなくならなかったという歴史的現実——不殺生をめぐる仏教の歴史から見えてくるのは、倫理的理想を追求するかぎり、人類が必ず直面する矛盾であるように思われます。果たして我々人類は、現実に妥協して理念を捨てるのでしょうか、それとも理念を掲げて社会を変えるのでしょうか。

第十講

大乗仏教から考える戦争と平和
――『法華経』『涅槃経』を手がかりに

蓑輪顕量

戦争はどのように正当化されるか

大乗仏教とは、インドで先行していた自力による解脱を重視する部派仏教（小乗）を批判するかたちで登場し、大衆の救済を重視する「利他行」を特徴として主に中国から朝鮮、日本へと伝来した仏教をさします。ここでは主に中国の大乗仏典のなかでも重要な経典とされる『涅槃経』と『法華経』を手がかりとしながら、仏教と戦争との関わりについて論じてみたいと思います。

本題に入る前に少し考えてみたいのは、戦争とはどのように正当化されるのかということです。私もこの講義の準備をしながらそのことを考えていたときに、とても興味深い一文にめぐり合いました。私が所属する東京大学のインド哲学・仏教学研究室の大先輩にあたる中村元先生（東京大学名誉教授。一九一二～九九）が退官後に立ち上げられた研究所（中村元東方研究所）の学び舎「東方学院」のニュースレターに掲載された、宮本久義先生（ヒンドゥー教研究者）のメッセージです。宮本先生は東方学院で講師を務めておられ、そこでヒンドゥー教の根本聖典として知られる古代インドの戦争叙事詩『マハーバーラタ』のなかの詩編『バガヴァッド・ギーター』を授業の題材としているとし、次のように書かれています。

「『マハーバーラタ』の大戦争が始まると、親族同士の戦いに疑念を抱き、戦意を喪失してしゃがみこんでしまうアルジュナ王子と、王族武士階級に属する者の本務として、戦をせよと説くクリシュナ神の対話は、現在においてますます重みを持って迫ってきます。

第二次世界大戦でマンハッタン計画を主導し、後に『原爆の父』と呼ばれたオッペンハイマーは、この聖典の一節に鼓舞されて原爆投下に同意したと言われています。一方で、インド独立運動を率いたガーンディーは、この聖典を座右の書とし、非暴力を運動の基礎に据えています。相手が悪い場合に限り戦争は正当化されると考えても、双方ともそのように主張するでしょう」（『東方だより』令和六年二月一三日発行）

『バガヴァッド・ギーター』は、王位継承をめぐる従兄弟間の戦争を前に、親族間の争いに躊躇する王子アルジュナに対し、ヒンドゥー教の神クリシュナが教えを語るもので、そのなかでもよく取り沙汰される有名な一節が、宮本先生の原稿にある「王族武士階級に属する者の本務として、戦をせよ」というくだりです。

宮本先生がいわれるように、戦争とは「相手が悪い場合に限り戦争は正当化されると考えても、双方ともそのように主張する」ものであり、二〇二二年にウクライナへ侵攻したロシアや、二〇二三年にハマスによるテロをきっかけにガザへと侵攻したイスラエルも、そうした戦争の正当化をしています。しかし戦争当事者の双方が「本務として、戦をせよ」に従って戦争にまい進すれば、大変な犠牲者が生じることになりますから、このクリシュナの教えには大きな問題もあるのではないかと思います。

大乗仏典『涅槃経』とは何か

インドから中国に伝えられた大乗仏典のなかで重要な経典とされるのが『法華経』と『涅槃経』です。成立の経緯からすると『法華経』が先ですが、中国における大乗仏教を考える場合には『涅槃経』を抜きにはできないほど後者のほうが有名です。ただこれには地域差があり、朝鮮半島では『華厳経』、日本では『法華経』が大乗仏典のなかでは関心が集まってきました。そうした事情があるため、まずは中国の『涅槃経』を先にとりあげます。

『涅槃経』は小乗（部派仏教）のものと大乗のもの二つが存在し、小乗の『涅槃経』は釈迦の最後の旅（入滅）を記録したもので、大乗の『涅槃経』は小乗の内容を受けつつ、仏の永遠性などいくつかのテーマに分けられます。

釈迦（ブッダ）の生没年については論争（仏滅年代論争）があり、南伝と北伝の伝承には一〇〇年ほどの相違があります。北伝を重視する日本の仏教研究界では中村元先生の研究などから、少し前までは紀元前四六三年に釈迦は生まれ、紀元前三八三年に入滅したとする説が有力視されていました。釈迦の生涯が八〇歳であったことはほぼ間違いないと考えられています。ところが近年では考古学的な成果から、北伝より一〇〇年ほど前とする南伝の伝承（紀元前五六三〜同四八三年）の方が整合性が高いとする見方も出てきており、こちらの説の方が有力になりつつあります。

小乗の『涅槃経』はラージャグリハからクシナガラへの、晩年の釈迦による最後の旅の記録です。旅の目的地は釈迦の故郷であるネパールのカピラ城でしたが、その手前でお布施の食事があたって激しい腹痛を起こし、二本のサーラの木の根元に横たわりながら最期を迎えたことになっています。これについては中村元先生が翻訳された『ブッダ最後の旅』（岩波文庫）で詳しく知ることができます。

大乗の『涅槃経』はこの小乗の『涅槃経』に大乗の考え方などが付加されてできたもので、釈迦の晩年から入滅、さらに入滅後の舎利の分配などが詳しく書かれており、四世紀からすでに中国にもたらされました。編纂にはインドにおける大乗仏教の二大系統の一つである瑜伽行唯識学派が関与したとされ、四世紀ころに成立したものと考えられています。漢訳は複数ありますが、なかでも重要とされるのは四一八年に成立した最初の『大般泥洹経』（法顕・仏陀跋陀羅訳。六巻本）、その後に北本（大本）と呼ばれる、三蔵法師で知られる曇無讖《どんむしん》が訳した四二一年の『大般涅槃経』（四〇巻本）、そして『大般泥洹経』と『大般涅槃経』とをのちに校合訂正（統合編纂）した南本と呼ばれる四三六年の『大般涅槃経』（慧厳・慧観・謝霊運訳。三六巻本）の三つです。近年では三つのなかで最も内容が整っていることから、一般的には南本（三六巻本）が使用される傾向にありますので、ここでも南本を使用させていただきます。

なお、大乗の『涅槃経』には原典から翻訳されずに伝えられなかった内容もあるとされ、「未完の経典」ともいわれます。確かにそれがいつ、どこで成立したのかなど、詳しい経緯は今もって不明です。

肯定される「仏法を守るための戦い」

三六巻の南本は、一切の衆生（生き物）が釈迦の入滅を嘆き悲しんだ様を伝える「序品」から、釈迦の最初の弟子の一人である憍陳如への教示などの「憍陳如品」までの二五品から構成されます。大乗『涅槃経』の主張は「誰もが仏になれる」とするもので、その根拠は「仏性」という言葉で表現されます。最初は仏性の遍在性が説かれますが、最後の方の「迦葉菩薩品」で一闡提（仏法を誹謗し、救われる望みのない者）の救済、つまりかつては悟りの可能性がないとされていた者も含めた「あらゆる衆生」が悟りを開くことができるという大乗の思想が展開されていく経典になっています。

全体の構成においては、前半と後半で内容に違いがあります。前半の一〇巻では初期の涅槃経を継承しており、後半の二六巻は今触れたような、衆生に仏となる性質（仏そのものの性質＝仏性）があることや、仏の永遠性が明かされています。その後半部分で最も有名な句が「一切衆生　悉有仏性　如來常住　無有變易」（「師子吼菩薩品」第二十三之一）です。現代語にすると、「すべての衆生（生きとし生けるもの）には仏たる性質があり、如来は永遠の存在で、変化することはない」という意味になります。今の日本語では衆生を「人々」、つまり人間だけをさすように使われますが、本来はサンスクリット語のサットバに当たる語で、「生きとし生ける者」（すべての生き物）を意味します。

ちなみにインド世界では目に見えない精霊的な存在から人間に至るまで生まれ変わることを前提とするため、「一切の衆生」というと畜生や地獄、餓鬼といった存在にもすべて「仏性」が備わっていると理解されます。また「仏性」も、「仏たる性質」と「仏になるための性質」の二通りの意味があり、一般的には「仏たる性質」と訳されます。

この「一切衆生　悉有仏性」という『涅槃経』の基本的な立場からすると、戦争とは仏性を備える存在に対して危害を加える行為ですから、戦いや争いそのものを推奨しないという姿勢が本来の経典の教えとして導かれるのではないでしょうか。

ところが、『涅槃経』の「金剛身品」のなかには戦争、戦いを肯定する記述が存在します。覚徳という戒を固く守る比丘（修行僧）が、経典に従って他の修行僧が奴婢（隷属民）や牛・羊などを所有することを禁じると、多くの破戒僧らがこれに反発し、刀や杖をもって覚徳に迫ってきたとあり、そのうえで次のように述べられています（以下、引用は原典の漢文を著者が現代語に訳したものです）

「……この時の国王は、名は有徳という、このことを聞いて護法のためにすぐさま説法者のところへと行き、この破戒の比丘たちとこの上なく一緒に戦闘し、説法者を危害から免れしめた……その時に覚徳（比丘）は王を誉めていったことには、「良いことだ良いことだ、王は真に正法を守るものである」

「……もし正法が滅びようとしている時があれば、まさにこのように受持し擁護しなければならない」

二つ目の引用は、仏法が滅びそうなときには、刀杖も辞さずに擁護しなければならないという意味です。さらに話は続きます。

「良家の子息よ、このようなわけで法を護る優婆塞等は刀や杖を手に取ってこのような比丘を擁護しなければならない。もし五戒を受持するものがあれば、大乗の人と名付けることができないのである。五戒を受けないことが正法を護ることであり、それはまた大乗と名づける。正法を護るというのは、刀剣や様々な武器を手に取って、法師に使え守ることである……」

戦いの肯定の背後に見え隠れする「異民族による迫害」

ここに出てくる「五戒」とは初期仏教からある在家信者の日常の戒で、「不殺生戒」（生き物を故意に殺さない）、「不偸盗戒」（他人のものを盗まない）、「不邪淫戒」（不道徳な性行為をしない）、「不妄語戒」（嘘をつかない）、「不飲酒戒」（酒を飲まない）の五つを意味します。

ではここにある「もし五戒を受持するものがあれば、大乗の人と名付けることができないのである」とはどういうことでしょうか。実は、仏教教団において在家信者が守るべき基本的な徳目で最も重要なものは五戒ではなく、「三帰依戒」と呼ばれるものです。これは仏と法、そして僧・サンガ（出家者集団）に帰依することで、帰依三宝とも称され、この三帰依戒をまず守ることが仏教信者の務めであり、その次に守るべき日常生活の戒となるのが五戒という位置づけになります。つまり、「五戒を守っていたら大乗の人と名づけることができない」とは、法を守る僧を守ることが五戒よりも重要で、そのためには武器を用いて、僧に危害を加えようとする者と戦うべきとする考え方が『涅槃経』には示されているということです。

話はさらに続きます。

「……その時に飢餓のために発心出家するものが多かった、このような人を禿人と名づける。この禿人の人たちは、戒を持ち威儀が具足する清浄なる比丘が正法を護持するのを見て（サンガから追い出し）もしくは殺したり害したりする。……世尊よ。この持戒の人はどうして村落や城や村に出かけていき教化することができようか」

「良家の子息よ。このようなわけで私は今、持戒の人に、白衣の人々の刀や杖を持つ者を伴侶とすることに依ることを許すのだ。もしも国王たちや大臣たち長者、在家の信者たちで、法を護るために刀や杖を持つといっても、私はこれらのものたちを戒を保つと名づける。刀や杖を持つと言っても、まさに命を断じてはいけない。このようにすることができるのならば、すぐさま第一の持戒と名づけることができる」

ここでは、武器は使用してもいいが、命を奪ってはいけないとあります。現代風にいえば、抑止力としての軍事力は保持していいが、使用してはいけないという感覚です。ここを読むと、不殺生戒の意識が感じられます。一方では、比丘（僧）が武器をとることを是認しているように受け取れるくだりもあります。これは、インド世界において戦乱が起きていた時代に、大乗の『涅槃経』の経典が成立していったということを背景に考える必要があるかもしれません。

古代インド世界の歴史はマウリヤ朝（紀元前三一七～前一八〇）からクシャーナ朝（一～三世紀）、グプタ朝（三二〇頃～五五〇頃）、ヴァルダナ朝（六〇六～六四七）と展開しました。なかでもパータリプトラを都として北インドを統一したグプタ朝はインド古典文化の最盛期として知られていますが、このころ中央アジアでは、現在のアフガニスタン東部のクンドゥース地方で遊牧民族のエフタルが勢力を拡大しつつありました。五世紀末にはアフガニスタン北部のバクトリアに進出してササン朝ペルシア帝国を脅かしたため、ササン朝は四八一年にエフタルに対して宣戦したものの、なんとササン朝の皇帝（ペーローズ一世）がエフタルの捕虜にされてしまい、皇太子を身代わりの人質とし、莫大な献納金を払って釈放されるという一幕もありました。

その後、エフタルは北インドへと侵入し、これにより五世紀半ばにグプタ朝は崩壊したとされています。インドの仏教サンガもエフタルにかなり迫害・殺害されたといわれ、この時期に成立した大乗経典『大集経』

などもその影響を受け、仏教の末法思想の登場もそれが契機になったといわれます。『涅槃経』の成立はそれより少し前の四世紀ですが、四世紀ころからヒンドゥー教が台頭し、また異民族とインドの仏教勢力の間に、軋轢がすでに生じていた可能性は否定できず、それが先ほどの、武器の使用の是認につながっているのではないかとも推測できます。

他者を軽んじない菩薩 ——『法華経』の思想

つぎに確認したいのは、大乗仏教において『涅槃経』と並んで重要とされる、八巻二八品で構成された『法華経』です。その前半部は迹門、後半部は本門と呼ばれ、迹門では「一切皆成」（すべてのものは仏になれる）が重要なテーマとなっており、迹門第二の「方便品」には次のように書かれています。

「仏たち世尊は、ただ一大事の因縁をもって世に現れた。舎利弗よ、何を仏たち世尊はただ一大事の因縁をもってのために世に出現されたというのか。仏たち世尊は、衆生に仏知見を開かせて清浄なることを得させようとして世に出現された。衆生に仏の知見を示そうと思って世に出現された。衆生に仏の知見を悟らせようとして世に出現された、衆生に仏の知見に入らせようとして世に出現された。舎利弗よ、仏たちは一大事の因縁をもって世に出現された。……如来はただ一仏乗をもって、衆生のために法を説かれる。余乗、あるいは二、あるいは三があることはない」

最後の「余乗、あるいは二、あるいは三があることはない」とは、従来の仏教で説かれていた仏になるための「三乗」（声聞、縁覚、菩薩）のことで、大乗仏教は自己の悟りを求めようとする声聞と縁覚を「小乗」と蔑称しました。この一節が意味するところは、三乗などというものはなく、一つの仏乗だけですべての者が仏になれるのだということです。ちなみに先ほどの『涅槃経』よりもはやくに成立した『法華経』では、「仏性」の概念はまだ登場しておらず、仏になれることは授記によって保証されるかたちになっています。

一方、後半部の本門では「久遠実成」（釈尊は永遠の存在である）が重要なテーマとなっており、それは本門の第一六「如来寿量品」にこうあります。

「……皆が今の釈迦牟尼仏は釈氏の宮を出て、ガヤーの町を去ること遠くないところで道場に座られ、この上ない悟りを得られたと思っている。しかし良家の子息よ、私は真に成仏して以来、無量無辺の数えきれないほど長い時間を過ごしてきているのだ」

「……私は仏になって以来、また数えきれないほど長い時間を過ごしてきた。これからも私は常にこの娑婆世界にあって法を説き教化し、また他所の数えきれないほど多くの国において、生きとし生けるものを導き利益していこう」

「私が仏になってから経過した時間は量ることのできない百千万億の年であり数えきれないものである、その間、いつも法を説いて数えきれない数の生きとし生きるものを教化してきた」

つまり釈尊が悟りを開いたのははるか過去のことで、それ以来、未来永劫にわたって教化を続ける永遠の仏であったということです。このように「一切皆成」「久遠実成」の二つを中心的なテーマとする『法華経』は、のちに『涅槃経』へと展開していく前段階の主張が見て取れる重要な経典とされています。

すべてのものが仏になれるとする立場からは、どんな者に対しても害することがあってはならないという姿勢が、おのずから導かれることになります。その具体的な姿は、『法華経』では「常不軽菩薩」（常に相手を軽んじることがない菩薩）として描かれています（サンスクリットの原典では「いつも軽んじられている」という逆の立場で表現されています）。

「その威音王仏は、かの世の中において、天や人、阿修羅のために法を説いた。声聞を求めるものには四諦の法を説き、生老病死を超えさせ涅槃を極めさせた。辟支佛を求めるもののためには十二因縁の法を説いた。菩薩たちのこの上ない悟りに因る者たちのために、六つの波羅蜜の法を説き、仏の智慧を極

めさせた」（常不軽菩薩品第二十）

「その時に一人の比丘があった、常に軽んじないと名づける。得大勢よ。どのような因縁をもっていつも軽んじないと名づけるのか。この比丘はおよそ見るところがあれば、比丘比丘尼優婆塞優婆夷であろうとも、みな礼拝して讃歎してこのようなことを言われる、私はあなた様を深く敬います、何故かと言いますと、あなた様は皆、菩薩道を実践されていて将来に仏と成られるからです」（同）

「この言葉を語るとき、多くの人は或るものは杖や木、瓦や石をもって投げつけた、この人は、避けて走り遠くにいて、やはり大きな声で唱えていた、私はあなたがたを軽んじません。あなた方はみな、仏と成られるからです。彼はいつもこの言葉を語っていたので、増上慢の比丘比丘尼、男性の信者も女性の信者も、この人のことを常に軽んじない菩薩と言い合っていました」（同）

「この常不軽菩薩摩訶薩はこのような若干の仏たちを供養して、様々な善根を恭しく敬い尊敬し重んじたのであった。また千万億の仏に会いもうされ、また仏たちの法の中でこの経典を説き、功徳は成就し、まさに仏となることが得られるであろう」（同）

つまり、常不軽菩薩は人々から誹謗・迫害されても、「あなた方はみな仏になるのだから深く敬い、軽蔑しません」という姿勢を貫いた結果、自身も最終的には仏になることができたという話です。この常不軽菩薩行は、実は日本にも存在し、実際に『法華経』経典に基づいて人々を礼拝するという行を行っていたと考えられます。鎌倉時代の僧、慶政（一一八九～一二六八）の作である説話集の『閑居友』には「あずまの方に不軽拝みける老僧の事」として、常不軽菩薩のように他者を敬う人物が東の地方にいたと書かれています。やはり日本でも『法華経』はよく読まれていたため、そこに出てくる常不軽菩薩のことも知られていたのでしょう。

また、藤原道長（九六六～一〇二七）が常不軽菩薩行を実践していたことが知られているほか、日蓮宗でも

「常不軽の行」が大事にされ、今では礼拝に焦点を当て「但行礼拝」として実践されています。中国の南北朝時代、北斉の僧・信行が開いた三階教という仏教の教派でも、この常不軽菩薩行が背景となり「普礼」として存在していたことが確認されています。

大乗への敵対者への警告

次は戦争そのものではありませんが、『法華経』を実践する者を守護する文脈で、興味深い話が出てきます。『法華経』本門の第二六品「陀羅尼品」に顕著に登場するものです。

「もし私の呪文に従わないで法を説くものを悩乱するのであれば、頭は七つに割れて、阿梨樹の枝のようであろう。……この法師を犯すものは、まさにこのような災いを得るであろう」

経典には迹門、本門という分け方のほか、「序分」（導入）、「正宗分」（教えの核心部分）、「流通分」（正宗分の説き広め方を示した部分）の三つに分類する方法があり、右の文はその「流通分」に出てくるものです。つまり、法華経を受持している人々を迫害するような者があれば、その者は頭が七つに割れる災いに見舞われる、という意味です。

同様に、『法華経』第二五の「観世音菩薩品」には次のような一文があります。

「呪いの言葉や毒薬などをもって身体を害せんと欲するものには、観音の力を念じれば、本人にそれが帰っていく。あるいは悪い羅刹や毒を盛った鬼などに遭遇しても、観音の力を念じれば、時にあえて害することがない。もし悪い獣たちや鋭い牙や爪の恐怖に囲まれても、観音の力を念じれば、勢いよく遠くのほうへと走っていく。おろちや蛇、ムカデやサソリがその毒気を吐いて煙火のごとく燃えていても、観音の力を念じれば、次第にその毒気は私の周りを通り過ぎていく」

なぜこのようなことが『法華経』のなかに書かれているのでしょうか。推定される理由は、『法華経』は大乗経典の最初期のものとして有名であり、経典がつくられた時期に、大乗そのものに反対する人たちがいたのではないかというものです。これらの言葉は、大乗に反対する勢力に対する戒め、警告として説かれた可能性があります。

大乗の経典としては紀元前後ころに般若経典、そして一世紀ころに大乗経典の典型である『法華経』が成立しています。つまり『法華経』は大乗経典のなかでは早期のもので、のちに『華厳経』や『涅槃経』が、さらに下ると密教の経典が登場します。密教については大乗と切り離して独自にたてるべきだとする見解と、密教は大乗仏教の最後の段階のものだとする位置づけの二通りの見解が存在します。

修行のあり方から考えると、初期仏典の経典ではシンプルな実践が説かれる半面、その論典においてはとても順序だった細かな実践が説かれています。これは逆説的ですが、細かく説明されればされるほど、たどり着けなくなるという問題を初期仏教は抱えてしまったのだと思います。それに対抗する運動が大乗であり、細かく順序をつくるのではなく、シンプルに実践すればたどり着けるようにした（おそらくそれは元に戻した）ことだったと思います。こうすれば、より多くの人たちが悟りの世界に至ることができることになりますので。

最後にまとめますと、『法華経』も『涅槃経』も、それを説く人々を迫害しようとする動きに対し、厳しい態度で臨んでいることがわかります。『法華経』では、呪文のようなかたちで敵対者を退けようとはしますが、その段階では実力行使を促す言葉は出てきません。ところが『涅槃経』になると、敵対者を実力で阻止することが是認されるようになっています。その背景には仏教教団が被った現実的な迫害があったと想像され、『法華経』と『涅槃経』のどちらも、すべての衆生が仏になると主張するにもかかわらず、比喩のなかにそれを超えるものが登場する点に注意が必要です。

そこには、理想と現実の軋轢という一言で片づけられない問題が含まれているといえます。

『法華経』の段階では仏教教団内部の争いについての対応だったものが、『涅槃経』の段階では他者（異民族、異教徒）からの迫害に対してどう備えるかという問題がありました。ただ『涅槃経』も、武器は使っても命を断じてはいけないというかたちで、それ以上の暴力的なエスカレートを踏みとどめようとする意思がうかがえます。

私がとくに重要だと思うのは、『法華経』の常不軽常菩薩の教えにあるように、相手を軽んじない、相手も同じ人間であり、私と同じように傷つけられることを望んでいない存在であることに思いを馳せることこそが、争いを避ける唯一の方法ではないかということです。他者に対する慈しみとは、他者も私と同じ人間であるという自覚を持つことから涵養されるのではないでしょうか。

第十一講

「僧兵」から考える日本仏教と戦争

大谷由香

僧兵とは

日本には院政期頃から武器を手に戦闘に従事する僧侶の存在が目立つようになります。こうした僧侶は近世以降に「僧兵」と呼ばれるようになりました。たとえば江戸時代の儒学者である藤井懶斎（一六二八〜一七〇九）は「本朝中世ノ僧兵甚盛ナリ、延暦・園城之寺僧、根来・吉野之山徒、東大・興福之緇侶、悉皆己ガ当務ヲ不務、弓剣専ニシテ、以争闘ヲ事ス、可不悪哉（悪からざるべきや）」（『閑際筆記』中・四八表）と綴っています。「僧兵」による武力行使は、粗暴な下級僧や雑人が僧侶の本分を忘れて勝手に起こした濫悪行動であったと長らく考えられてきました。しかし近年の歴史研究の上では、「僧兵」は教義研究を充分に修めた学侶によって統制組織された軍隊だったことが明らかになりつつあります。寺院領地や荘園を守るために、寺院側は組織的に武力を行使してきたのです。

仏教が殺生を禁止していることはよく知られたことです。寺院側はどのような理屈で戦闘を容認してきたのでしょうか。今回は特に「山法師」と呼ばれた延暦寺僧の戒律観に焦点をあてて考えてみたいと思います。

比叡山延暦寺と梵網戒

比叡山延暦寺は、最澄（七六七〜八二二）により開かれました。最澄は晩年、『梵網経』にもとづく僧侶育成を提唱し、南都仏教界と対立します。鑑真（六八八〜七六三、来日七五三年）が日本にもたらした中国由来の僧侶の生活ルールは、仏教開祖である釈尊（ブッダ）が実際に制定した教団内ルールブックである『四分律』にもとづくものでしたが、最澄はこれは小乗の教えであり、日本には大乗の教えにもとづく生活ルールが必要だと主張したのです。結果的にこの最澄の主張は認められ、比叡山にも戒壇（僧侶の入門儀礼を行う施設）が建立されました。比叡山戒壇では『梵網経』にもとづく梵網戒が入門儀礼（受戒）で与えられます。

最澄が重視した大乗の教えとは、みずから菩薩《ぼさつ》として生きることを前提とするものです。大乗教では釈尊は何度も輪廻転生し、菩薩として他者救済を繰り返した結果として、さとりを得たと考えます。釈尊と同じさとりにいたるために、我々もまた慈悲・利他の精神で、輪廻を超えて菩薩の修行を続けなければなりません。梵網戒は菩薩として生きるための指針を、一〇の重戒、四八の軽戒にまとめたものです。慈悲・利他の精神にもとづくからこそ、梵網戒では殺生や暴力が厳しく戒められます。ありとあらゆる命あるものを殺すこと、他人に殺させること、殺すことを讃歎したり、殺害行為を見て喜んだり、呪い殺したりすることも禁じられています（第一重戒）し、ありとあらゆる武器を貯留すること（第一〇軽戒）や、たとえ父母兄弟が殺されたとしても報復行為に出ること（第二一軽戒）も禁じられています。

しかし、たとえば多くの人々を無差別に殺そうとする人を目の前にしたとき、菩薩としてふさわしい行動とはどのようなものなのでしょうか。唐代にインド留学した玄奘（六〇二〜六六四）によって東アジアに漢訳紹介された『瑜伽師地論』「菩薩地」には、以下のような文章があります。

もし菩薩たちが菩薩の浄戒律儀に安住して、善なる権方便（たくみな手立て）によって利他のために、さまざまな性罪を多少犯したとしても、この因縁によって菩薩戒に違犯したことにはならないし［かえって〕多くの功徳を生む。

具体的には菩薩は強奪をたくらむ盗賊が財を貪るために多くの生命を殺そうとしているのを見たならば、あるいは声聞や独覚や菩薩の大徳に危害を加えようとしている〔のを見たならば〕、あるいは多くの無間業（死後たちまち地獄に堕ちるような業）をつくろうとしている〔のを見たならば〕、このことを見終わって〔このような〕心をおこし思惟しなさい。「私がもし彼の悪衆生の命を断じたならば地獄へ堕ちるだろう。〔もし〕彼を殺さなければ、無間業が成立して〔彼は〕まさに大いなる苦を受けるだろう。私はむしろ彼を殺して地獄へ堕ち、結果として〔彼に〕その無間業の苦しみを受けさせないようにしよう」。このように菩薩は願い思惟して、彼の衆生に対してあるいは善心をもってあるいは無記心（善でも悪でもない心）でもって、〔また〕このことを知った後に〔これから起こる〕未来のために深く慚愧の心を起こして、憐れみの心で彼の命を断じるのである。この因縁によって菩薩戒に違犯したことにはならないし〔かえって〕多くの功徳を生む。（大正三〇・五一七中）

つまり菩薩は、①強盗のための大量殺人を計画している者、②高徳の仏僧、③地獄へ堕ちるような多くの罪業をなそうとしている悪衆生を見たならば、彼が罪を犯す前に、自ら地獄へ堕ちる覚悟を持って、彼を殺すべきである。その殺人行為は、決して破戒とはならない、むしろ悪衆生が自らの悪業によって地獄へ堕ちることを阻止し、多くの人の利益となる行為なのだ、と説かれます。このように菩薩だからこそ容認される殺人行為があるべきだという言説は、大乗経典内にしばしば見られるところです。この『瑜伽師地論』「菩薩地」の訳出は東アジアに大きな影響を与えたようで、最澄が重視した『梵網経』が注釈されるときには、必ず参照されました。しかし上記のような殺人容認論は、観音菩薩などの高位の菩薩のみが実行可能なことであって、今世において菩薩戒を受けたばかりの凡夫の菩薩には適用されないとするのが常識的な見解です。

ところが院政期に活躍した比叡山の学僧である安然（八四一〜九一五？）は、菩薩戒を説明するにあたって

「方便無犯門（衆生救済のための手立てであれば、戒に違犯することはないという教門）」を立て、十悪（殺生・偸盗・婬・妄語・綺語・悪口・両舌・貪欲・瞋恚・愚痴）や五逆（殺父・殺母・殺阿羅漢・出仏身血・破和合僧）を犯すことさえも許容されるべきであることを『瑜伽師地論』「菩薩地」等を引用することで明らかにしています（『普通授菩薩戒広釈』、大正七四・七七七中〜下）。

またもっと時代が下って、鎌倉時代になると、比叡山をルーツとして法然（一一三三〜一二一二）に由来する黒谷流の人々の間では、凡夫の菩薩であっても、慈悲実行の手立てとしての殺人は破戒にあたらないことが明確に説かれるようになります。たとえば了慧《りょうえ》（一二五一〜一三三〇）の著作である『天台菩薩戒義疏見聞』は、天台大師智顗《ちぎ》（五三八〜五九七）による『梵網経』の注釈書である『菩薩戒義疏』の注疏を日本で初めて作成した建仁寺第八代の円琳《えんりん》（一一七二〜一二三七？）に師事した覚空《かくう》（生没年不明）による講義を基本としつつ、了慧自身の見解をまとめたものです。円琳自身は、慈悲のための殺生は高位の菩薩だけに限られた話であり、凡夫の菩薩がこれを実行したならば重罪違犯となるとしているのですが、『天台菩薩戒義疏見聞』にはこの円琳の意見への反論が紹介されています。慈悲に由来する殺人は、「極めて善なる意楽」による行為なのだから、実行しても地獄には堕ちないのではないか、あるいはそもそも重罪違犯にもならないのではないか、という議論が掲載されており、了慧自身は、凡夫の菩薩が行う慈悲による殺人行為は、重罪違犯にはならないし、だからこそ地獄へ堕ちることもないという意見を支持しています（『大日本仏教全書』〔以下「仏全」と略〕七一・二四六下〜二四七上）。この頃以降、黒谷円戒の戒脈を継ぐ戒律研究者には、了慧同様に、凡夫の菩薩による慈悲殺生を積極的に肯定する意見が一定数みられます。

つまり梵網戒では明確に殺生が禁じられているものの、しかしこの戒を受けた者が慈悲という「極めて善なる意楽」によって行う殺生は戒律違犯にはならない、むしろ『瑜伽師地論』「菩薩地」などの仏典本文に忠実な菩薩戒の実践であるという理解が、天台宗の戒律理解として存在していたことが明らかです。この理解がどこまで共有されていたのかは今後の研究進展を待たねばなりませんが、「僧兵」を肯定する一助として、これらのロジックが使用されたことが推測できます。

裹頭する「僧兵」

さて「僧兵」は布で頭を包む「裹頭《かとう》」の姿で中世の絵巻物などに登場します。江戸後期に上司延興によって編集された『南都僧俗職服記』（一八二八年成立）によれば、これは白の五条袈裟であることが常だったようです（仏全七二・五五四下）。

十四世紀後半に成立したと考えられる『源平盛衰記』四「頼政歌の事」には、毫雲《ごううん》という叡山僧が三塔の僉議《せんぎ》について説明するシーンがあり、その説明は「僧兵」と呼ばれる者たちの実態を示す資料として使用されてきました。

> 三塔の僉議と申す事は、大講堂の庭に三千人の衆徒会合して、破れたる袈裟にて頭を裹み、入堂杖とて三尺許《ばか》りなる杖を面々に突き、道芝の露打払ひ、小石一つづゝ持ち、其の石に尻懸け居並べるに、弟子にも同宿にも、聞きしられぬ様にもてなし、鼻を押へ声を替えて、『満山の大衆立ち廻られよや』と申して、訴訟の趣を僉議仕るに、然る可きをば『尤も尤も』と同ず。しかるべからざるをば、『此の条謂われ無し』と申す。仮令《たとひ》勅定なればとて、ひた頭直面《がしらただおもて》にては争か僉議仕《つかまつ》るべき（冨倉徳次郎訳訂『源平盛衰記』岩波書店、一九四四、一六二頁）

武装した僧侶たちは、たとえ勅定であっても、顔を隠さない状況では僉議を行うことはできないとして、破れた袈裟で頭をつつみ、弟子にも同宿にも自分だとはわからないように声を変えて僉議に臨んでいます。この記述からは「僧兵」が自身の身分を隠すために裹頭していることが示唆されます。これまで、このように彼らが自身の身分を隠そうと裹頭するのは、僧侶でありながら武力行使する自身を恥じる気持ちに由来すると考えられてきました。

そもそも釈尊は比丘（成人出家男性）が裹頭してはならないと定めています。釈尊は、裹頭するのは在家者のあり方であるとして、頭痛が起こるほどの極寒時に、毛羽立つ素材やカポック繊維を材料としたかぶりものを作製して使用する場合を除いて、比丘が頭を覆うことを禁じました（『四分律』四〇、大正二二・八五八上）。またこれとは別に、第一八代天台座主の良源（九一二〜九八五）が天禄元年（九七〇）に定めた二十六箇条の起請文にも、その第一八条に「一、裹頭妨法者を禁制すべき事」が定められていて、「顔を隠して見えないようにするのは、これは女人の儀である。男子僧侶は、かつてはそうあるべきではなかった」と記されています（平安遺文三〇三）。裹頭して狼藉を振るう者がいることを示して、今後「顔を隠し頭を包むことを一切停止する」ことを定めるものです。出家者として、男性として、あるべき姿ではないと禁じられているにもかかわらず、なぜ「僧兵」はわざわざ白袈裟で頭を覆うのでしょうか。袈裟で頭を覆えば、顔はわからないかもしれませんが、僧侶身分であることは確実に露呈します。僧分ながらの武力行使を恥じるのであれば、まずは自身が僧侶であることを隠すのではないでしょうか。

仏典の中の「裹頭」

実は密教経典のいくつかには、死に際に頭を覆ったままでいると地獄に堕ちるとするものがあります。たとえば最澄・空海（七七四〜八三五）がともに鎮護国家のための経典として重視し、先に紹介した安然も自著に引用している『守護國界主陀羅尼經』巻一〇には、死後に阿鼻地獄に生まれてしまう一五の臨終時の状態が挙げられていますが、そのうちの第七は「常に頭や顔を覆う」こととされています（大正一九・五七四上）。『大威徳陀羅尼經』巻二に挙がる阿鼻大地獄に堕ちる一〇種の臨終時のあり方の第四もまた「目を閉じて見ず、衣で頭を覆う」ことです（大正二一・七六〇中）。

頭を覆ったまま死んだ者が、死後地獄などの悪趣に堕ちるということは、東アジアではよく知られたことだったと考えられます。鳩摩羅什訳の『大智度論』には、袈裟で頭を包んで死んだ後に畜生である龍に生まれ変わった沙弥（見習い立場の男性出家者）の話が紹介されています。

とある阿羅漢が、いつも龍宮へ行って布施を受け、食後の鉢を沙弥に渡して洗わせていました。あるとき、その鉢の中に二〜三の米粒が残っており、これが大変によい香りだったので、「すばらしい香りだ。これはさぞ美味かろう」と思った沙弥は、師である阿羅漢の縄床（縄を張り巡らせて作った椅子）の脚につかまって、師とともに龍宮に入ります。龍宮のご飯は大変美味しく、龍女は比類なき美しさ。その上、やはり良い香りがします。「もう来てはならない」と言われた沙弥は、執着の心を起こして「この龍宮を奪おう」と心に誓い、その一心で、もとの世界にもどってから布施・持戒に努めました。あるとき寺内を歩いているとき、足下から水が出て、ついに龍になることができると知った彼は、以前に師が入った大池にまっすぐ向かい、袈裟で頭を覆って入水自殺し、すぐに大龍の身体に生まれ変わりました。布施・持戒の福徳によって、願いをかなえたのです。龍に生まれ変わった沙弥はすぐに龍宮の主を殺したため、池は血で赤く染まってしまったといいます（大正二五・一八一下）。

この説話の趣旨は、このように人はよい香りに執着してしまうものだから、出家者は香をつけてはならないという戒めを説くことにあります。しかし今注目したいのは、この説話が、頭を覆って死ぬことで地獄・餓鬼・畜生といった悪道に堕ちるということを前提として語られているという点です。この話は天台宗第六祖の荊渓湛然（七一一〜七八二）の著作である『止観輔行傳弘決』四之三や、華厳宗第四祖の清涼澄觀（七三七〜八三八）の著作である『大方廣佛華嚴經隨疏演義鈔』巻五一といった教義書にも紹介されるほど有名だったようです。その他にも道略集 鳩摩羅什譯『衆經撰雜譬喩』上、寶唱等『經律異相』二二、道世撰『法苑珠林』七一、道世撰『諸經要集』一二にも紹介されています。頭を覆って死んだ者が地獄などの悪道に堕ちることは、遅くとも唐代までにはこの説話とともに広く知られていたことでしょう。

この説話の中の沙弥は、死後には龍に生まれ変わるという願いをかなえるため、生前に布施・持戒といった功徳を積んでいます。持戒の功徳としては死後天界に生まれることがよく知られています。その功徳を悪道に堕ちるためにふり向けて、袈裟で頭を覆う点は興味深いです。

また空海や安然が自著に引用する『大乗理趣六波羅蜜多經』巻三には、小乗教の修行者たちに対して、大乗教の教えを聞き、「衣で頭を覆って涅槃に趣」くことを勧める文章が掲載されています。

菩薩摩訶薩の大乗を修行する者は、師子王のように畏れなく自在である。一切衆生は随従して［同じように］修行すれば、永く畏れなくすぐに菩提に至る。声聞・縁覚［などの］阿羅漢たちよ、菩薩の教えを聞いて深く岩窟に入り、衣で頭を覆って涅槃に趣きなさい。どうして［小乗の阿羅漢たちであっても］大乗と同じく菩薩行を修して、自利・利他の利益を蒙らないことがあろうか。この因縁をもって転じて精進を加え、むしろ三途（地獄道・餓鬼道・畜生道）において無量の苦しみを受けなさい。ついに［修行が］自利でなくなれば涅槃を得るでしょう。過去・現在・未来のあらゆる有情［のうち］、なした悪業［によって］まさに悪趣（地獄道・餓鬼道・畜生道）に堕ちてさまざまな苦を受けるべき者よ、願わくば［それらの苦を］我が身に集めて代わりにこれを受けんことを。私が過去世と現在世において、修めたところの勝行たるあらゆる善の功徳法を、願わくば［それらの功徳の］すべてをあらゆる有情が速やかに涅槃を証得するために廻施せんことを。所有する珍財を私はすべて捨てたいと願う。打たれ罵られて陵辱されてもついに報復を加えずすべてこれを忍受しよう。願わくばその［加害者である］衆生に無量無辺阿僧祇劫［にわたって］全く罪が重なることがなからんことを。難行・苦行を私はことごとく行じようと願う。しかも衆生のために、誓って無上正等菩提を求め、精進修行し禅定解脱して不退転［の位］を得よう。（大正八・八七九上）

大乗教で言う「涅槃」とは、何度も輪廻を繰り返して衆生救済を行った末に到達するさとりの境地を指します。ここでは、その境地にいたるために、あえて地獄・餓鬼・畜生といった三悪道に堕ちて、本来そこに堕ちるべき人々の苦を代わって受けることが勧められています。そのために「衣で頭を覆って」死ぬことが推奨されているのです。これらの経文を踏まえたならば、裹頭とは人々の罪を自らが代わって受け、地獄へ堕ちる象徴的姿としてとらえ直すことが可能です。

袈裟の功徳

鎌倉時代に無住（一二二六〜一三一二）がまとめた説話集『沙石集』巻六の第一三話には「袈裟の徳の事」として様々の袈裟の功徳が説かれます。袈裟はさまざまな災難からその身を守護するものであり、たとえ袈裟をまとうその人に善心がなかったとしても、彼を最終的にさとりへと導くことが『十輪経』『大悲経』『心地観経』『賢愚経』などを根拠として説明されていて、こうしたことが仏説として信憑性をもって語られていたことがわかります（小島孝之校注・訳『沙石集』、小学館、二〇〇一年、三四五〜三四九頁）。

このような袈裟認識にもとづけば、袈裟で頭を包む装束は、その功徳によって戦難から我が身を守ること、たとえ戦闘の末に死んで一時は地獄へ堕ちたとしても、最終的にはさとりを得て仏となることを期待した姿であったと考えられます。「僧兵」たちは、自身が仏典に示された通りの〈地獄堕ちを覚悟し、慈悲の手立てとしての殺人を行う菩薩戒実践者〉であることを自他に知らしめるため、袈裟を頭にまとうという特徴的な着こなしをあえてしていたということでしょう。白袈裟の裹頭姿は、僧侶の戦闘服であり、また菩薩としての死に装束でもあったといえます。

以上のことは、「僧兵」が学侶によって統制された組織であったとする近年の歴史学の成果を裏打ちするものです。学侶の主導により武器を手に闘争する「僧兵」の存在が肯定されるような仏典解釈・戒律解釈が行われ、またその教学研究成果は独特の装束にも反映されていたと考えられます。大いなる目的のために他者の命を奪うこともまた敬虔な仏教徒のあり方であることが、真っ当な仏典研究の上から主張されてきたのです。

信長の仏教勢力弾圧と秀吉の刀狩によって組織としての「僧兵」は滅んだとされます。戦うことで寺院が守れない時代がやってきたとき、日本仏教は彼ら「僧兵」を悪者にすることで命脈を繋いだのかもしれません。はじめに述べたとおり、江戸時代に入ると「僧兵」の語でくくられた彼らは、本務を忘れた粗暴で愚かな僧侶として語られるようになったのです。

第十二講

儒教における「人を殺すべき場合」

小島 毅

儒教は宗教か

今回は私が担当して儒教について話します。その前提として、そもそも儒教は宗教なのかという議論から始めましょう。

日本では一般的に「儒教」と呼んでいますが、中国語では「儒学」や「儒家思想」といういいかたが普通です。それは「儒教は宗教ではないので、教の字をつけない」という理由からです。しかし、これからお話しするように、儒教は他の宗教と共通する性格をそなえていました。「儒教」といういいかたは昔からあって、道教・仏教と並び称されてきましたから、あえて「儒学」とだけ呼ぶ必要はないと思います。昔から英語のConfucianismを直訳すると「孔子主義」で、プラトニズム（Platonism）・マルクシズム（Marxism）と同列に、ある人物が説き始めた思想流派を意味します。しかしこれも、仏教をBuddhismと呼びますから、それをもって宗教ではないと断ずることはできません。そもそも、儒教では孔子を開祖としてきたわけではありません。孔子は大昔の聖人たちの教えを本にまとめた人という位置づけであり、その点でイエス・キリストやブッダとは違い、むしろ『創世記』を著したモーセに似ていると言えましょう。

また、「儒教には神様がいないでしょう？」と言われたりもします。その点で東アジアの諸宗教、仏教・道教や日本の神道とは違い、儒教は宗教ではないというわけです。

この「儒教は宗教か否か」という議論に対する私の立場は、「儒教は宗教ともいえるし、宗教でないともいえる」というものです。宗教をどう定義するかによって「儒教」の性格も変わってくるのです。「儒教には神がいない」というのは、まったくの誤解です。儒教では孔子を神として祀っており、その施設は孔子廟と呼ばれます。「廟」は儒教で宗教施設に使う語です。孔子廟は中国だけではなく、韓国やベトナムにもありました。日本でも湯島聖堂（東京）をはじめ、全国各地にいくつか存在します。

しかし、儒教の最高神は孔子ではありません。上帝と呼ばれる天の神です。中国で観光地として有名な北京の天壇は、この上帝を祀る施設です。そこにある写真栄えする建物（**写真1**）は祈年殿という名前で、ここでも上帝が祀られるのですが、ここよりも神聖で格上なのは露天の円丘壇（**写真2**）です。円盤状の石の祭壇が三層に築かれ、各壇の階段はそれぞれ九段、これは天の数である三の自乗になっています。三層に築かれているのも天のシンボリズムです。そして、その各壇には太陽・月や惑星・恒星、風・雨など気象現象がそれぞれ神格化されて祀られ、最上段に上帝が祀られています。この円丘壇や祈年殿で祭祀を行うのは皇帝です。天の神々を祀る資格を持つのは地上でただひとり中国の皇帝だとされたからで、皇帝は上帝から天命を受けて人間界を統治する君主であることを示しています。ですので皇帝を天子とも呼ぶのです。円丘壇には冬至の日の朝、祈年殿では年のはじめに豊作を祈る儀式が行われ、上帝に供物が捧げられます。

そのほか、家々には仏教の仏壇に当たる、先祖を祀るための家廟があります。独立した建物としてつくられ、なかには先祖代々の位牌が、傍系まで含めすべて祀られるのが一般的で、家廟に一族が集まって儀式を行うものです。実は、日本の仏壇はもともと儒教のもので、儒教の考え方を仏教が取り入れてできたのです。

写真１　祈念殿（天壇）

写真２　円丘壇（天壇）

儒教ではこのように、孔子をはじめとする昔の偉人たち、先祖たち、上帝および星々や気象の神々、さらに大地や山や川といった地の神々が祭祀の対象とされてきました。

そもそも宗教とは、西洋人が自分たちのキリスト教やユダヤ教、それにイスラム教のような一神教を念頭に定義したものです。仏教や道教、インドのヒンドゥー教は偶像崇拝にすぎなくて、宗教の名に値しないとさえされてきました。Confucianism、Buddhism、Taoism、Hinduismと、これらが英語ですべて-ismでくくられているのも、そのためでしょう。しかし現在の宗教研究者にそのようなことをいう人はいませんし、アニミズムのような原始宗教なども含めて宗教の定義は幅広いものになっています。儒教にも宗教施設が存在し、宗教的な儀式行事が行われている以上、私は儒教もほかの宗教と同様、宗教と呼んでかまわないと考えます。ただし、今言ったような事情、「宗教（religion）という概念がキリスト教文化圏で生まれた」ということを考えると、宗教というのは所詮は彼らの目線による分類にすぎず、その定義では宗教と呼べないというのであれば、こびへつらって儒教をその仲間に入れてもらう必要もないと思っています。

以下、死刑について、義戦について、仇討ちについて、それぞれ話していきます。

儒教における死刑の肯定

さて、儒教では罪人に対する死刑は認められています。それも、「殺すべきである」という強い表現によって、です。

中国法制史の大家として知られる池田温先生（二〇二三年没。東大名誉教授）が、中国の唐代初期に完成をみた法体系である律令格式が成立した背景についてまとめたものによれば、春秋戦国時代、諸子百家のなかの一派から台頭した法家（徳治主義を説く儒家に対し、厳格な法による統治を説いた一派）が君主の権謀術数を理論化して中央集権的な法治をめざし、法家の商鞅による改革（商鞅の変法）によって強国化した秦が史上初の中国の統一を実現します。その後、秦は瓦解しますが、漢代に入ると、前漢後期に王朝が儒家のイデオロギーを採用するようになり、裁判でも春秋の義（儒教の教え）を用いるような儒教化がみられたというのです。律令格式とは律（刑法）と令（行政法）の二大法典を中心とし、その補充法規としての格・式を含む法体系です。

一般に私たちが今日「法律」と呼ぶ語は、法家が唱えた「法」に、儒教の考えが入って「律」がつくられ、それらを合わせたものです。ただしこれは近代になって西洋の法体系を移植してから多用されるようになったことばで、以前は法ないしは（刑法の場合に）律と、単独で使われるのがふつうでした。それはともかく、法家の思想による中央集権的法治に、紀元前一世紀ころの前漢後期に政府が儒家のイデオロギー、儒教による統治を明確に宣言したことで、法に基づく裁判にも儒教の教義が採用されるようになったということです。

七～八世紀にかけ、日本でも中国に学んで独自の律令が制定されました。ですから当然、律令は儒教の考え方に基づいて制定されています。奈良時代に編纂された養老律令（七五七年施行）においては、主刑として「笞」（むち打ち）、「杖」（杖打ち）、「徒」（懲役）、「流」（流刑）、「死」（死刑）の五刑が規定され、それぞれにいくつかの等級があり、例えば「死」には「絞」（絞め殺す）と「斬」（斬り殺す）の二つがあって、「斬」のほうが重い処刑方法とされていました。死刑が科されたのは殺人や強盗などの罪の場合だったようです。律令では中国でも日本でも、人を殺したことが間違いないと判断されれば、よほどの情状酌量がない限りは死刑が通例で、これは儒教の考え方に基づいています。

孔子も、死刑によって外交・内政を正しています。司馬遷の『史記』に「孔子世家」という孔子の伝記があり、孔子が仕えた魯の君主定公が夾谷という場所で斉の君主の景公と会見した場面があります。孔子も定公の補佐役として付き添っていました。斉の役人が余興として夷狄の音楽の演奏を申し出たので景公が承諾すると、着飾った蛮族の楽団がやってきます。これに孔子が両君の親睦の会になぜ蛮族の音楽を奏でるのかと物言いをつけ退去させると、斉の役人が今度は宮中の音楽を奏でるといって、俳優などの一団がやってきます。昔の中国では、俳優は一般の人々とは違って差別される身分とされていました。ですから孔子は、賤しい身で諸侯を惑わす者はその罪が誅罰に該当するので役人に命じて処置させていただきたいと景公に申し上げ、この俳優たちの手足をバラバラに斬り落としたとあります。

現在の価値観からするとひどくてわかりにくい話ですが、このあとに「景公は恐懼動揺し、義において魯に及ばないことを知った」（吉田賢抗訳『史記』）と続く通り、儒教において重視される義（人としてなすべき基準）を貫いた孔子は素晴らしい人物であると司馬遷は記述しています。つまり俳優たちは儒教の礼、儒教のルールに外れることをしたので罰せられたという話です。

このほか、魯の定公の下で孔子が宰相を補佐する職に就いたとき、魯の高官（大夫）で政治を乱した少正卯という人物を死刑にしました。人々は悪いことをしてはならないと考えるようになり、三ヵ月も経つと、商人たちは正当な値でものを売るようになり、男女が別々の道を歩くようになり、道の落とし物を拾って自分のものにしてしまう行為もなくなったという話もあります。これも、政治を乱す者を厳しく罰することで儒教のルールが守られることを説いており、儒教では死刑はあるべき秩序を守る上で必要不可欠なものとされています。それは単に人殺しをした人だけに適用されるのではなく、もっと広い範囲で、国を治める手段として人を殺すことを認めていることを意味します。

天子による「正しい戦争」——義戦の論理

また、儒教には「義戦」という言葉があります。例えば今から八〇年以上前の日中戦争とその後の太平洋戦争は、現在では侵略戦争、誤った戦争、愚かな戦争だったと評価されていますけれど、当時は、暴虐な支配者に苦しめられている中国の人々を救うための戦争ということになっていました。すなわち、暴虐な支配者である蒋介石から中国の人たちを救う目的、その蒋介石を支援している「鬼畜米英」を懲らしめる目的をもつ戦争だったのです。開戦の詔勅では「自存自衛」のためにやむをえずに戦うのだとしていました。つまり「義戦」、すなわち「正義の戦争」であるという認識でした。

『孟子』といえば孔子の後継者である孟子の言行録で、儒教の中心文献とされる四書のひとつですが、その「尽心下」に、義戦という語が登場します。

「孟子いわく、春秋に義戦なし。彼、これより善きは、すなわちこれあり。征とは上、下を伐つなり。敵国は相征せざるなり、と」

ここにある「春秋」とは孔子が手を入れたとされる魯の国の歴史書を指します。孟子は、孔子の歴史書『春秋』のなかには義にかなった戦、すなわち義戦は一つもない、あの戦はこの戦よりはよいという程度のものはあるが、その程度で義戦と呼ぶことはできない。義戦である「征」には「正」（人を正す）の意味があり、上である天子が下である諸侯を伐つことをいうのであって、「敵国」同士が互いに征伐しあうことはできないはずである、という内容です。この場合の「敵」はエネミー（敵）ではなく、匹敵の敵で「対等な相手」という意味です。

つまりここでいう義戦（征）とは、天子（皇帝）が諸侯を征伐する戦争をさし、諸侯同士は儒教のルールでは対等の関係となるため、諸侯同士の戦争は「征」とはいわない、したがって義戦ではないというのです。春秋時代は、天子の権威・力が衰えて各地の諸侯たちを取り締まる力がなくなっていたわけですから、そもそも天子が諸侯を征伐できる状況にはありませんでした。日本の戦国時代に似ていて、室町幕府の将軍は存在するものの、各地の戦国大名同士が勝手に戦争しており、室町将軍が大名を征伐することはほとんどなかったという状況に近いでしょう。こうした儒教的な義戦の考え方は日本の律令体制にも浸透しており、その好例は天皇が名代として将軍を任命・派遣し、朝廷に歯向かう勢力を征伐する際に将軍に与えられる称号の「征夷大将軍」です。平安時代の日本の中央政府の言い分によれば、京都の朝廷が東北地方の蝦夷《えみし》に戦争をしかけるのは義戦としての征夷であり、それは侵略ではないのです。

同じ「尽心下」にはこんな話もあります。周王朝の祖である武王が殷の最後の王紂王を倒した戦争の伝承が儒教の五経のひとつ『書経』の武成篇にあるのですが、そこでは古い王朝を新しい王朝が滅ぼす時の戦争が異常な激戦で戦死者が多く、大量の血の海で杵《きね》が流れるほどだったと記されています。しかし、孟子は「書経に書いてあることを全部信じてかかったら、それはまちがいのもと」だとしてこの逸話を引き合いにし、そもそも仁者には向かうところ敵（エネミーの意味）無しのはずで、武王のような至仁者が紂王のような至不仁者を伐った際には誰しもが周に味方し紂王のために戦う者はいなくなるはずだから、というのに、血が杵を流すような激しいいくさになることはありえないというのです。これは孟子の儒教的なこじつけとも考えられ、実際にどうだったかは不明ですが。

つまり、『孟子』において義戦とは天子＝皇帝（日本の場合は天皇）あるいは天子に任命された将軍が、地方の政治権力が命令を聞かない時に懲らしめることです。もし正しくない王を正しい王が伐つ場合には、その戦いはあっけなく終わるはずだ。必ず義戦を起こした側が勝つ。義戦とは正義のための戦争で、正義があるほうが勝つのです。正義が負けることは、儒教のイデオロギー上はないはずでした。

「征」と「寇」 ——征韓論と元寇の歴史認識

征伐という言葉を『日本国語大辞典』で調べると、日本での最初の用例は七〇九年の『続日本紀』で、日本でまさに律令が編纂されつつあったころのことです。平将門の乱を記録した『将門記』（九四〇年頃）にも、「将門僅に此由を聞て、亦征伐せんと欲す」と出てきます。

征の逆で、天子に対して逆賊が乱を起こすことを「寇」といいます。十三世紀に中国の元が日本に二度軍を派遣したモンゴルの襲来は、かつて教科書でも「元寇」とされていました。モンゴル襲来から間もないころの日本の文献では当初「蒙古合戦」と称されていたのが、後に「蒙古襲来」「蒙古来襲」となり、江戸時代に入って儒教的な考え方から「元による寇」、すなわち元寇と称されるようになったのです。「倭寇」と同様、不正な武装集団が事を起こした悪事・悪行だという意味です。山賊や海賊であれ、国家であれ、儒教的に正しいとされる王権に歯向かう者はみな「寇」となります。ちなみに中国の歴史書『元史』の「日本伝」では、モンゴル皇帝が服属するよう国書を送ったのに日本がいうことを聞かないので、懲らしめるために「率十萬人征日本」、十万人の兵を率いて日本を「征した」と、「征」が用いられています。

もっと歴史をさかのぼると、二世紀末の後漢末期から魏・蜀・呉の三国が並び立っていた三世紀後半にかけての一〇〇年、いわゆる三国時代の歴史を、西晋の陳寿がまとめた有名な『三国志』があります。このうち「魏書」の「明帝紀」には、次のように書かれています（傍線筆者）。

「蜀大將諸葛亮寇邊、天水、南安、安定三郡吏民叛應亮」

「諸葛亮寇天水、詔大將軍司馬宣王拒之」

蜀の大将、諸葛亮が辺境を「襲ってきた」（寇）。それにつられて、その辺りの住民が反乱（叛）を起こした。また、別の年に諸葛亮が天水に「侵略してきた」（寇）ので、大将軍司馬宣王に詔して、これを防がせた……という意味ですが、ここでも「寇」が使われています。一般的には諸葛亮の方が正義の味方で、それと戦争した側に悪いイメージが定着していますが、この場合は異なります。なぜなら、歴史書の『三国志』は魏の立場から書かれているからで、魏からすれば諸葛亮は侵略者のため、「寇」とされているのです。

後代の小説である『三国志演義』では、諸葛亮が正義のために魏に戦争を起こしたものの、魏には諸葛亮並みに優れた司馬懿（司馬宣王）という将軍がいて勝つことができず、残念ながら諸葛亮の方が先に死んでしまった……という悲劇のストーリーとして語られるわけですが、その背景にはある時期から大きな影響を与えるようになった朱子学の存在があります。儒教の一流派である朱子学はこの三国時代についても、蜀こそが正しい、魏は偽物だと、それまでの歴史認識をひっくり返しました。蜀を正統とする朱子学の立場では、諸葛亮は「征」、司馬懿は「寇」と記し、陳寿の『三国志』とは逆になっています。つまり、自分たちは正しいという立場で相手国に戦争をしかけた場合は「征」、相手が攻めてきた場合は「寇」になるわけで、これはちょうど今（二〇二四年）起きているロシアとウクライナの戦争の場合も同様でしょう。プーチンの立場からすれば、いうことを聞かないウクライナを「征」していることになり、逆にウクライナの立場ではロシアの侵攻はまさしく「寇」です。

日本では古く『日本書紀』において、仲哀天皇の皇后である神功皇后が天皇の死後、軍を率いて三韓（新羅、高句麗、百済）を服属させたという記述があります。この戦争は「征」と表現されました。のちに豊臣秀吉が「朝鮮征伐」を行いますが、これも同じ論理です。日本では古くから韓半島は日本の属国であるべきだという誤った歴史認識が持たれていました。

明治維新後、西郷隆盛らが主張した「征韓論」はこの文脈に属しています。客観的にみればそれは侵略戦争なのですが、名目としては「征韓」、すなわち儒教的に正しい戦争だと主張したわけです。

この征韓論からおよそ七〇年後となる一九三〇年代後半以降、とくに日中戦争の発端となった盧溝橋事件（一九三七年）あたりから、日本では中国での抗日運動に対し「暴支膺懲」（暴戻支那を膺懲す）というスローガンが掲げられました。これは乱暴者の支那（中国）を懲らしめるという意味ですが、じつはこれにも儒教の考え方が踏まえられています。

儒教の古典『詩経』の魯頌・閟宮の第五章に、「戎狄是膺　荊舒是懲」（西戎、北狄の如きものはこれを撃ち、荊舒の類はこれを懲らしめる）という句があります。『孟子』もこれを引用しています。膺と懲はもともと意味が少し異なるものの、日本語ではどちらも訓読みで「こらしめる」です。つまり、「膺懲」とは正しい王のいうことを聞かない者を王が「征」する行為、すなわち義戦を意味しています。さきほど太平洋戦争は「義戦」

だったと言いましたが、その前から中国への侵略をこのように儒教用語で潤色していたのです。

明治の征韓論に始まる日本の中国大陸への侵略政策は「義戦」でした。それが儒教の教義を我田引水した間違った活用だといって批判することはできますし、その批判は大事なことです。しかし一方で、そもそもこうした危険性を儒教の教義が具えている、もともとそういう性質が儒教にはあるのだということもきちんと理解しておいてください。「己の欲せざることは人に施すことなかれ」(『論語』顔淵)のように、学校で教わる内容は個々人にとっての教訓が中心ですが、儒教にはこうした暗黒面も存在するのです。

称賛される「敵討ち」——せめぎ合う法と義

昔の武士の世界には、主君や親、親友などの仇を討つ「敵討ち」「仇討ち」という行為がありました。武士の間で敵討は公認・推奨されており、それを理念的・理論的に支えていたのも儒教でした。

不倶戴天という言葉があります。その意味は「相手をこの世に生かしておけないこと。殺すか殺されるか、一緒には生存できない間柄。怨みや憎しみが深く報復せずにはいられないこと、その間柄」(『日本国語大辞典』)というものですが、この語は中国でも日本でも、「不倶戴天の敵」という表現で使われます。実はこの語も儒教の『礼記』にある「倶に天を戴かず」が元であり、そこでは父の仇は不倶戴天であるから仇敵を殺せ、失敗して返り討ちにあってもそれは仕方ない、何もしないより戦って返り討ちにあえば名誉の死となる、ということが説かれています。つまり、儒教では不倶戴天の敵、すなわち仇は必ず自分の力で殺すべきだと教えており、これが日本では武士道と結びつき、武士は仇討ちをすべきだということになったものです。復讐のための私刑を是認しているのです。

江戸時代の文学作品には仇討ちがいくつも登場します。

近松門左衛門に『曽我会稽山』という浄瑠璃作品があります。会稽山とは中国の山の名で、春秋時代、呉王の夫差が毎晩堅い薪の上に寝て過ごし、ついに越王の勾践を倒したという「臥薪嘗胆」の故事で知られる呉越の戦いの舞台とされる場所で、会稽山といえば敵討ちと解する教養が江戸時代には広がっており、歌舞伎や浄瑠璃、能の演題によく使われました。『曽我会稽山』は、父を殺された曽我兄弟が敵討ちを果たすまでの一日を描いた物語で、ここでは「倶不戴天の敵を討ち、名を後代に上げん事」という一節があります。

また有名な赤穂四十七士の討ち入りを題材としつつ、時代を室町時代に変更した二世竹田出雲の『仮名手本忠臣蔵』には、不倶戴天という言葉こそ出てこないものの、主人公が亡骸の前で仇の首をかき切って本意を遂げることを誓い、敵討ちをするストーリーで、敵討ちを正当化する内容になっています。曽我兄弟と赤穂浪士は、敵討ちの芝居の題材としてよく使われたものです。

しかし、実際の赤穂浪士は吉良義央を仇討ちしたあと、幕府によって切腹を命じられ、四六人が切腹しています。この処罰をめぐる幕府内の議論がどのようなものだったのか、田中佩刀先生の研究論文「赤穂義士論に関する考察（上）近世武士道論序説」からひもといてみます。

田中論文によれば、赤穂浪士の討ち入り事件があった直後に幕府内でその処罰を巡る議論がありました。世間では赤穂浪士らを「義士」、つまり儒教的な武士道の価値観で立派な行為を行った者ととらえられ、とくに儒学者の間では彼らの仇討ちを肯定し、助命を願う声が強かったそうです。

当時若年寄だった加藤明英（近江水口藩主）の意見が、同時代の儒学者・室鳩巣の編纂した『赤穂義人録』に収録されています。そこで加藤は鎌倉時代の曽我兄弟の仇討ちを引き合いに出し、その行為は立派ではあるが、法には触れる行為であるため、最終的に頼朝も二人を打ち首としたのだと述べています。そのうえで、孝行は一人のため、法は天下の法であるから、法を執行しても誰もそれをとがめることはないし、それによって武士の忠義がすたれることはないと説きました。つまり、主君の敵を討った大石内蔵助は確かに立派だが、国法をおかしているのでこれは罰さないわけにはいかない、ということで切腹が命じられたということです。そういう経緯で、江戸時代は赤穂浪士を表立って義士と呼ぶことはできない状況が続き、それができるようになったのは明治に入ってからのことになります。

儒教的なるもの ——侵略戦争の正当化、表忠碑、靖国神社

儒教ではまず死刑という形で悪人を殺すことが正当化されました。それから義戦、征服のための戦争、成敗のための戦争ということで悪人を懲らしめる戦争も、戦死者が出ようとも、肯定されます。そして仇討ちも正当化されている。ただし、仇討ちが国の法律に触れる場合には処罰される。そうした歴史認識に感化されたエリートが近代国家をつくっていくときに、日本はかつて韓国を制圧しているのだから征韓だと、蒋介石が中国を牛耳って日本に歯向かってくるから暴支膺懲だとして、自分たちの外国での侵略を正当化してきました。その点について、近代日本思想を専門とするショーン・オドワイヤー先生（九州大学）が「近代日本の儒教と戦争」という論文をまとめられています。

オドワイヤー氏は明治時代に岩倉具視らが創設した儒教の研究団体である斯文会と日中戦争との関わりを研究し、「日本の高名な中国文化研究者が孟子のレトリックを動員していままさに進行中の中国への全面戦争にお墨付きを与えたり、斯文会会員たちがこの戦争をアジアの精神文化を再建し、儒教を復興し、西洋に対抗するというアジア主義運動に結び付けたりした」と結論されています。そのうえで、「儒教の皇道思想の論理は、天皇の名において行われる軍事行動を道徳的に正しいものだと考えることを、その信奉者に強制した」こと、また西洋では宗教改革を契機に政治的・道徳的生活の再編成が生まれ、市民の道徳的生活や信条といった「内面的価値観」を裁く国家の権限が制限されるようになったのに対し、日本はそうならなかったという丸山眞男の論を引きつつ、「斯文会の儒学者たちは、内面的価値観の領域は国家の絶対的命令から守られるべきだとは考えず……政治的・軍事的支配層が決定した超国家主義的価値観に粛々と屈するしかなかった」

ことなどから、日本の儒学者たちは日本による「野蛮な中国」に対する「征伐」を正当化したと述べておられます。

儒教的なものの考え方が、戦前の日本の国家としての行動・行為には大きく関わっていることが、この指摘からもおわかりになるのではないかと思います。

日本各地の神社などに表忠碑や忠魂碑、殉国碑と呼ばれる、戦没者を顕彰する碑が建てられています。これらの大半は明治以降のもので、とくに日露戦争に関するものが多くみられます。第二次世界大戦では日本は敗戦国となったため、戦争中に建てられたものをのぞくと、戦後の建立はほとんどありません。これらの碑も儒教的な考え方に基づくもので、「忠君愛国」ということばが中国語の語順（動詞の忠・愛が上に、目的語の君・国が下にある）であることが示しているように、儒教の考え方にもとづくものです。その総本山ともいえる宗教施設が靖国神社です。この「靖国」もやはり「国を靖んじる」ということば、『春秋』に関連する本である『春秋左氏伝』に見える表現に由来しています。日本語（やまとことば）ではないのです。

私は、靖国神社は日本古来の神道ではなく、儒教の義戦という考え方に基づき、天皇の命令によって悪を懲らしめるための戦争に出かけて死んだ人たちを顕彰する施設ととらえています。義戦で死ぬことは儒教では名誉であり、それを讃える施設が靖国神社なのです。つまり、靖国神社の表層（殻）は神道であるものの、その中身は儒教の教えに基づいているのです。詳しく知りたい方は拙著『増補　靖国史観』（ちくま学芸文庫二〇一五年）をお読みください。

こうしてみてくると、儒教はとても好戦的だと受けとられる方がいるかもしれませんが、決してそれだけではありません。最後に『論語』顔淵篇にある話を紹介します。

「子貢政を問ふ。子曰く、食を足らし、兵を足らし、民之を信にすと。子貢曰く、必ず已《や》むことを得ずして去らば、斯の三者に於て何をか先にせんと。曰く、兵を去らんと。子貢曰く、必ず已むことを得ずして去らば、斯の二者に於て何をか先にせんと。曰く、食を去らん。古《いにしえ》より皆死有り。民信無くんば立たずと」

〈子貢が政治について尋ねた。先生は「食糧を十分にし、軍備を十分にし、国民に信頼してもらうことだ」と答えた。子貢が尋ねた。「やむをえない事情があってあきらめるなら、この三つのうちどれを先にすべきですか」と。先生は「軍備をあきらめよう」と答えた。子貢はさらに尋ねた。「やむをえない事情があってあきらめるなら、残りの二つのうちどちらを先にすべきですか」と。先生は言った。「食糧をあきらめよう。人は昔からみな死ぬと決まっている。しかしそもそも国民の信頼がなければ国は存立しえないよ」と。〉

最後の「民信無くんば立たず」は現代の政治家にもしばしば座右の銘として引用されるものですが、ここで孔子は、食糧、軍備、信頼という三つの要素のうち、まずあきらめるべきものとして軍備をあげています。政治家の皆さんはこの前段のところをちゃんと読んでいらっしゃるのでしょうか。

儒教にはこのように民衆の生活を顧みない軍備拡張政策を批判する一面もあることを付け加えて、私の話を終わります。

第十三講

道教と戦争

横手　裕

道教とは何か

本論に入る前に、道教とは何か、という話からはじめたいと思います。中国において道教は、儒教や仏教と並んで中国文化の根底を支える思想的な三本柱である「三教」のひとつとして、長い歴史をもっています。日本は歴史的に、道教を仏教のように体系的かつ総合的に受容してこなかったこともあってか、道教といわれても、イメージがわかないという読者もおられることでしょう。しかし案外、身近なところに道教は存在します。例えば日本を含め世界各地にある中国・台湾系コミュニティには道教の寺院が数多く見られます。この講義の会場である横浜にも有名な横浜中華街があり、そのなかに色鮮やかな「関帝廟」がありますが、これは神格化された『三国志』の武将・関羽（関帝）を祀る一種の道教寺院（神廟）とされる場合が多いと思います。一方では、日本の文化のなかにも道教をルーツとするものが散見されます。例えば、日本の神社で売られているお守りの袋の中身は、道教の符（呪術に使う象徴的・神秘的な図形を描いたもの）である場合が少なくないように、道教は日本の神道や修験道に大きな影響を与えてきました。飛鳥時代の出土遺物にも呪符を記した木簡が多数確認されており、古くから日本でも道教式の符呪が行われていたことがわかっています。体系的ではなかったものの、中国道教は個別の要素ごとに確実に日本で受容されてきたのです。

古代中国の春秋戦国時代、およそ前五〜前三世紀にかけて、諸子百家と称されるさまざまな思想を説く学派が登場しました。後漢に成立した『漢書』芸文志は、それらを儒家・道家・陰陽家・法家・名家・墨家・縦横家・雑家・農家・小説家の「九流十家」としてまとめています。秦漢期の思想統制によってそれらが次第に淘汰されていった結果、残ったのが儒家と道家であり、そこに仏教の伝来が加わって、儒教・道教・仏教の三教というカテゴリーが中国で形成されることになります。

では道教とは何かということになりますが、その源流といえるものは次の三つに集約されるでしょう。

①老子（老荘〔老子と荘子〕・黄老〔黄帝と老子〕）およびそれを中心とする道家
②神仙説
③鬼神信仰

老子は『道徳経』（『老子』）を述作したとされる春秋時代の思想家とされます。ただし現在では研究者の多くがその実在を否定しています。一方で、今日『道徳経』として知られる文献は戦国時代の後半ぐらいにまでに世に現れていたこともわかっています。この①で「老子」としたのはひとまず、『道徳経』で説かれているような、世界の根源である「道」を考究する哲学・政治思想をさします。また中国世界の黎明期に天下を統治したとされ、伝説上の五聖君（五帝）の筆頭とされる黄帝も、無為自然の政治を実践したという説から老子と一体化し、無為による政治を説く黄老思想として戦国時代末から前漢にかけて知識人らに評価されました。

「神仙説」とは、不老不死の神仙（仙人）を理想とし、人間もしかるべき方法論によって努力を積むことで神仙になれるとする神仙術の実践を説くものです。これは山東半島の沖合にある蓬莱山（三神山の一つ）や、西方の果てにある崑崙山に長生不死の仙人（僊人）や羽人が住むという中国に古くからある伝説に由来し、金属などを調合して不老不死の丹薬（仙薬）をつくる錬丹術や、体内を流れる気を精錬して不老不死を実現しようとする内丹といった、さまざまな技法が道教では実践されるようになります。

最後にあげた「鬼神信仰」の「鬼神」とは、鬼（人が死んだあとの霊魂）と神（天地の自然神）の総称で、基本的には人が直接知覚できない霊的かつ超越的な存在をさします。この鬼神信仰と深く関わり、道教を特徴づける重要な要素のひとつが、邪鬼から身を守り、鬼神を使役するなど神秘的な力をもつとされる「符（呪符）」の使用です。日本でいう「おふだ」で、道観（道教の寺院）に行くと壁などに貼られているのを見ることができます。このような符の効用を強調し、符を水に浸してその水を飲めば病気が治るという「符水」などで民衆を引きつけたのが、後漢に登場した太平道や五斗米道でした。つまり鬼神信仰とは、鬼神とその不思議な力を信仰して呪術を行うものです。

「宗教」としての道教と歴史的な道教とのズレ

前漢末から後漢初期にかけ、先にあげた先秦からの三つの伝統（老子〈老荘・黄老〉と道家・神仙説〈神仙家〉・鬼神信仰）が「道家」の名のもとに融合することになりました。その結果、新しい、いわば「拡大膨張」した「道家」が、後世に「道教」とも呼ばれるようになるのです。

ただ、ここでやっかいな問題が生じます。みなさんも道教について書かれた概説書や事典などで、道教とは諸子百家の道家の思想家などは含まず、黄老や鬼神に対する信仰活動を行った後漢の太平道や五斗米道から道教は始まるのだという解説を読んだことがあるかもしれません。それはあくまでも道教を宗教、つまり神などの超越的存在に対する信仰としてとらえた場合の解釈であり、実際に二十世紀以降の中国においてもそうした解釈が一般的になっています。しかしそうした場合、宗教としての道教と、中国で歴史的に道教とされてきたものの間にはズレが生じてしまうのです。

歴史的な中国の「儒・仏・道」の三教における「道」とは、「道家」「道家の教」や「老氏」「老氏の学」「老教」などといった言葉と言い換えることが可能で、必ずしも「道教」としてのみ語られてきたわけではありません。もちろんそのなかで「道教」は代表的な表現ではありますが、「道教」といわないと儒・仏・道の「道」が表現できないわけではないという意味です。「宗教」はヨーロッパで成立し、近代になって東アジアに入ってきた概念です。東アジアの中でも日本は真っ先にヨーロッパの「哲学」「宗教」の概念を取り込み、伝統的な中国文化を分類して説明して、老荘の思想を「哲学」の「道家」、中国の神々の信仰や神仙説等を宗教の「道教」としました。これが本家の中国も巻き込んで広まり、今日に至っています。

しかし、そもそも「宗教」という言葉・概念と「道教」という言葉・概念は本来、お互いを意識せずに別個にできあがったものですから、「宗教」という概念のなかに元来の「道教」がぴったりと収まるとはいえません。ですからここでは、あえて宗教としての道教ではなく、中国で伝統的にもともと道教とされてきたものとしてお話ししたいと思います。

話を戻しますと、三つの伝統が融合・拡大したことで、道家の祖であった老子そのものが神仙ともされ、老子の説く「道」の体得者も神仙とされるようになりました。道教においては、神仙術を修行して神仙となれば、老子の「道」を体得したとみなされるようになります。また融合が進むにつれて「神仙」と「鬼神」、神仙術と鬼神信仰の呪術の境界が次第にあいまいになり、本来は鬼神信仰にあった呪符などの呪術が神仙術の一部になったりもしていきます。

つまり道教とは、老子（老荘）の説いた「道」とは何かを追求する思想、神仙家による神仙説（およびその後もさまざまに発展した不老長生の技法）、鬼神信仰（さらにその後に現れ時代とともにますます加わってゆく中国土着の神々の信仰）の三つが融合しつつ一体化した思想・信仰の文化であるというのが、本来の「道教とは何か」

への答えとなります。

道教の根本経典『道徳経』（『老子』）が説く戦争論――「不争の徳」

それでは本題として、道教の根本経典となっている『道徳経』（『老子』）のなかでどのように戦争論が説かれているのかについて詳しくみていきましょう。老子についてはすでに少し触れましたが、春秋時代末期に存在したとされ、司馬遷の『史記』によると楚の出身で、姓は李、名は耳、周王朝の図書館を管理する役人で、孔子が教えを請うたということで、孔子の先輩にあたる人物ということになります。そして八十一章の『道徳経』を述作し、函谷関の守・尹喜に与えたとされます。史書等に描かれたこのような老子の実在性はほぼ否定されていますが、今回はひとまず、戦国時代に姿を現して今日まで親しまれてきた『道徳経』の作者を老子と呼んで話をすすめたいと思います。

さて、この老子の思想は、大きくいえば二つの面があります。ひとつは「世界の根源には『道』がある」というもので、「道」とは根本存在・根本法則を意味し、世界を根本から考察し説明する哲学であるといえるでしょう。もうひとつの面は、「『道』の働きに任せて人為を排する」というものです。これはつまり、私欲などによる人間の小ざかしい知恵を巡らす（人為）ことでかえって人間は不幸になるので、自然のあるがままのふるまい（無為）に従うことが、人々の平安や理想的な統治が実現するのだという考え方で、無為による君主論や統治論、為政者論となっています。老子の根本思想である無為自然は、次のように説かれています。

「道は常に無為にして、而も為さざるなし」（三十七章）

「道は自然に法る」（二十五章）

現代語にすると、「道」はいつでも無為でいて、しかもあらゆることを適切に為している、「道」は人為の加わらない「自然そのまま」のあり方に従っているのだ、という意味になります。この無為自然なる「道」

のあり方に倣ってそれと一体になることが最高の理想であり、これが老子の根本思想となっています。

この根本思想に基づく戦争への態度として、まずあげられるのは「不争の徳」というものです。『道徳経』からいくつか引用してみましょう（現代語訳は筆者による）。

「最上最善なるあり方は水のようなものだ。水は、あらゆる物に恵みを与えながら、争うことがなく、誰もがみないやだと思う低いところに落ち着く。だから道に近いのだ。身の置きどころは低いところがよく、心の持ち方は深いのがよく、……。そもそも争わないから、だから咎められるような間違いもない」（八章）

「大河や大海が幾百もの河川の王者でありうるのは、それらが低い位置にあるからである。だからあらゆる河川の王者でありうるのだ。そういうわけで聖人は、人民の上に立とうと思うなら、かならず謙虚な言葉でへりくだり、人民の先に立とうと思うなら、かならず我が身のことを後にする。……そもそも誰とも争わないから、世の中の人々は彼と争うことができないのだ」（六六章）

ここでは水のありように例えて、誰もがいやがる低いところに身を置いて「不争」であれば責められることはないし、為政者が人々の後に身を置いて「不争」を実践すれば反乱なども起こらなくなり、平和になると説いています。「不争」への言及は他にも見られます。

「すぐれた武将は猛々しくない。上手に戦う者は怒らない。上手に敵に勝つ者は相手とぶつかって戦わない。上手に人を使う者はへりくだる。これを争わない徳（不争の徳）といい、これを人の能力を使うといい、これを天に一致するといい、いにしえからの究極最高の道理である」（六八章）

「聖人は何もためこまない。なにもかも人々に施しながら、自分はますます充実する。なにもかも人々に与えながら、自分はますます豊かになる。天の道は恵みを与えるだけで損なうことはなく、聖人の道は何かを為しても争うことはない」（八一章）

「天の道は、争わないのにうまく勝ち、なにも言わないのにうまく応答し、招かないのにおのずと到来し、はてしもなく大きいのにうまく計画されている。天の法網は広々と大きく、目はあらいが、なにごとも見逃すことはない」（七三章）

このように、『道徳経』では「争わない」すなわち「不争」をいうことが繰り返し説かれています。『道徳経』が説く根本は、世界の根底にあり、万物を生み出し、万物が従う理法でもある「道」です。この「道」こそが「無為自然」であり、それは万物と争わない「不争」であるため、咎められるべき問題も生ぜず完全無欠であり続けると老子は説いています。つまり『道徳経』では、その「道」のありかた、すなわち「不争」に倣うべきことが理想とされ、それが「不争の徳」なのだということです。

軍隊・兵器は「やむを得ず」用いる――いかなる態度で戦争に臨むか

このように『道徳経』では「不争」の重要性が説かれる一方で、現実に起こりうる戦争に対しての望ましい態度についても言及されています。要するに、為政者にとっていかなる態度で戦争に臨むべきかという問題です。

「いったい武器とは不吉な道具であり、人々はつねにそれを嫌う。だから、道を体得した者は武器を使う立場にいない。君子は平時は左を上位とするが、戦時には右を上位とする。武器は不吉な道具であり、君子が使う道具ではない。やむを得ず用いる場合は、無欲に淡々と使うのが最上である。勝っても賛美はしない。賛美するならば、人殺しを楽しむことになる。人殺しを楽しむならば、志を天下に果たすことはできない。吉事の場合は左を上位とし、凶事は右を上位とする。……喪礼に従う位置をいう。大勢の人を殺すので、悲哀の気持ちで戦に臨み、勝っても、喪礼のきまりによって位置するのだ」（三一章）

「道にもとづいて君主を補佐する者は、武力によって天下に強さを示すことはしない。武力で強さを示せば、すぐに報いがくる。軍隊の駐屯するところは荊棘が生え、大きな戦争の後ではかならず凶作になる。うまく武力を用いる者は、事を成し遂げるだけだ。強さを示すようなことはしない。成し遂げても才知を誇ってはならず、功を誇ってはならず、高慢になってはいけない。成し遂げてもやむを得ないこととする。これを成し遂げても強さを示さない、という。ものごとは勢い盛んになれば衰えに向かう。これを道にかなっていない、というのだ。道にかなっていなければ早く滅びる」（三十章）

為政者は戦争が起こった場合には、軍隊や武器は「やむを得ず用いる」べきで、用いる場合でも「無欲に淡々と使う」べきであり、また戦いに勝ったとしてもそれを「やむを得ない」ことと考え、勝利を賛美したり強さを誇示するような行いを厳しく戒めています。老子の『道徳経』は哲学書であるとともに一国の頂点に立つ為政者のための政治指南書でもあります。そのため、個人的な反戦論・非戦論の類いは主張せず、為政者の現実を念頭に置いた戦争論を語っているのです。

『道徳経』の逆説的方法論 ――いかにして戦争に勝つか

為政者の現実に即した『道徳経』では、戦争が避けられない場合も考え、いかにして戦争に勝つかについても論じられています。

「兵法に次のような言葉がある。『自分からむりに攻めるな、むしろ守りにまわれ。一寸でもむりに進もうとするな、むしろ一尺でも退け』と。これを、陣なき陣を布き、腕なき腕を挙げ、武器なき武器を取る、というのであり、そうであれば敵となるものは無くなるのだ。敵をあなどるより大きな災禍はなく、敵をあなどれば、ほとんど自分の宝を失ってしまうだろう。そして、兵を出して攻めあったときは、戦いを哀しむ者の方が勝つのだ。」（六九章）

「すぐれた武将は猛々しくない。上手に戦う者は怒らない。上手に敵に勝つ者は相手とぶつかって戦わ

ない。上手に人を使う者はへりくだる」（六八章）

戦争において、為政者は自分から無理に攻めてはいけない、まともにぶつかってはならない、そうすることによって相手に勝つことができる、と老子は説きます。敵を侮って攻勢をかけることは危険であり、そして兵を出して攻めあったならば「哀しむ者」、つまり戦争の痛ましさを十分に心得て、悲哀とともに「やむを得ず」軍隊や武器を使う者の方が勝つのだという教えです。

「人は生きている時は柔らかくてしなやかであるが、死んだ時は堅くてこわばっている。草や木など一切のものは生きている時は柔らかくてみずみずしいが、死んだ時は枯れて堅くなる。だから、堅くてこわばっているものは死の仲間、柔らかくてしなやかなものは生の仲間だ。そういうわけで、兵は堅強であれば相手に勝てず、木は堅強であれば伐られて使われる。強くて大きなものは下位になり、柔らかくてしなやかなものは上位になる」（七六章）

「この世の中には水よりも柔らかでしなやかなものはない。しかし堅くて強いものを攻めるには水に勝るものはない。その至柔で変幻自在の性質を変えられるものなどないからである。弱いものが強いものに勝ち、柔らかいものが剛いものに勝つ。そのことは世の中のだれもが理解しているが、行えるものはいない。そういうわけで聖人は、『国中の汚濁を自分の身にひきうける、それを国家の君主という。国中の災厄を自分の身にひきうける、それを天下の王者という』と言う。正しい言葉は、常識の反対のように聞こえるものだ」（七八章）

これも逆説的な方法論ですが、柔らかく弱い方が逆に剛強に勝つことを述べます。堅強なものは相手に勝てず、しなやかで柔弱なあり方をしていてこそ剛強なものに勝ち、かつしなやかに一切の汚辱や災難を甘んじて受け容れることができてこそ、天下の王となり得ると教えています。

「大国は下流に位置するべきもの。天下の流れが交わるところであり、天下の女性的なるものである。女性は、いつでも、静かであることによって男性に勝つ。そもそも静かであることによってへりくだるからである。だから、大国が小国にへりくだれば小国の帰順が得られるし、小国が大国にへりくだれば大国に受け入れてもらえる。だから、へりくだることによって帰順を得られるものもあり、へりくだることによって容認を得られるものもある。大国は小国の人々を併せて養おうとするだけであり、小国は大国の傘下に入って大国に仕えようとするだけである。いったい、両者がそれぞれ望むことを実現しようとするならば、大きいものの方がへりくだるのがよろしい」（六一章）

「すぐれた武将は猛々しくない。上手に戦う者は怒らない。上手に敵に勝つ者は相手とぶつかって戦わない。上手に人を使う者はへりくだる」（六八章）

ここではへりくだることで殺し合いをせずに勝利することの重要性が説かれています。総じてみると「自分から戦わない」「柔弱で剛強に勝つ」「へりくだって国を取る」のいずれも逆説的な方法論になっています。

補足しますと、『道徳経』には理想的な国家として次のような教説があります。

「国は小さくし、住民は少なくする。人力の十倍百倍の力を持つ道具があっても用いないようにさせ、住民には生命を大切にさせ、移住しないようにさせる。舟や車があっても乗ることはなく、甲冑や武器があってもつらねて使うことはない」（八十章）

『道徳経』には、戦争や戦いについての言葉がそこかしこに見られますが、あくまで武具や武器がつかわれない、つまり戦争などしないのが理想的な国家の姿として挙げられていることがわかります。

『孫子』の「戦わずして勝つ」と『老子』の共通点

話は変わりますが、諸子百家の学派のひとつに戦術や用兵を論じた兵家があります。その代表的な人物が孫子で、孫子が著したとされる兵法書の『孫子』（一巻十三篇）は俗に「孫子の兵法」などと呼ばれ、軍事のみならず経営などの戦略論の古典として世界中で読み継がれていることは説明するまでもないでしょう。

この『孫子』のなかで展開されている戦略として最もよく知られ、数多の書に引用され論じられてきたものが、「戦わずして勝つ」という極意ではないでしょうか。『孫子』からその代表的な一文を引用します。

「百戦百勝、非善之善者也。不戦而屈人之兵、善之善者也」（『孫子』謀攻篇）

〈百回戦争して百回勝利を得るというのは、最高にすぐれたものではない。戦闘をせずに敵兵を屈服させるのが、最高にすぐれた方法である〉

「善用兵者、屈人之兵、而非戦也」（同）

〈戦争の上手な人は、敵兵を屈服させてもそれと戦争したのではない〉

有名なこの『孫子』にある戦争の極意にとてもよく似た教えが、『老子』にも存在します。すでにたびたび触れてきた章ですが、あらためて再掲します。

「すぐれた武将は猛々しくない。上手に戦う者は怒らない。上手に敵に勝つ者は相手とぶつかって戦わない。上手に人を使う者はへりくだる。……これを天に一致するといい、いにしえからの究極最高の道理である」（『道徳経』六十八章）

つまり老子も、「戦わずして勝つ」ことが最上の策であると説いていることがわかります。このような『老子』と『孫子』の主張の共通点は他にもあります。先ほど「不争の徳」のところで紹介した、軍隊や武器は「やむを得ず用いる」べきだとする『老子』の説とよく似た主張が、『孫子』にも登場します。

「上兵伐謀、其次伐交、……、其下攻城。攻城之法、為不得巳」（『孫子』謀攻篇）

〈最上の戦争は敵の謀略を（謀略であるうちに）打ち破ることであり、その次は敵国と他国との外交（同盟）関係を打ち破ることであり、……、最もうまくないのは敵の城を攻めることである。城を攻めるという方法は、やむを得ずに行うのである〉

他にも似たようなことを述べているところがいろいろとあります。次の言葉はその一例と言えるでしょう。

「将軍之事、静以幽、正以治、能愚士卒之耳目、使之無知」（『孫子』九地篇）
〈将軍たる者の仕事は、もの静かで奥深くしており、正大でよく整っている。士卒の耳目を愚昧にして、無知な状態にしておく〉

「むかしの、よく道を修めた者は、人民を聡明にしたのではなく、愚かにしようとしたのだ。人民が治めにくいのは、彼らに知恵があるからである。だから、知恵によって国を治めれば国が損なわれ、知恵によらないで国を治めれば国が豊かになる」（『道徳経』六十五章）

「聖人の治は、……常に民を無知無欲にさせ、小ざかしい知者には何もさせない（『道徳経』三章）

『老子』と『孫子』の浅からざるかかわりを思わせる内容が両書のあちこちに見られます。

祀られる「戦争の神」――「道教と戦争」、別の顔

ここまで道教の根本経典である『道徳経』の思想にある戦争論をみてきました。「不争の徳」「やむをえず戦う」といった、なるべく戦争を避ける態度が『道徳経』で為政者に対して説かれる一方で、道教の神々のなかには「戦争の神」「軍神」が存在するのも事実です。

前述しましたように、道教は老子の思想を根底に据えつつも、神仙説、そして非外来系の中国土着神の信仰をも含みます。

その神の一人が真武（玄武、玄天上帝）です。真武とは、もともと天の四方（東・南・西・北）に配当される神としての四獣（青龍・朱雀・白虎・玄武）の一つの玄武で、古くから中国では北方の神とされ、亀に蛇が巻きついた姿の像をご存じの方もいることでしょう。宋（北宋）代の第三代皇帝真宗（在位九九七～一〇二二）のときに、宋王朝の祖先神とされる趙玄朗の諱《いみな》（呼ぶことが憚られる実名）にある「玄」の字を避けるために「真

小説『水滸伝』の挿絵に登場する九天玄女（明容與堂刻水滸傳より）

武当山（湖北省十堰市）頂上の道観・太岳太和宮の金殿に祀られる真武像

武」と改称され、第八代皇帝徽宗（在位一一〇〇～二五）のころまでにさまざまな説話がつくられました。これと並行するかたちで、「四聖」（天蓬・天猷・佑聖・翊聖）のひとつである、亀の甲羅と蛇の鱗のような甲冑を身にまとった妖邪を征伐する戦いの神「佑聖将軍」として、広く知られるようになります。元代には「玄天上帝」の封号が与えられ武神として一層信仰が盛んとなり、明代では永楽帝（在位一四〇二～二四）が政権争奪戦（靖難の変）の際に真武神の加護があったとして真武信仰の本山である武当山の道観を大がかりに修復・増築するなど、国家的な信仰も加わることになりました。

もう一人、戦いの神として有名なものが九天玄女です。北宋末の義賊らの武勇がテーマの小説『水滸伝』を読んだ方であればご存じかもしれませんが、九天玄女はその主人公である宋江の守護神として、次のように登場します。県の官吏だった宋江は、宝塔を強奪した晁蓋を故意に逃がしたことを妾に知られ、殺害して逃亡の身となりました。

その後、梁山泊に入った宋江が父らを引き取りに故郷へ戻った際に、役人らに見つかってしまいます。

「……追手から逃れた宋江は環道村で古廟へと逃げ込むが、そこで夢の中に九天玄女が現れ、自分たちがかつてこの世に解き放たれた百八の魔星の転生した姿であることを告げられ、天界に戻るためには今しばらく現世にあって、民を助け忠義を全うし罪を償わなければならないと教示される。目を覚ました宋江が懐を探ると、夢の中で授った三巻の天書が入っていた……」（『水滸伝』第四十二回「環道村受三巻天書　宋公明遇九天玄女」）

窮地に陥った宋江が九天玄女から兵法の秘伝書らしき「天書」を伝授され、のちに宋江が一〇八人の豪傑の統領になり、その梁山泊軍が天下に武名を轟かせるというストーリーです。

この九天玄女は『水滸伝』以外でも、『平妖伝』『東遊記』『蕩寇志』など明代以降の小説にしばしば女性の軍神として登場します。道教においては唐宋期の遁甲術系道教経典に、蚩尤と戦う黄帝に九天玄女が秘法として遁甲術を伝授したといった説話が現れ、道観でもしばしば道教の女神として祀られるようになりました。

道教の根底にある「不争」の思想

元の馬端臨（一二五四〜？）の『文献通考』経籍考には道教について詳しく見事に解説した有名な部分があります。馬端臨はそこで開口一番、道教を「雑にして多端（内容が複雑で多岐にわたっている）」と表現しています。ここからも窺えますように、道教は大変雑多な内容を含む思想・信仰文化の集合体であり、その中にはもちろんお互いに矛盾して整合しないような部分も含まれています。

最後に紹介しましたように、道教には国家なり民衆なりが「戦いに勝ちたい」時に拠りすがる神々をも包摂し、その信仰の場を提供してきたという面もありました。

しかし道教は、いつの時代でも、どの部分をとっても、「老子が根底にある」と言って差し支えないと思います。儒教が「孔教」、仏教が「釈教」とも呼ばれるように、道教は「老教」とも呼ばれます。老子の教えという意味です。戦争の神でも、「やむを得ず戦う」のがやはり原則ではないでしょうか。道教というもの全体を通じて、老子の「道」とその「不争」の思想が根底に流れている、ということは言えるのではないかと思います。

「道教と戦争」というテーマを考える時、あたかも水のように低いところにまわって人々の下に身を置き、さまざまな汚れたものをのみ込んで、栄達や権勢を誇る強者の足下で屈辱にまみれながらも、怒らず、猛らず、静かに「不争」のあり方を守り続ける——そのような老子の姿がまずは思い浮かぶのではないかと思います。

総括

全講義を振り返って

鈴木 董

本講座では、世界の主要な諸宗教について第一線の研究者の先生方に、ご専門とされる宗教の「戦争観」について語っていただきました。その前提として、戦争とは究極的には「人を殺すこと」ですから、宗教の「戦争観」を知るには、次の二段階が有効と考えました。第一段階は、個々の信徒の守るべき規範、すなわち「不殺生戒」のあり方についてです。そしてその延長線上で第二段階として、信徒集団が「戦うこと」、すなわち「戦争」をいかにとらえているかを問うてみました。

本講座では、これを一応の前提としながら、主要な諸宗教についての第一線の研究者の先生方に、ご専門とされる宗教の「戦争観」について語っていただくことにしました。

諸宗教の「戦争観」について知ることは、二〇二三年に大きな衝突を迎えたハマースとイスラエルとの戦闘について、またロシアのウクライナ侵攻に対するロシア正教とローマ・カトリックの態度の大きな違いについて考えるときにも、はなはだ有益と思われます。

天地創造神を奉ずる一神教の「不殺生戒」

現代世界の諸宗教の信徒数において、最も大きなシェアを占めているのは一神教です。人間はもちろん、天地万物を創造した唯一神を奉ずる一神教では、人間は、他のさまざまな生き物とはまったく別のものとして創造されたと考えられています。そして、人間以外の諸生物は、人間の用に供せられるのが当然だと考えられているのです。そのような前提の下では、生類一切についての「不殺生戒」は成り立ち難いのではないでしょうか。とりわけ、いわゆる「三大一神教」の最古のものであるユダヤ教と、最新のものであるイスラームでは、獣類の供犠が「戒律」で求められています。キリスト教の場合にも、ユダヤ教の「聖典」である旧約聖書が、新約聖書と並ぶ「聖典」とされているところをみると、生類一切についての「不殺生」が求められているわけではないように思われます。

したがって、天地創造神としての唯一神を奉ずる三大一神教で問題となる「不殺生戒」は、人間についてに限られることになるでしょう。ここで、ユダヤ教とイスラームでは、異教徒に対する武力による「聖戦」を是認しているのですから、人間についての「不殺生戒」の対象も、人間全般ではなく、社会の秩序と信徒の安全を害することのない人間だけに限られることになります。いわゆる「モーセの十戒」のひとつ、「汝、殺すなかれ」の対象もそうなのであって、生類一切はおろか人間全般でさえなく、信徒と信徒の社会に害を及ぼさないような人間に限られているのです。

ただここで、天地創造神を奉じている一神教で、ユダヤ教の改革派のひとつというべきキリスト教の場合、原初には、少なくとも人間については、すべての人間についての「不殺生戒」があったようです。そして、それは時の経過と状況の変化のなかで変わっていったのです。

ユダヤ教、イスラームの戦争観

天地創造神としての唯一神を奉ずる三大一神教の戦争観についてみると、元祖一神教というべきユダヤ教の場合、ユダヤ民族の民族宗教として生まれ、ゾロアスター教の影響の下で一神教化したものであり、一貫してユダヤ民族の政治体の形成・発展の支えとなってきたものであり、同集団の外部の異教徒・異民族からの脅威に対抗しつつ、さらに征服によって支配空間を拡張することを正当化するものでした。それゆえに、集団としての物的強制力、すなわち暴力の行使による「戦争」は当初から容認されていました。そして、異教徒・異民族に対する戦争は、「聖戦」とみなされました。「聖戦」において異教徒を殺すことは当然であり、ユダヤ教の専門家である志田雅宏先生は、一定の条件を受け容れて降伏した異教徒も「強制労働」に服することになったと述べておられます（本書第四講、一〇四頁）。

ただ、ユダヤ民族はローマ帝国の支配下に包摂されてさまざまな制約を課されたために、二度にわたる大反乱（対ローマ戦争）を起こしたものの、いずれも鎮圧されてしまいました。最初の大反乱が失敗するとユダヤ教の中心をなしていた「大神殿」を破壊され、さらに二度目の大反乱の鎮圧後にはイェルサレムも完全に破壊されて、その跡地にローマ帝国が建設した純ローマ式都市へのユダヤ人の入市すら厳しく禁じられたのです。イェルサレムから完全に締め出されてしまったユダヤ人たちは行き場を失い、パレスティナそのものから追放されたわけではなかったものの、新しい暮らしの場所を求め、すでに以前からローマ帝国内の諸都市に成立していたユダヤ人コミュニティーを頼るかたちで「ディアスポラ（流離の民）」として、ローマ帝国内に拡散していきました。

こうしてユダヤ人たちは、ユダヤ教を奉じたと伝えられるカスピ海沿岸のハザール王国を除き、一九四八年にイスラエル国が建国されるまで長らく自らの独自の政治体をもつことはできず、異教徒の諸政治体のなかで、差別されつつかろうじて許容される存在に留まり続けました。志田先生によれば、このような状況下では異教徒に対する「聖戦」を実行することはできず、ただ、学者（ラビ）たちが「聖戦」概念についての理論を磨き上げていったとのことです（同、九四〜九九頁）。

三大一神教の最新のものであるイスラームの場合、宗教としてのイスラームの専門家である鎌田繁先生によれば、その原初期において異教徒の支配下にあったメッカ（マッカ）時代に下されたとされる「メッカ啓示」のなかでは、武力による「聖戦」（ジハード）についての言及がみられないと指摘されています。しかしその後、預言者ムハンマドがメディナに移り、権力を掌握していった時期の聖典『コーラン』（『クルアーン』）内の「メディナ啓示」には武力による「聖戦」についての言及が現れ、それが増えていくとのことでした（本書第五講、一一五頁）。

イスラームの信徒たち、すなわちムスリムらはその後、アラビア半島内で異教徒に対する「聖戦」を続けます。預言者ムハンマドの没した後はムスリムのリーダーという役割の後継者としてカリフ（ハリーファ）を推戴し、第二代カリフのウマルの下でアラビア半島から東西に向けて開始された「アラブの大征服」によって、七世紀中葉から八世紀中葉までのおよそ一世紀の間に、「アラビア文字世界」としてのイスラーム世界の骨格が形成されていくことになります。この間にイスラームの戒律としてのシャリーアが体系化されていくなかで、武力による「ジハード（聖戦）」を中心的に扱う「シヤル」と呼ばれる分野がシャリーアのなかに成立しました。

「シヤル」は、とりわけ近代国際法のなかでかつては戦時国際法と呼ばれ、今日では「国際人道法」と呼ばれるようになった領域の諸規定と極めて近いものです。そのため、「シヤル」はしばしば「イスラーム国際法」などとも呼ばれます。しかし実際には、「シヤル」は近代国際法とは基本的に異なる規範体系です。近代国際法は主権平等の主権国家間の関係を律する法規範体系であるのに対し、「シヤル」はムスリムの支配下にある「イスラームの家」と、いまだ異教徒の支配下にある「戦争の家」に属する異教徒の諸共同体との関係についてのルールの体系であるからです。

イスラームの戒律の体系であるシャリーアでは、「イスラームの家」は唯一の指導者を戴く単一の政治体とされています。確かに歴史的現実においても、預言者ムハンマドがメディナで権力を握り「イスラームの家」が立ち上がって以来、内部的対立がたびたび生じたものの、七五〇年にアッバース朝が成立するまでは政治的統一が保たれていました。しかし、その後まもなく政治的分裂によって「イスラームの家」にはムスリムの諸「ダウラ（王朝・国家）」の分立するところとなり、ムスリムの支配下にある空間としての「イスラームの家」の統一が回復されることはありませんでした。

一方、シャリーアの理論の上ではそうした状況（諸「ダウラ」の分立）を認めませんでした。そのため、ムスリムの諸政治体間の関係のルールがシャリーア内で創成されることはなく、ムスリムの諸政治体の関係は「シヤル」の準用と慣行に従ってとり扱い続けられることとなったのです。この点は、西ローマ帝国の滅亡後、政治体の分立が常態化していく西欧キリスト教世界において、その現実を反映しつつ、諸君主間の関係を律するルールとしてまずはじめにローマ法が準用され、のちに新たなルール体系が成立していったことと非常に対照的です。

キリスト教の戦争観

キリスト教の場合、信徒個人に対する戒律として、原初期にはすべての人間に対する「不殺生戒」があったようであり、従って「戦争」についてもまったくの非戦論・不戦論があったようです。四世紀初めにはローマ帝国のコンスタンティヌス大帝によってキリスト教が公認され、コンスタンティヌス自身も臨終の間際にキリスト教に入信しています。四世紀の末にはキリスト教がローマ帝国の国教とされており、そのあたりから次第に「正戦」が認められるようになっていったと思われます。

ある宗教が政治体の国教にまでなると、対外的には、その政治体を外からの脅威から守ることが必要となり、そのために物的強制力、すなわち暴力の行使が不可避となります。さらに政治体の支配空間を拡大しようということになると、ますます「戦争」は不可欠となります。加えて対内的にも、政治体内部の秩序を保つためにも物的強制力の使用はほとんど不可欠になります。ローマ帝国におけるキリスト教が非戦論・不戦論から「正戦論」に転じたのは、まさにこのような理由によるものでしょう。

ローマ・カトリックを奉ずる西ローマ帝国が四七六年に滅亡したあと、その衣鉢を受け継ぐかたちで西欧キリスト教世界が形成されていきました。西欧キリスト教世界は「前近代」の全時代を通じて再び統一されることはなく、列国が並立するのが常態となります。こうした状況の下で、列国間の関係を律するルールが必要となり、まずは君主間の関係をローマ法に基づいて律することが試みられ、十六世紀から十七世紀にかけて、国家間の関係を律するものとして「近代国際法」の源流となるものが模索されるようになり、それが十八世紀に入って確立したかたちをとることになります。ただ、これらの国家間関係のルールは文化を共有するキリスト教世界を主たる対象とするもので、異教徒の世界は当初、その埒外に置かれていました。

黒川先生は、「正戦論」の一環として、キリスト教世界の「異端に対する制裁や、異教徒に対する戦争」として「聖戦論」が現れたと指摘されています（本書第一講、二六頁）。このあたりを考えると、とりわけ異教徒に対する「聖戦」については、異教徒に対する武力による「聖戦」の規範として「シヤル」が早くから成立していたイスラーム世界と異なり、西欧キリスト教世界では確たるルールの体系が成立していなかったのではないかと思われます。そのことは、西欧世界を挙げて敢行された「聖戦」としての十字軍の所業からして明らかではないかと私は考えます。

「輪廻転生論」と「不殺生戒」

さて、視野をユーラシア世界東方に向けると、インド亜大陸で誕生したバラモン教と、その改革派であるジャイナ教と仏教、バラモン教の後継ともいえるヒンドゥー教があります。これらはバラモン教以来の「輪廻転生論」を受け継いでおり、人間もその輪のなかにあって、生類一切のなかでさして特別の存在ではありません。

バラモン教には生類全般に対する「不殺生戒」は存在せず、バラモン教の後身というべきヒンドゥー教でも、聖なる動物とされる「牛」についての「不殺生戒」があるにとどまります。また戦争についても、非戦論・不戦論は存在せず、ただ戦争を行うにあたり、一連のルールが存在し、マヌ法典が征服地の文化・慣習を保護するように説いたことがインドの文化的多様性につながったのではないかと推論する杉木恒彦先生の指摘には大変興味深いものがあります。バラモン・ヒンドゥー世界の場合、最南端を除く全インドをほぼ支配空間に包摂したマウリヤ朝を例外とすれば、諸王朝が割拠しているのが常態でした。それゆえ、王朝間の戦争についてのルールが成立したのは当然かもしれませんが、これらのルールがバラモン・ヒンドゥー教を奉ずる自世界内における戦争においてのみ適用されるべきものであったのか、異教徒の支配下にある異文化世界の政治体との戦争にも適用されるものであったのかについては、古インドの「国際法」なるものについての研究書をみても明示的には論じられていません。戦争におけるルールが自文化世界に限られたものだったのか、それとも異文化世界との関係にも適用されるべきものと考えられていたのかは、はなはだ重要な問題ではないかと思われます。

一方、紀元前五世紀頃になると、バラモン教の改革派というべきジャイナ教と仏教が現れます。少なくともその原初においては、ジャイナ教にも仏教にも生類一切についての「不殺生戒」があったようです。とりわけジャイナ教では生類一切に対しての「不殺生戒」が教義の最も重要な柱となり、それが現在まで続いているのです。

それゆえ、「戦争」についても基本的には非戦論・不戦論をとっています。ただそうなりえたのは、伝説上はさておき、歴史的現実のなかでジャイナ教を奉ずる王朝が成立しなかったためではないかと思われます。時の政治権力と結びつかなかったために、その後も生類一切についての「不殺生戒」を守り、非戦論・不戦論をほぼ堅持しえたのではないでしょうか。

ただジャイナ教の専門家である上田真啓先生によれば、ジャイナ教も非戦論・不戦論を完徹していたわけではなく、「王の命令による戦争」の場合はジャイナ教徒も参加せざるをえないと解釈できる教典の説話の存在を指摘し、また戦争に参加する場合も、自ら攻撃に出ることは許されず、防戦のみが許されるとされていたようです（本書第八講、一六一〜一六三頁）。

これをみても、宗教が政治権力と関わりをもつとき、暴力の行使が条件つきではあるにせよ、不可避となることは明らかなのです。

仏教については、上座部仏教学者である馬場紀寿先生の論考によれば、在家信者の守るべき戒律として「五戒」があり、その第一が「生き物を殺さぬこと」、すなわち仏教的意味での「不殺生戒」であるとしています（本書第九講、一七七頁）。この「不殺生戒」は、ユダヤ教・キリスト教・イスラームのような天地創造神を奉ずる一神教の「不殺生戒」とは異なり、生類一切についての「不殺生戒」です。

インド亜大陸では仏教は衰退してしまいますが、スリランカでは上座部仏教が根づき、馬場先生によれば、スリランカの上座部仏教において「大寺派」が中心となっていくなかで、「悪人」を殺すことは許されるという思想が生まれたとのことです。そして「獣に等しい」タミル人に対し、シンハラ人とアバヤ王が「戦争」し、多くのタミル人を殺したことは「大罪ではない」と、「大寺派」の歴史書のなかで示唆されていることを馬場先生は指摘しています（同、一八六頁）。このように「悪人」に対する「戦争」を認める大寺派は、「王の庇護の下に」「スリランカ仏教界全体を統一し、さらに十三世紀から十五世紀にかけて東南アジアへ広まっ」たとしています（同、一八七頁）。こうして東南アジア半島部で新しく興った諸王朝の支配イデオロギーとして、上座部仏教は栄えることになりました。生類一切についての「不殺生戒」を有していた仏教ですら、政治権力と関わることによって人間に対する「不殺生戒」に例外をつくり、「悪人」に対する戦争を容認するようになったのです。

一方、インドで生まれ、漢訳仏典を通じて漢字世界に伝えられたのが、万人が救われうるとする大乗仏教でした。大乗仏教の専門家である蓑輪顕量先生は、「正法」を説く者を害する者に対しては、仏教徒集団であっても武器の使用を含めた対抗措置が許されると解釈できる「戦争、戦いを肯定する記述」（本書第十講、一九四頁）が重要教典である『涅槃経』に存在すると指摘しています。他方で『涅槃経』より早くに成立した『法華経』においては、それを受持する人々を迫害する者は呪われるとする説話が登場するとし、それぞれの成立時期から『法華経』の説話には大乗に反対する仏教勢力の存在、また『涅槃経』の説話には当時、インドを脅かした異民族の存在が影響しているのではないかと推論されています。ただ、基本には「不殺生戒」の存在があるため、『涅槃経』には「武器は使っても命を断じてはいけないというかたちで、それ以上の暴力的なエスカレートを踏みとどめようとする意思」（同、二〇二頁）がみられると結んでいます。

また、日本の仏教については大谷由香先生が院政期に登場した「僧兵」をテーマとし、これまで下級僧などが主体と考えられてきた「僧兵」が、実は「教義研究を充分に修めた学侶によって統制組織された軍隊」（本書第十一講、二〇四頁）であったことを、近年の歴史研究を踏まえて詳述されています。延暦寺などの寺院勢力が自己防衛のため、どのように武力の行使を正当化し、「僧侶の軍隊」を持つに至ったのかがよくわかる論考といえるでしょう。

儒教と道教の「不殺生戒」

アジア・アフリカ・ヨーロッパの「三大陸」、その北半の「ユーラシア大陸」東端にあたる東アジアの漢字世界において最も代表的な思想体系としての儒教と道教には、東アジアのいま一つの代表的な思想体系としての大乗仏教とは異なり、インド起源の「輪廻転生」思想がないため、人間も動物も含めた生類一切についての「不殺生戒」もまた存在しません。儒教も道教も、基本的には「治世の思想」であり、すべての人間についての「不殺生戒」もみられません。ただ、道教をご専門とする横手裕先生のご指摘によれば、道教では「武器は不吉な道具」であり、やむを得ぬときにのみ用いるべきものなのです（本書第十三講、二三七頁）。

これに対して儒教では、「儒教の開祖とされる孔子も、死刑によって外交・内政を正して」いたと小島毅先生は指摘されます（本書第十二講、二一八頁）。さらに儒教では「死刑はあるべき秩序を守る上で必要不可欠なものとされて」（同、二一九頁）いるとし、「単に人殺しをした人だけに（死刑が）適用されるのではなく、もっと広い範囲で、国家が人を殺すことを認めて」（同、二一九頁）いたと論じています。

儒教の戦争観

儒教と戦争の関わりについて、儒教における「義戦」としての「征」とは「天子（皇帝）が諸侯を征伐する戦争」のみをさすものであったと小島先生は指摘されています（同、二二〇頁）。そうなると、列侯・列王が相しのぎ合う春秋・戦国の、とりわけ戦国の時代には「義戦」はあり得ないことになります。しかし、私見によれば、興味深いことに中国史上、ほぼ対等の独立した政治体間の関係を律する「近代国際法」にも似たルールが登場したのは、この時代のみであったのです。それは「会盟」を軸とする「盟」の秩序とされたのです。しかし、戦国期末には秦が中国の統一に成功し、前漢・後漢がこれを受け継ぎ、その後に「三国」から「五胡十六国」「南北朝」と分裂の時代を経たものの、隋・唐で統一を回復しています。そして唐末以降、

「五代十国」で分裂しながらもその後は宋が再び統一を回復し、途中にやや異質な異民族の征服王朝としての元が入ったものの、元代にも中華の地は分裂することなくひとつにまとまり、その後も明、そして征服王朝でありながらますます「華化」していった清と、統一が保たれ続けました。

こうして中国では、政治的分裂と列国割拠が常態であった西欧世界とはまったく異なる政治体間の関係が生まれたのです。西欧キリスト教世界では、先に述べたように主権平等の主権国家間の関係を律するルールの体系として「近代国際法」が成立しました。もっとも、西欧キリスト教世界で誕生した「近代国際法」は少なくともその当初では、それが十全に適用される空間がキリスト教圏に限られていたと思われます。これは、戦国時代の中国の「盟」の秩序もまた同文化圏である「中華」世界に限られたルールであり、「夷は盟せず」であったことと似ています。

「前近代」の「旧中国」においては、中華に成立する政治体は、本質的に「天下国家」、すなわち国境をもたず、本来は人間の住むところすべてを包摂するはずのものと考えられてきました。とはいえ現実には、中華帝国の直接の支配空間にいまだ入らず、独立を保っている幾多の異文化の政治体が散在する広大な空間がひろがっています。それらの政治体を、中華帝国からみて緩やかに包摂しようとしたシステムが、華夷秩序に基づく「朝貢システム」だったのです。それは上位の政治体としての中華帝国と、下位の政治体（夷狄）との関係であると、中華帝国側からはみなされました。そのため、中華帝国側から朝貢国とみなされた政治体が中華帝国の意に沿わぬようになったときに、これに武力を行使するのは対等者との「戦争」ではなく、下位者に対する制裁ととらえられたのです。

このような見方・思考は、少なからず現代の中華人民共和国にも受け継がれているようです。かつてカンボジアのポル・ポト政権に対しベトナムが出兵したとき、中華人民共和国はポル・ポト政権を後援すべくベトナムに侵攻しました。このとき、中華人民共和国はこれを「戦争」などではなく「懲罰」だと称したのです。筆者は旧中国の伝統がいかに強固か、驚いたことをおぼえています。

道教の戦争観

中国社会で、とりわけ民衆の間に広く受け容れられている教えのひとつが道教です。その専門家である横手豊先生は、道教の基本とは「自然のあるがままのふるまい（無為）に従うことで、人々の平安や理想的な統治が実現するのだという考え方」（本書第十三講、二三四頁）であると指摘されています。私見では、道教も「輪廻転生」観をもたず、生類一切への「不殺生戒」、人間すべてに対する「不殺生戒」も存在せず、少なくともやむを得ない場合には人を殺すことも許される思想であろうと思われます。

横手先生は、「無為自然なる『道』のあり方に倣う」（同）という道教の根本思想に基づく戦争観の中心的な考え方として「不争の徳」という概念を挙げておられます。『老子』には「聖人の道は何かを為しても争うことはない」「そもそも誰とも争わないから、世の中の人々は彼（聖人）と争うことができない」など、「争わない徳（不争の徳）」（同、二三五頁）が繰り返し説かれているといいます。

さらに戦争についても、『老子』では、軍隊や武器は「やむを得ず用いる」べきとされ、「勝利を賛美したり強さを誇示するような行いを厳しく諫めてい」ると指摘されています（同、二三七頁）。

こうしてみると、道教では戦争を全面的に禁じているわけでも、また「戦争」で死傷者が出ることを全面的に禁じているわけでもないようです。しかし横手先生が「怒らず、猛らず、静かに『不争』のあり方を守り続ける——そのような老子の姿がまずは思い浮かぶのではないか」と結んでいるように、このような姿は、戦争に悩まされる現代のわれわれにとっても、はなはだ示唆に富むものではないでしょうか。

編者あとがき

波静かな「歴史の終わり」の時代ではなく、波荒い、分断と不和と争いの時代に入ってしまった二十一世紀初頭のこの時期において、人々の生きる拠り所となってきた宗教における、個々の信徒が守るべき戒律としての「不殺生戒」がいかなるものであるか、そして信徒が担うはずの政治体による戦争についていかなる見解が抱かれているかという宗教の「戦争観」について、しばし思いをめぐらすのも少なからず有益ではないかと考え、本講座を企画した。世界の主要な宗教について、各々の宗教の第一線の研究者である先生方のご出講・ご出稿を得て、本書が刊行されることとなった。

各宗教により、「不殺生戒」のあり方もさまざまであり、またそれが時の流れと状況の変化により変遷していくこと、また政治集団間の「戦争」についてもさまざまの見解があり、それらもまた時の流れと状況の変化によって変化していくことが、何分なりとも明らかになったかと思われる。

そして、「不殺生戒」のあり方についても、「戦争観」についても、宗教と権力の関わり方が大きな影響を持つことが明らかになったかと思う。こうした知見をふまえるとき、今日、我々の目の前で生起するさまざまな出来事についての見え方も変わってくるのではないかと期待したい。

本講座は朝日カルチャーセンター横浜教室において、『宗教と戦争――不戦・義戦・聖戦』と題し、二〇二三年四月より一年余りをかけて行われたシリーズ講座であり、その講義をもとに加筆・修正し、本書となった。本講座にご出講下さり、さらにご出稿下さった先生方にまず、心よりの謝意を表したい。あわせて、本書の基礎となった朝日カルチャーセンター横浜教室での講座の開催・運営に一方ならずご尽力下さった同教室の塩沢量子さん、そして吉井由子さんにも深甚なる謝意を表したい。加えて本書出版にあたり、ご協力をいただいた山川出版社にも心からの感謝を捧げたい。

二〇二四年六月

鈴木　董

執筆者紹介（掲載順）

鈴木　董　すずき ただし

一九四七年生まれ。東京大学大学院法学政治学研究科博士課程修了、法学博士。専攻はオスマン帝国史、比較史、比較文化。

東京大学名誉教授

主著に『オスマン帝国――イスラム世界の「柔らかい専制」』（講談社現代新書、一九九二年）、『オスマン帝国の権力とエリート』（東京大学出版会、一九九三年）、『オスマン帝国とイスラム世界』（同、一九九七年）、『ナショナリズムとイスラム的共存』（千倉書房、二〇〇七年）、『オスマン帝国の解体――文化世界と国民国家』（講談社学術文庫、二〇一八年）、『オスマン帝国の世界秩序と外交』（名古屋大学出版会、二〇二三年）など。

黒川知文　くろかわ ともぶみ

一九五四年生まれ。東京大学大学院人文科学研究科博士課程修了。博士（文学）。専攻は宗教史。

中央学院大学現代教養学部教授、愛知教育大学名誉教授

主著に『ユダヤ人迫害史』（教文館、一九九七年）、『ロシア・キリスト教史』（教文館、一九九九年）、『岩波キリスト教辞典』（共著、岩波書店、二〇〇八年）、『西洋史とキリスト教』（教文館、二〇一〇年）、『内村鑑三と再臨運動』（新教出版社、二〇一二年）、『日本史におけるキリスト教宣教』（教文館、二〇一四年）など。

志田雅宏　しだ まさひろ

一九八一年生まれ。東京大学大学院人文社会系研究科博士課程修了。専攻は宗教学、中世ユダヤ教研究、現代ユダヤ教研究。

東京大学大学院人文社会系研究科講師

主著に訳書『書物の民―ユダヤ教における正典・意味・権威』（M・ハルバータル著、教文館、二〇一五年）、「聖と俗の混紡――現代イスラエルにおけるユダヤ教の諸相」（藤原聖子編『いま宗教に向きあう3 世俗化後のグローバル宗教事情』、岩波書店、二〇一八年）、『一神教世界の中のユダヤ教――市川裕先生献呈論文集』（勝又悦子ほかと共編著、拙論「ハイーム・イブン・ムーサ『盾と槍』――一五世紀の宗教論争とその知的背景――」、リトン、二〇二〇年）、「新型コロナ感染流行とユダヤ教世界」（『現代宗教２０２１』、国際宗教研究所、二〇二一年）、「中世西欧のユダヤ教における対キリスト教論争文学の嚆矢――ヨセフ・キムヒ『契約の書』とヤアコヴ・ベン・ルーベン『主の戦い』――」（『西洋中世研究』十四、西洋中世学会、二〇二二年）など。

鎌田　繁　かまだ しげる

一九五一年生まれ。東京大学大学院人文科学研究科（宗教学宗教史学）博士課程単位取得退学。専攻はイスラーム思想。

東京大学名誉教授

著書に『イスラームの深層――「遍在する神」とは何か』（ＮＨＫ出版ＮＨＫブックス、二〇一五年）、『井筒俊彦の東洋哲学』（共編著、慶應義塾大学出版会、二〇一八年）、『自然を前にした人間の哲学』（共著、慶應義塾大学出版会、二〇一九年）、『東大塾　現代イスラーム講義』（共著、東京大学出版会、二〇二三年）など。

青木　健　あおき　たけし

一九七二年生まれ。東京大学大学院人文社会系研究科博士課程修了。専攻はゾロアスター教・マニ教。

静岡文化芸術大学文化芸術研究センター教授

主著に『ゾロアスター教』（講談社選書メチエ、二〇〇八年）、『アーリア人』（講談社選書メチエ、二〇〇九年）、『マニ教』（講談社選書メチエ、二〇一〇年）、『古代オリエントの宗教』（講談社現代新書、二〇一二年）、『ペルシア帝国』（講談社現代新書、二〇二〇年）など。

杉木恒彦　すぎき　つねひこ

一九六九年生まれ。東京大学大学院人文社会科学研究科博士課程修了。専攻は南アジア密教、仏典など南アジア古典の倫理思想、宗教学の諸理論。

広島大学大学院人間社会科学研究科教授

本書の担当章の内容に関連する主著に“Compassion, Self-Sacrifice, and Karma in Warfare: Buddhist Discourse on Warfare as an Ethical and Soteriological Instruction for Warriors” (Religions 11 (2), 66 (pp. 1–24), 2020年）、“An Aspect of Indian Buddhist Views of Capital Punishment and Severe Physical Punishment” (Journal of Indian and Buddhist Studies 68 (3), pp. 63–69, 2020 年）、“Warriors Who Do Not Kill in War: A Buddhist Interpretation of the Warrior's Role in Relation to the Precept against Killing” (Religions (Special Issue: Religious Representations in and around War), 11 (10), 530 (pp. 1–20), 2020年）がある。

上田真啓　うえだ　まさひろ

一九八〇年生まれ。京都大学大学院文学研究科博士後期課程指導認定退学。専攻はジャイナ教。

立命館大学文学部非常勤講師

主著に『ジャイナ教とは何か――菜食・托鉢・断食の生命観』（風響社、二〇一七年）、「ゴーサーラ伝――Vyāhapaṇṇatti 第一五章和訳（１）」（共訳、『仏教文化研究論集』第二〇号、東京大学仏教青年会、二〇二〇年）、「『ヴィヤーハパンナッティ』第九篇第三三章――最初の母との邂逅と教団の分裂」（共訳、『ジャイナ教聖典選』第八章、国書刊行会、二〇二二年）など。

馬場紀寿　ばば　のりひさ

一九七三年生まれ。東京大学大学院人文社会系研究科博士課程修了。専攻は仏教学。

東京大学東洋文化研究所教授

主著に『上座部仏教の思想形成――ブッダからブッダゴーサへ』（春

秋社、二〇〇八年）、『初期仏教　ブッダの思想をたどる』（岩波新書、二〇一八年）、『仏教の正統と異端　パーリ・コスモポリスの成立』（東京大学出版会、二〇二二年）、"Buddhaghosa" (Oxford Encyclopedia of Religion, Oxford University Press, 2022) など。

蓑輪顕量　みのわ　けんりょう

一九六〇年生まれ。東京大学大学院人文社会系研究科博士課程単位取得満期退学。専攻は仏教思想、日本仏教。

東京大学大学院人文社会系研究科教授

主著に『中世初期南都戒律復興の研究』（法蔵館、一九九九年）、『日本仏教の教理形成』（大蔵出版、二〇〇九年）、『日本仏教史』（春秋社、二〇一五年）、『仏教瞑想論』（春秋社、二〇〇八年）、編著に『仏典とマインドフルネス』臨川書店、二〇二一年）など。

大谷由香　おおたに　ゆか

一九七八年生まれ。龍谷大学大学院文学研究科博士課程単位取得退学、博士（文学）。専攻は東アジア仏教戒律思想。

京都大学白眉センター特定准教授

主著に『中世後期泉涌寺の研究』（法藏館、二〇一七年）、「東アジアにおける二百五十戒の実践—新出資料・元照撰『摂戒種類図』を通じて」（木俣元一・近本謙介編『宗教遺産テクスト学の創成』勉誠出版、二〇二二年）、「僧兵と不殺生」（『歴史学研究』一〇四〇号、二〇二三年）など。

小島　毅　こじま　つよし

一九六二年生まれ。東京大学大学院人文科学研究科修士課程修了。専攻は儒教史・東アジア文化交流史。

東京大学大学院人文社会系研究科教授

主著に『東アジアの儒教と礼』（世界史リブレット68　山川出版社、二〇〇四年）、『朱子学と陽明学』（ちくま学芸文庫、二〇一三年）、『儒教の歴史』（宗教の世界史5　山川出版社、二〇一七年）、『父が子に語る日本史』（ちくま文庫、二〇一九年）、『中国思想と宗教の奔流』（中国の歴史7　講談社学術文庫、二〇二三年）など。

横手　裕　よこて　ゆたか

一九六四年生まれ。東京大学大学院人文科学研究科修士課程修了。専攻は道教史、中国思想史。

東京大学大学院人文社会系研究科教授

主著に『中国道教の展開』（山川出版社、二〇〇八年）、『道教の歴史』（宗教の世界史6　山川出版社、二〇一五年）など。

講義《こうぎ》　宗教《しゅうきょう》の「戦争《せんそう》」論《ろん》　不殺生《ふせっしょう》と殺人肯定《さつじんこうてい》の論理《ろんり》

2024年7月20日　第1版第1刷印刷　　2024年7月30日　第1版第1刷発行

編　者　鈴木　董

発行者　野澤武史

発行所　株式会社 山川出版社

〒101-0047　東京都千代田区内神田1-13-13

電話　03(3293)8131(営業)　03(3293)1802(編集)

https://www.yamakawa.co.jp/

印　刷　株式会社太平印刷社

製　本　株式会社ブロケード

装　幀　マルプデザイン（清水良洋）

本　文　梅沢　博

ISBN978-4-634-15247-2 C0022